行动者的空间

甲左村变迁的教育人类学研究

丁月牙 著

GUANGXI NORMAL UNIVERSITY PRESS
广西师范大学出版社
·桂林·

图书在版编目（CIP）数据

行动者的空间：甲左村变迁的教育人类学研究 / 丁月牙著．—桂林：广西师范大学出版社，2016.9
ISBN 978-7-5495-8860-2

Ⅰ．①行… Ⅱ．①丁… Ⅲ．①乡村教育－教育史－研究－贵州 Ⅳ．①G729.2

中国版本图书馆 CIP 数据核字（2016）第 227859 号

广西师范大学出版社出版发行
（广西桂林市中华路 22 号　邮政编码：541001
网址：http://www.bbtpress.com）
出版人：张艺兵
全国新华书店经销
广西大华印刷有限公司印刷
（广西南宁市高新区科园大道 62 号　邮政编码：530007）
开本：880 mm ×1 240 mm　1/32
印张：13.25　　字数：400 千字
2016 年 9 月第 1 版　　2016 年 9 月第 1 次印刷
定价：36.00 元

目　录

绪　论

一、研究的缘起

2012年，我获得国家社科基金资助前往中国西南地区一个偏远的水族村寨——甲左村进行田野调查[①]。早在十年前攻读博士学位时，我曾多次在这个村落做过田野调查。而从表面上看，甲左村似乎依旧停留在旧日的时光里，目所能及的变化不过是出现了几栋有别于吊脚楼的现代楼房。古老的甲左村是被外面喧闹的世界所遗忘，还是在宁静的外表下潜藏着涌动的暗流？在急剧变迁的现代中国，很多类似甲左村这样的村寨，在这场变迁盛宴中有过什么样的遭遇？边缘化族群村落以什么样的方式在这个日新月异的世界里生存并发展？这些问题引起了我对村寨的社会变迁这一主题的关注。

社会变迁是无数社会科学研究者着力探讨却又远未穷极的研究内容。特别是，随着近几十年来现代化进程的加速和全球化浪潮的兴

① 为保护研究对象的隐私，本书中出现的关键地名和人名均为化名。

起，社会变迁的速度日渐加快，变迁的内容和类型日益增多，研究者们也更迫切地想厘清变迁的动因、发生机制以及它给我们的日常生活带来的影响。像甲左村这样的民族村寨，自然条件恶劣、经济落后等多种因素导致该村一直处于较为缓慢的社会发展进程之中，从20世纪五六十年代开始才陆续发生了一系列比较显著的变化。这种浓缩在近半个世纪的社会变迁现象为研究小社区现代变迁提供了绝好的考察范本，其历史事实在社会成员的记忆中依旧鲜活，能够通过他们的生活史叙事加以生动再现，也可以借助其日常生活进行充满现场感的观察，获得当地人的视角来建构微观社区从传统迈向现代的社会进程的立体图式。

选择甲左村开展社会变迁研究还缘于我在该村已有一定的积累，对它的基本情况比较熟悉，和当地人也建立了良好的关系，这些均有助于后续研究的顺利开展。在这个没有文字记载历史的村寨，村民的记忆和个人生命历程是收集研究数据的主要方式，和村寨建立的信任关系也便于我作为一名外来者在访谈中获得本土视角下的真实而详细的一手资料。

二、基于空间的分析框架

在农村社会变迁问题的研究中，最为常见的分析框架是城乡二元论，以阿瑟·刘易斯(W.A.Lewis)二元经济结构理论所采用的农业依附工业、农村依附城市的分析逻辑为典型，强调了城市在经济和社会发展中的主导作用[1]。在二元逻辑之下，传统和现代、边缘和中心、城市和乡村自然而然成为对立的两端，其假设通常是：城市化是农村的未来，工业化是农业的未来，现代化是传统的未来，二元对立出现的原因是后者还未完全发展进化为前者。在这些假设前提下，研究当代中国农村社会变迁问题的很多结论和对策往往是以城带乡、以工促农，强调了农村、农业和农民的先天劣势和边缘化。

然而，随着城市化和工业化的推进，越来越多的城市病和环境污染弊端开始出现，大规模的频繁的跨城乡人口流动和资源交换突破了城市和乡村的隔离，瞬息万变的信息时代让传统和现代的边界变得模糊，这些社会现实的新特征促进我们反思二元解释是否依旧适用。我们是立足于社会现实来采用合适的分析框架，还是继续沿用城乡二元对立的惯性思维来分析和解释现实问题。

实际上，在20世纪后半期，二元分析视角引起包括吉登斯、布迪厄在内的很多学者的批判。不少中国学者也对我国的城乡二元的理论框架进行了反思。有学者指出社会事实与两分法的“理想社会类型”相差甚远，现代中国所表现出来的经济混杂性和多元性以及地区差异性，简单地用“二元经济结构”无法概括[2]。社会互构论[3]、城乡互动

---

① 王国敏：《城乡统筹从二元结构向一元结构的转换》，《西南民族大学学报》，2004年第9期。

② 张鸿雁：《论当代中国城乡多梯度社会文化类型与社会结构变迁——依据“社会事实”对“二元结构”的重新认知》，《社会学研究》，2007年第11期。

③ 杨敏、郑杭生：《社会互构论：全貌概要和精义探微》，《社会科学研究》，2010年第4期。

发展论[1]等研究成果的出现，提出了以双向流动和平等互构代替二元对立和线性因果的城乡关系分析框架。

否认城乡二元对立，并不意味着否认城乡差异这一现实。然而城乡差异和城乡二元对立有着本质的区别，差异强调了不同，但不一定就会导致二元，也不意味着矛盾和冲突的必然。随着现代社会的发展，现代性使人与社会的原有关系正在瓦解，社会科学研究需要在新的关系的形成过程中进行重新审视[2]。只有明确了这一立场，才能在面对农村社会变迁问题的研究方面获得新视野。

近年来，城乡之间在空间关系上发生的变化引起了学者的关注，把空间作为理解城乡关系的新框架成为一些研究的新尝试。有学者提出将城乡关系统一于“自然”，打造城乡空间共生的生态城市[3]，或者从城乡网络空间关系视角指出城乡的联系和交流已经转向了多元化和全方位的空间交流，随着城乡之间网络设施的完备、产业的密切联系以及要素流通的通畅，将出现一个城、镇、乡网络系统共生空间[4]。更多的研究则对跨城乡进行空间流动的村民外出务工现象进行了关注。

---

① 段娟、文余源、鲁奇：《近十五年国内外城乡互动发展研究评述》，《地理科学进展》，2006年第4期。

② 郑杭生、杨敏：《社会学理论体系的构建与拓展——简析个人与社会的关系问题在社会学理论研究中的意义》，《社会学研究》，2004年第2期。

③ 黄光宇：《城乡生态化：走向生态文明的发展之路》，《重庆建筑大学学报》，2000年第1期。

④ 曾菊新、冯娟、蔡靖方：《论西部地区的城镇网络化发展》，《地域研究与开发》，2003年第1期；曾菊新：《中国农村发展呼镇：农树空间经济学》，《开发研究》，1994年第4期。

以空间为分析框架来研究城乡关系和农村变迁及未来发展，有可能形成一种新的社会理论。

而“空间”概念本身在20世纪后期开始出现的所谓的“转向”也为这一分析框架的形成提供了契机。传统的社会学和人类学研究在很长一段时期曾处于一种“去空间”化的状态[①]。空间被视为静止的容器、恒定的背景，并不构成变迁本身，也未作为独立存在的主体被赋予研究意义。20世纪70年代以后，现代科技的发展和应用给人们带来了全新的空间感[②]，引起了学界的反思，列斐伏尔（Henri Lefebvre）、福柯（Michel Foucault）等学者主张，空间形成于社会，是社会关系的产物，其形式乃是社会过程的结果[③]。社会实践影响并改变了空间结构，又与空间结构相结合，从而形成实践的空间性，空间的物质属性、主观意义和社会作用实际上是一个整体，相互影响，不可分割[④]。这种空间的概念转向将空间从物理的客观实在和主体的感性经验——物质空间和精神空间的二元对立关系中抽离出来，成为联结主体和客体，弥合精神与物质，作为人与人、人与社会之间的互动关系的一种

---

① 爱德华·苏贾：《后现代地理学——重申批判社会理论中的空间王文斌译》，北京，商务印书馆，2004年。

② 大卫·哈维著，阎嘉译：《后现代的状况》，北京，商务印书馆，2003年。约翰·厄里：《社会关系、空间与时间》，德雷克·格里高里、约翰·厄里编，谢礼圣、吕增奎译：《社会关系与空间结构》，北京，北京师范大学出版社，2011年。

③ 郑震：《空间：一个社会学的概念》，《社会学研究》，2010年第5期。

④ Lefebvre, H. *The production of space*. (*D. Nicholson-Smith, Trans.*). Oxford, UK: Basil Blackwell ,1991.

体现，空间是社会关系的总和。

田野调查发现，甲左村的变迁不是独立的，也不是纯粹自发的，从空间视角观察，它更像是一个生命有机体上的细胞，始终与外部世界保持着紧密联系，与更大空间范围的社会融合共生，但又有自己的独特之处。这意味着变迁是空间关系上的一个正在发生着的动态过程。村寨变迁既要放在时间纵轴上进行观察，也要放在空间的横轴上来加以分析。特别是2000年之后，随着现代信息通讯和交通运输技术的发达，大大缩短了甲左村和外界的空间距离，村寨向城市大规模地输出人口，跨城乡流动的频率和程度不断增强，其中外出务工人员比例基本上占了青壮年人口的90%以上。日渐开放的甲左村和外部世界之间原本明晰而确定的文化和社会空间界限发生了变化，空间挣脱了原来的地理束缚实现了“脱域”[①]。因此很难给村民跨城乡的社会活动划出一个想象中的固定的空间边界，空间是流动的，也是变化的，是村民社会实践的建构结果。这种空间特性正符合社会学和人类学对空间转向的描述。

城乡空间关系状态是伴随着城市与农村变迁过程而不断发生变化的，空间理论视角将农村置于一个和城市相对平等、不分主次、各有优势并可以展开对话和交流的地位。不过，以社会关系的束集为表现的，综合了社会文化空间、自然空间和心理空间为一体的农村社会变迁研究，目前还处于空白状态。虽然人类学家较早关注到了空间与空间之间的文化传播现象，以跨文化比较来理解文化变迁，然而研究的

---

① 安东尼·吉登斯：《现代性的后果》，第73页，南京，译林出版社，2011年。

对象是文化和族群，空间自身不被作为变迁的主体。此外，在传统的只认可空间的背景角色和单一属性的农村研究中，城乡之间的空间关系被设定为二者在物质距离上是分割的，在社会发展的时间轴线上是先后的，在利益格局上是边缘—中心的，但是，科技的不断进步以及村民跨城乡的生活方式让这种被城乡二元制度所宰制的空间分隔日益走向共融。[①] 村民以自身对跨越城乡的空间实践行为以及相关的生活经历和体验，产生了新的空间认知，形成了心理和社会维度的空间重构。正如列斐伏尔所强调，不存在没有空间变迁的社会发展和生活方式的改变，未曾产生空间变迁的生活方式和社会的变迁是虚空的。[②] 在他看来，我们所处的世界是一个以空间中的生产方式为特征的世界，空间变革，产生新的空间是人类社会发展的根本途径，生活方式的改变，社会的改变，都是从合适的空间的生产开始。他基于对日常生活中人类活动的观察和批判性反思所得出的结论，强调了人类发展的真正动力来自充满着异化又满载着希望的日常生活，日常生活的改变最终必然成为空间的改变。[③]

从空间理论视角解读中国乡土社会，不仅是拓展乡村研究视阈的有益尝试，也是提高理论解释力的必要之举[④]，即便是关注小型社区或

---

① 杨桓：《空间融合：城乡一体化的新视角》，《社会主义研究》，2014年第1期。

② Henri Lefebvre, *The production of space*. (*D. Nicholson-Smith, Trans.*). Oxford, UK: Basil Blackwell,1991.

③ 张子凯：《列斐伏尔〈空间的生产〉评述》，《江苏大学学报》，2007年第5期。

④ 刘拥华：《阅读秩序：空间语境下的乡土社会及其变迁》，《人文杂志》，2008年第4期。

者村落研究，也需要认识到所研究的文化单位在空间意义上已经是世界体系的一个组成部分①。因此，本研究采用以空间为分析框架来探究甲左村这个微观社会的变迁及其动力机制。

三、行动者视角

学校教育和中国近现代的乡村社会变迁关系密切。晚清以来，乡村命运的改变往往和现代教育制度的推行绑到了一起，建立现代教育制度成为不少有识之士寻求改良百年不变乡村的理想。从晏阳初到陶行知、梁漱溟，现代教育承载着独特的社会使命和梦想。至国民政府在20世纪三四十年代推行“国民教育立国”，乡村普及现代中小学教育的重要性再次被提到了前所未有的高度。1949年之后，新政府对乡村教育的各种运动和改造也未曾有一刻放松。如果抛开这些有意图的政治和社会举措不谈，从本质上看，教育之于乡村的重要意义在于现代学校是传统社会内部现代性生成的重要组成部分，又是生产现代性的重要方式，在促进乡村社会现代化转型中扮演着重要角色②。开展现代教育与乡村变迁之互动研究的价值和学术意义还在于，扎根于特定时空情景下的现代学校，所面临的文化和社会互动的复杂局面，最能反映现代性在中国的具体历程，提供有关乡土社会的现代化之反思，

---

① 王铭铭：《文化变迁与现代性的思考》，《民俗研究》，1998年第1期。

② 王铭铭：《口述史·口承传统·人生史》，《西南民族大学学报》，2008年第2期。

但鲜有研究对此进行细致而丰富的呈现。[①]

在甲左村，唯一的现代学校——甲左小学是村寨的突出地标，富有国家权力和主流文化的象征：小学操场上空飘扬着五星红旗，二层教学楼是村寨第一栋也是唯一一栋较大型的砖混结构现代建筑，校园高音喇叭播放的现代流行音乐不时打破村寨的宁静，立于田间的高墙则将校园围成一个独立的王国。学校更为隐性的社会作用在于提供规范而正式的社会化场所取代村寨传统的言传身教之社会化方式。乡村学校的此类角色，被不同的学者描述为“村落中的‘国家’”[②]、“国家权力的代理人”等。但是，无论是国家的象征还是社会的整合，位于传统社区中的乡村学校，和本土社会存在着的互动关系远不止于三言两语的简要描述。这种具有突出的乡土性和复杂性特征的作用机制是研究教育与社会变迁的核心内容。

社会整体论将教育视为社会的子系统之一，立足于系统和系统之间的相互作用来讨论教育和社会的关系，使用的是“社会变迁的方面⇌教育变迁的方面”或者“社会变迁的类型⇌教育变迁的类型”这类一一对应的研究思路[③]。教育的社会作用也因之被分解为政治、经济和社会文化功能来加以分门别类的阐述。特别是结构功能主义将教育

---

① 王铭铭：《教育空间的现代性与民间观念——闽台三村初等教育的历史轨迹》，《社会学研究》，1999年第6期。

② 李书磊：《村落中的“国家”文化变迁中的乡村学校》，杭州，浙江人民出版社，1999年。

③ 吴康宁：《社会变迁对教育变迁的影响：一种社会学介析》，《华东师范大学学报》，1997年第2期。

视为一个具有自我调节能力的稳定发展的统一体，所得出的教育和社会之理想关系往往是：教育系统和其他社会子系统之间相互独立，界限明确，又相互作用、相互影响，在彼此适应的过程中进行自我调整最终促进社会整体的和谐发展。此类想象性建构的研究景象被吉登斯批判为社会系统理想化的假设，他认为这种想象让社会变迁研究在相当长时期内保持着一种“无人化的”的奇怪倾向，人的行为及其社会实践给社会变迁带来的影响被忽略，这是一种对社会学的典型误读，它将社会系统看成与生物系统类似的东西，认为社会内部存在既定结构用于支配社会的稳定和变迁。[①]“无人化”的变迁研究往往集中精力在教育和社会之互动关系的抽象思辨，但它无法等同于实际运行的社会现实。

像甲左村这样的微观社会，学校和村寨之间在现实中的互动远比“无人化”抽象思辨所建构的作用和反作用、矛盾和适应等关系来得复杂。教育和村寨的互动需要依托于学校的各种活动以及活动的施受者——教师和学生的参与来实现。例如，学校在村寨的扎根有赖于本地人对学校的接纳和支持以本地教师对办学的参与；教育对村寨社会关系的重构借助需要受教育者的社会化过程，学校在村寨内部的现代性培育也首先从受教育者的价值培育着手。人，或者说有行动能力的村民，是教育作用于村寨变迁的执行者，也是教育推动村寨变迁的中介者。作为有自由意志和实践能力的个体行动者之社会存在的意义是

① 安东尼·吉登斯著，李康、李猛译：《社会的构成》，第59页，北京，生活·读书·新知三联书店，1998年。

一个无法忽略的社会事实。因此，甲左村这种处于“普遍性”和“规律性”之外的充满着地方性知识的社会事实，是社会整体论的变迁机制模型所不足以解释的。费孝通先生将此类村寨描述为充满乡土性、处于现代和传统接触边缘的“很特殊的社会”①，任何教育和社会变迁之间的因果关系路径预设以及抽象思辨的想象力都很难如实呈现那些寓于日常生活之中的充满了细节和情节变幻的社会事实。

和社会整体论不同，具有人文主义传统、持个体主义立场的研究者们提倡从行动者视角来研究社会，选择被社会整体论忽略的社会个体在日常生活中的行动作为研究对象。行动者视角持有这样的假设：社会是通过个体在日常生活中的实践得以建构的。行动者视角经常聚焦于微观社会，从个体在日常生活中的各种行为细节来观察个体和社会之间的互动关系，强调情景化、秩序、符号互动、交换、自我建构等。20世纪50年代之后，个体行动者的行为及其意义越来越受到学界关注。

行动者视角批判了社会整体论关于个体对于社会变迁影响甚微的论断，提出社会是由意志自由的个体构成的复杂结构，有自然界所没有的现象和本质；社会的结构和过程、规范和秩序都是个人活动的结果，社会过程可以被还原为个人间的交往行动而得到解释。②社会虽然对个体有制约作用，但个体并不是完全被动的。人类个体总是在创造

---

① 费孝通：《乡土中国 生育制度》，第6页，北京，北京大学出版社，1998年。

② 郑杭生、杨敏：《社会学理论体系的构建与拓展——简析个人与社会的关系问题在社会学理论研究中的意义》，《社会学研究》，2004年第2期。

并改变着自己所生活的这个世界。因此，行动者视角强调社会研究应当是从社会成员着手，研究日常生活中的具体而生动的行动者，从个体行动中找到解释社会变迁的机制。行动者视角在思考“社会何以可能”这一问题时，希望从人的行动中找到答案，提升变迁研究在微观社会层面的解释力，关注变迁实际发生过程的复杂性，使用多因素、情景化、动态化等研究手段，寻找个体自由和行动建构的社会意义。

20世纪80年代兴起的以吉登斯、布迪厄等人为代表的新实践论对行动者视角进行了进一步的理论丰富①。他们把目光放到了日常生活中由个体行动所构成的“在时空向度上得到有序安排的”各种社会实践②，希望借助于个体的“实践”来沟通社会系统，建构一种能够真正超越二元对立、彻底实现社会结构和个体行动融合的综合理论。新实践论指出了社会生活和社会变迁过程中的片段性、偶然性、多样性和不连续性以及个体能动性对于建构社会变迁的重要意义。要分析社会，就要分析社会的结构性关系是如何形成、复制和再生产，这就需要去分析个体在日常生活中的社会实践。社会实质上是一个通过行动者的实践而不断结构化的过程。③

行动者视角为甲左村这一微观社会的“教育与村寨变迁”研究

① 谢丽·奥特纳著，何国强译：《20世纪下半叶的欧美人类学理论》，《青海民族研究》，2010年第4期。

② 安东尼·吉登斯著，李康、李猛译：《社会的构成》，第61页，北京，生活·读书·新知三联书店，1998年。

③ 安东尼·吉登斯著，李康、李猛译：《社会的构成》，第59页，北京，生活·读书·新知三联书店，1998年。

提供了很好的理论视角，让研究可以立足于村民的历史记忆和社会实践，从个体的生命历程和日常生活中的行动等方面着手，探讨近半个世纪以来在甲左村的学校、个体以及社会之间的互动关系，以获得特定时空下传统社区现代性建构的历史进程。

四、本书结构和主要观点

在空间分析框架和行动者视角构成的研究范式之下，本书以发生在甲左村近半个世纪以来的教育与社会变迁为研究主题，用“大时代微叙事”[①]的形式，以日常生活中的个体行动者为研究对象，探讨在微观社会的教育发展、个体行动与村寨变迁三者之间的互动机制，以此了解传统社区现代性建构的进程。“教育如何促进了村寨的变迁”以及“个体作为行动者如何参与了村寨变迁”构成了本研究的两大核心主题。

本研究中的教育，特指现代学校教育。本研究中的个体行动者，指那些正在或曾经生活在甲左村，具有改变自己的生活方式、改变村寨发展现状这一主观意识并付诸社会行动的个体。教育通过他们和村寨建立了互动关系，他们在日常生活中形塑于教育，也受约束于村寨社会，同时，作为富有能动性的行动者，他们又通过各种类型的社会实践反作用于教育和社会结构，在行动中进行着传统和现代的博弈，并跨越了城乡的分隔，通过空间流动将村寨推上了一条基于跨城乡空

---

① 劳马：《大时代与微叙事》，《人民日报》，第24版，2016年1月27日。

间重构的变迁轨道。

本书共分五个章节。其中，第一章节对研究的田野调查点——甲左村及三都水族自治县的社会概况和历史背景进行了简要的介绍，作为读者了解本研究的背景知识。

第二章至第四章所呈现的是基于在甲左村的田野调查所获得的人类学考察和研究结果，主要从学校发展和村民个体行动两个方面对教育、个体与村寨变迁的作用机制进行了微观意义上的探讨。

第二章通过对村民口述史中的甲左小学发展历史的梳理，为这个没有文字历史传统的村寨修撰了它的现代学校教育发展史。研究发现，甲左村现代学校教育的发展路径从学校依托于乡村集体力量的支撑为开始，慢慢让渡到乡村集体和国家力量的办学合作，再逐步转变为国家力量的全力举办。特别是进入21世纪后，学校空间内部地方传统渐淡而国家色彩增浓。村寨学校教育的这一发展进程即是国家力量自上而下强势延伸的结果，同时也是甲左人顺应社会发展趋势自下而上的主动选择，特别是在国家力量比较薄弱的初期阶段，村寨全面支撑了学校的基本建设和运转。在资源匮乏、生存竞争激烈的村寨，村民对学校教育寄托了改变生活、改变命运以及融入主流社会的美好愿望，体现了他们面对社会现代性转型压力下的积极性和主动性。学校教育的发展历程是和甲左村从传统向现代的社会进程相呼应的，体现了现代性在乡土社会的初育、磨合和逐渐强大，学校作为村寨现代性的重要组成部分，成为村寨现代性变迁的重要体现。

扎根于村寨的学校教育作为年轻一代社会化的主要方式被全面内化到甲左人的生活实践中，成为村民日常生活必不可少的组成部分。学校以抽象知识的学习取代了村寨的传统的面对面的社会化过程，逐步通过教育现代空间的确立和个体行动者的培养等方式来参与和推动村寨现代化进程。现代教育空间下的受教育者成为学校孕育现代性的载体，也成为村寨生产现代性的主体，学校借助他们在日常生活中的社会行动实现了对村寨变迁的参与，这让教育推动村寨变迁的路径充满了个体性、复杂性和多变性，有必要在村寨个体的现实生活层面进行具体的观察和分析。

第三章聚焦于在甲左小学工作30多年的本地教师潘学联，对他展开生活史研究。潘学联是甲左小学的第一批学生，也是当年村里屈指可数的高中毕业生，1977年高考失利后他安排在甲左小学当代课教师，从此开始了漫长而曲折的教师生涯，其间经历了身为民办教师的生活窘迫和家庭矛盾，也实现了转正为公办教师并担任甲左小学校长之后的事业成功。在他的人生轨迹中，潘学联置身于学校现代空间和村寨的传统空间、农民身份和教师身份的冲突和博弈中，不断面临着传统和现代、本土和外来、边缘与主流、自我和他我之间的张力，他以富有能动性的行动者角色，以反思的自我意识和能动的社会实践作为确立自我身份认同的两维，不断实现着充满着弹性的自我主体性的身份建构。这种身份建构的弹性策略，不仅是他把握人生道路的重要手段，也是他与村寨以及学校空间进行互动的必要手段，即以现代知识人这一特殊身份影响着学校的举办，也影响着村寨中的人与事，从而实现了在社会制度和结构宰制下的个体以能动性行动影响了社会的重构。潘学联的生命历程为本研究从村寨内部空间关系的视角提供了理解教育、行动者和村寨变迁关系的参照坐标，微观个体之于村寨变迁中的意义通过生活史研究得到了充分阐释。

第四章则从村寨与外部空间关系视角，以同期群的生命历程为研究对象，围绕“走出去”这一本土概念，对近半个世纪以来甲左人走出村寨，实现跨城乡空间流动的现象进行了分析。甲左村恶劣的生活条件是促使村民形成“走出去”想法的前提，但该想法演变为行动与学校教育期间密切相关。学校教育经历让大部分甲左人因差异而产生了反思自我和身份认同的自觉过程，形成了读书改变命运的信念并付诸行动。教育还为他们的“走出去”提供了必要的流动资本和流动路径。

根据空间关系的特征，甲左村“走出去”的路径可归类为“离土离乡”、“离土不离乡”和“离乡不离土”三种。尤其是后者涉及面很广，差不多覆盖了甲左村90%以上的中年和青少年人口。这三种不同方式的“走出去”给甲左村的社会生活带来了深刻的影响。“走出去”的村民不仅给村寨带回了在外积累的各种有形或无形资本，也带来了思想观念和生活方式的革新，甚至导致村寨内部社会资源分配方式和社会关系结构的变化。特别是“走出去”的村民个体在日常生活中致力于与村寨保持各种跨城乡互动关系，进行着跨越城乡地理间隔的社会实践，以建构“跨城乡空间”的方式对传统面对面社区进行了空间重构。村民“走出去”作为近半个世纪以来发生在甲左村的一个重要的社会现象，是甲左村从传统走向现代的产物，也是村寨进一步转型的驱动力。

第五章作为本书的最后一章，从微观的视角转为抽象的宏观视角，将学校、个体行动者和村寨变迁三者之间的互动关系放到一个更为宏大的社会背景和更为抽象的理论层面上进行讨论，利用空间分析框架对教育与社会变迁发生机制的脉络进行再次梳理和提炼。甲左村近半个世纪以来的社会变迁是在新中国成立以来农村空间经历不同历史阶段的三次空间重构这一重大社会背景之下进行的。特别是最后一次的空间重构，起主导作用是自下而上的草根力量和市场力量的协作，并借助了知识和科技力量的推动，它对村寨变迁的影响是显著的。

在宏观的时空背景之下，现代学校在甲左村的扎根，成为主流现代社会嵌入到地方传统社区内部的“逆文化飞地”。该飞地内部，相对独立的现代空间得以存在并维持着非本土的文化认同，进行着远离当地社区生活和生存需求的空间实践，使现代性得以在传统村落内部进行生产和再生产，并在这个过程中体现了教育的权力和自由的二重性：教育规范了个体的行为，又培育了个体反抗这种规范的行为能力；知识权力以一种看不见的方式内化于受教育者的身体，牵制着行动，影响着个体的生命轨迹，又赋予了个体发展能动性所需要的独立自由的现代性自我意识以及学习和行动的能力。特别是离开了学校空间的受教育者，通过日常生活中的跨城乡空间实践，组成了一股自下而上、自内而外的民间力量，共同推动了甲左村的空间重构，将村寨引上了一条有别于城乡二元和城乡一体的，以跨城乡空间共同体存在的未来发展的第三条道路。

五、“跨城乡空间”概念建构

基于空间分析框架和行动者视角，本研究获得的重要成果之一是“跨城乡空间”概念建构的创新。“跨城乡空间”用以描述在城市和村寨之间实现了空间流动或空间转换的甲左人的生活状态，他们在日常生活中和村寨保持了频繁的跨城乡互动，建立并维护着跨城乡网络关系以便实现持续而便捷的信息和资源交换。作为跨城乡社会行动的集体建构，“跨城乡空间”形成于村民个体的直接或间接的跨城乡流动这一空间实践，其跨城乡，即指城市和乡村的地理空间的跨越，也指现代和传统的社会空间的跨越；其流动，即指包括身体在内的有形资本的跨城乡流动，也指信息、情感、责任与义务等无形资本的跨空间传递，即可以是资本、信息、技术和组织互动的流动，也可以是形象、声音和符号的流动，表现了主导着我们经济、政治和符号生活的过程。[①]

跨城乡流动作为建构跨城乡空间、实现村寨空间转向的重要实践，其突破了城乡之间在地理上的分隔以及在制度政策上的障碍，以个体实现本体社会发展需求为实践动机，通过乡土社会关系的空间抽离机制和城乡关系的空间延展机制，形成了一个以跨城乡的社会关系和社会实践为特征的新的空间。跨城乡空间作为社会关系的总和，未脱离于客观物质而存在，又和个体行动者的主体意识紧紧相连，产生自他们的社会实践[②]，它作为人类学、社会学意义上的空间现象，以跨城乡的社会关系的束集为表现，综合了社会文化空间、自然空间和心理空间为一体，致力于超越城乡空间的二元割裂以及传统和现代之二元对立，体现了草根力量对村寨空间重构的努力。

随着跨城乡空间的建构，村民个体与村寨的原有关系正在瓦解，

---

① 陆扬：《空间和地方的后现代维度》，《学术研究》，2009年第3期。

② 丁月牙：《个体空间：基于移民生活史的空间解读》，《民族研究》，2014年第4期。

传统和乡土性借助于现代性从具体的地理物质环境中抽离，又以新的形式获得了跨越地理距离的空间延展[①]，原来基于血缘和地缘同构的家族社会的责任、义务和信任关系也得以脱域，在跨城乡的空间关系中得到了延续和履行。于是，传统的面对面社区共同体，借由村民个体的跨城乡空间行动，转型成为与现代性变迁相适应的“跨城乡共同体”——一个由能动的行动者们基于自己的反思和行动所生产的，或许并不是制度设计者“意图之中”的新的社会关系形态。这种体现现代空间特性的“跨城乡共同体”是跨城乡空间的更为稳定的表现方式。在该共同体内，分布在各地的甲左人因既有的血缘和地缘关系被嵌入到他们共同经营的跨越城乡关系网络之中，并根据个体在该网络中的位置而获得并交换相应的社会资源，履行特定的责任和义务，建立一定的信任关系，维护着共同的传统文化和族群认同。传统的以族老为中心的差序关系格局逐渐被拥有社会资源多寡的个体作为节点的网状关系结构所替代。因此，跨城乡共同体并非是对传统社区结构的简单复制，它是跨城乡行动者们借助高度发达的信息科技和市场经济而实现的新的社会互动方式和新的生活方式基础之上的社会关系形式，是传统立足于现代的新生，是乡村与城市的共融。跨城乡共同体为那些跨空间流动的村民个体提供了可随身携带的重要的社会资本，他们可以在这一新的共同体关系中获得和分享资源，还可以在跨文化流动中，面对急剧变迁的现代社会，随时找到乡土和族群的情感依托

① 安东尼·吉登斯著，田禾译：《现代性的后果》，第16页，南京，译林出版社，2011年。

和身份归属。

基于“跨城乡空间”概念建构所观察到的甲左村从“面对面共同体”向“跨城乡共同体”的转型，让村寨突破了被城乡关系宰制下的农村专属的单一性、专属性和稳定性等地点特征，转变为具有方向性和时间变化属性的相对于地方和本土而存在的空间特征。这种从作为地点的村寨到作为空间的村寨的转向，让村寨的发展不完全取决于政策和制度的设计，村寨何去何从，有赖于村民行动者跨越城乡的政治、社会文化和经济的空间实践。作为城乡关系中的弱势群体，他们通过“流动”战术向既定的城乡二元的策略安排进行了反抗，积极使用空间流动的实践来改变由强势群体的制度和规则建立起来的城乡空间支配方式，对可获得的资源和权利进行再分配，让空间蕴涵了自由和可能性，对城乡进行关系重构[①]。他们彰显了行动者在空间生产中的能动性，生活方式和思想观念努力跨越城乡二元的束缚，不片面强调对城市的向往和对农村的嫌弃，也不盲目推进农村的全盘城市化，而是保护和肯定了自身身上属于农村的存在价值和意义。他们希望以一种城乡资源双向流动的开放空间状态，通过更加平等的城乡合作共荣关系，致力更加美好的农村未来的建设。

跨城乡空间和跨城乡共同体概念的提出，为研究者们理解城乡关系以及农村的未来发展提供了新的视角。它们提醒研究者城乡差异和城乡二元对立实际上是有本质区别的，差异不一定就意味着矛盾、对立和冲突，现代性使人与社会的原有关系正在瓦解，研究者们需要重

① 何雪松：《社会理论的空间转向》，《社会》，2006年第2期。

新审视新的关系的形成。对农村问题的分析，二元对立并非是目前唯一合理的解释框架，从空间重构的逻辑出发，我们看到了农村未来变迁的另一种可能，即行动者们所努力创造一个属于自己、属于乡村的未来。

作为地点的农村是弱势的，而作为空间的农村则是能动的，有望对国家力量介入的城乡空间相对隔离这一异化状态进行扭转，努力恢复城市空间和乡村空间本应具有的有机联系。作为地点的农村，其边界是清晰的、固化的，作为空间的农村，其边界趋于混沌和模糊。通过行动者的跨城乡流动，城市空间可以无边际地向农村延伸，农村空间也同样可以无边际地向城市延伸，构建空间的主体不再是物质的、地域的或者制度的，而是像布朗运动那样充斥在空间的人的行动。

作为地点的农村代表着过去，作为空间的农村代表着未来。虽然我们还无法就此断言在甲左村发生的这种自下而上、自内而外、已然发生、远未停止的空间建构行为最终会给甲左村带来一个什么样的空间生产结果，也意识到了这种城乡之间的联系纽带在一定程度上还无法摆脱现有的社会制度和国家政策的左右和制约。没有良好的市场经济和制度环境，包括政治制度的保障，社会流动不会长久，也不会良性运行，甲左村的空间重构也就不会持续发生。因此，乡土社会的发展仍然需要政策倾斜和制度保障来实现城乡关系的公平与公正。[①]但无论何种情况，作为具有能动性的甲左人让我们看到了日常生活中的行动

---

① 刘拥华：《阅读秩序：空间语境下的乡土社会及其变迁》，《人文杂志》，2008年第4期。

者才是推动社会变迁中的巨大力量。作为弱势群体的社会成员，他们正在积极利用自己的身体和步伐，在社会的夹缝中寻找一切有利于自身、有利于村寨的发展机遇。空间让他们有机会摆脱角色的束缚，成为另一个世界的他者，又以他者的身份，建构一个新的世界。在这个新建的世界中，他们不再是地缘的边缘化群体，而是空间的核心。

结束语

从空间分析框架和行动者视角来审视甲左村近半个世纪以来的教育与社会变迁，让研究者得以突破了传统二元结构对立论和城乡一体论，从村寨空间转向的社会现实来理解村寨变迁形成的动力机制及其进程。学校教育扎根于村寨，致力培育富有现代性自我的行动者，并为行动者的空间流动提供了资本和路径；行动者又以自身的能动性，通过跨城乡空间的各种实践，特别是跨城乡的流动，促进了村寨从地点意义向空间意义的社会重构。在这个基础之上，一个新的跨城乡空间得以形成。拥有空间流动资本和流动自由的村民个体，因此而成为村寨社会变迁的重要推手，他们以跨空间实践对甲左村这一微观社会所发生的教育与村寨变迁的动力机制作出了解释，也用自己的行动对村寨的未来发展描绘了蓝图。

传统的农村变迁研究往往假设或者预言了传统在现代性面前的瓦解以及村寨在都市化、城镇化发展模式下的消失，本书并不想在此论证这种悲观结局在现实生活中的可能性。然而，发生在甲左村的社会事实喻示了民族村寨未来发展的另一种乐观局面，一种由当事人在传统和现代的博弈之间做出的最适合于他们发展需求的未来选择，这种选择不是简单地抛弃传统、投身现代，而是一种复杂而微妙的自我重构和村寨重建。这些当事人不乏反思的努力，也不乏改变的热情，他们拥抱现代性，但并不必然要抛弃传统性，而是积极寻找适合自己、适合村寨的第三条道路。他们为我们提供了农村未来发展存在的另一种可能。当然，任何过于乐观或悲观的未来预测都是不现实的。仅就目前甲左村的社会现实而言，缺乏制度支持和政策援助的空间流动和重构艰难而缓慢，个体在其中不断付出各种各样的代价，所产生的积极作用也无法持久。这也证明了当下政府需要果断抛弃城乡二元体制的各种人为壁垒，自上而下创建一个更加自由平等的有利于城乡空间流动和共融的社会制度环境的迫切性。

第一章　甲左水族村

一、三都县及甲左村概况

甲左村位于中国贵州省南部，其所属的三都县是全国唯一的水族自治县，全县居住着汉、水、布依、苗、瑶等十多个民族，水族人口占全县总人口的63.4%，全国有半数以上的水族人口聚居在这里。[①]三都县是1941年在三合县和都江县的基础上合并而成，1957年又在三都县的基础上，合并了都匀、独山、榕江和荔波等邻县接壤的一部分乡村，成立三都水族自治县，下辖有6个区40多个乡和2个镇，其中甲左村属当时的烂土乡管辖，现划归和江镇。[②]

三都县地形以山地为主，处于云贵高原东南端的破碎地段，峡谷

① 《三都水族自治县概况》编写组：《三都水族自治县概况》，北京，民族出版社，2007年。

② 潘一志编著：《水族社会历史资料稿》，三都县水族自治县民族文史研究组编印，1981年。

和溶洞较多，地势起伏较大，土壤吸水保水性差，地表水虽然丰富但却很难得到有效蓄留。甲左村经常处于缺水状态，旱季的农业用水和生活用水缺乏情况尤为严重。20 世纪 90 年代曾在村寨附近挖掘水井蓄雨水供附近农业灌溉之用，但没有发挥太大作用。

三都县气候属于亚热带湿润季风气候类型，酸性和中性土壤交错分布，原生林和次生林茂密，林业资源丰富。农作物以水稻为主，还种植玉米、小麦、大豆以及油菜、辣椒等经济作物。甲左村因处于中山地带，气温比平原坝区要低 4—6℃，以酸性土壤为主，开垦的农田多数呈梯田式分布，连片集中在山间的坝子上，种植的粮食以水稻为主，间种油菜，山坡上的少量农地用来种植玉米以及供自家食用的蔬菜、辣椒或者花生等农作物。甲左村的山地生长着茂密的树林，特别是最近几年退耕还林，很多坡地种上了杉树、马尾松以及花椒树、核桃和茶等经济作物。村民家中普遍饲养牛、马、猪、鸡等家畜。当地的特有猪种——小黑猪，以山菜杂草为食，体型小，脂肪少，肉质香美。

三都县为国家级贫困县，甲左村则属于贫困县中的贫困村。该村距离和江镇 15 公里，下辖 8 个村民小组，有 293 户 1557 人，其中劳动力 860 人。全村土地总面积 14751.9 亩，耕地总面积 1567 亩，人均可耕地面积 1.01 亩[①]，耕地资源稀缺，是和江镇最贫困、最边远的一类贫困村。和江镇政府将甲左村的发展模式形象地归纳为“看天吃饭、

① 以上数据主要由和江镇政府提供，部分数据来自三都县政府官方网站（http://www.sdx.gov.cn）和三都县和江镇政府网（http://sddhz.cn.roowei.com）。

依政府扶持、靠外出务工发展”。2012 年，我们前往该村调研时，该村在入村公路建设、饮水工程和农业灌溉等方面还面临着较大困难。

二、水族文化

甲左村是水族单姓村。水族自称“睢”,历史上曾被称为“僚”、“夷”、“水苗”、“水家”等，1956 年国务院确定其族称为“水族”。其族源有多种不同说法,有“江南迁来”说、“殷人后裔”说、“龙番氏后裔”说、“土著民族”说、“东谢蛮后裔”说、“广西南宁迁来”说、“广东广西迁来”说等[①]。学术界较为一致的认识是水族先民可能是古代“百越”的一支或是与“百越”混杂居住的外来群体，于秦汉年间辗转西迁至今天的广西北部龙江流域居住，与当地部分土著居民融合，形成了独立的民族共同体——“睢”。唐朝初叶,中央政府在今天的广西环江一带设“抚水州”，管辖当地包括“睢”在内的少数民族。北宋时期，水族社会获得了很大的发展，人口迅速增长，农耕文化发达。宋太宗年间，抚水州出现饥荒，当地的少数民族领主们与中央王朝发生利益分歧，遭到政府剿杀,水族居民被迫迁出抚水州,迁移到今天的贵州省荔波县境内,并逐渐向三都、独山等地扩散，形成了今天水族的分布态势。[②] 明清以

---

① 王品魁、莫俊抑：《水族来源初探》，《贵州民族研究》，1981年第3期。高路加：《关于水族来源的探讨》，《广州大学学报》，2002年第3期。

② 石国义编著：《水族村落家族文化》，贵阳，贵州民族出版社，2007年。

来，由于中央王朝推行的卫所屯戍制度和移民垦荒制度，大量的汉族居民迁入水族地区居住，他们中的一部分也逐渐融入水族之中，进一步推动了水族的经济文化发展，也致使今天的水族文化中有不少汉族传统文化的元素。①

今天的水族主要分布在苗岭以南都柳江沿岸和龙江上游的贵州省三都、荔波、都匀、独山等县（市）一带，在云南省富源等地也有少量分布。在三都县，水族主要聚居在和江、合江、丰乐、普安、柳镇和九阡等乡镇。根据第六次人口普查数据，2010年全国水族人口41.2万人，贵州省水族人口34.87万人，三都县常住人口28.3万人，其中约60%为水族。②

水族具有典型的南方民族特点：居干栏、种水田、食稻米、崇奉万物有神灵等，同时又具有自身鲜明的民族特色和文化传统。端节和卯节是水族传统节日中比较重要的节日。端节和卯节在水族聚居区分期分批举行，按照水历的日期在不同聚居点之间有严格的先后时间顺序，并且有“过端不过卯，过卯不过端”的现象。过卯节的水族主要分布于荔波县的玉屏、水利、茂兰和三都县的九阡、柳镇等乡镇的水族村寨，过端节的水族主要分布在都柳江上游一带。过端节的人数规模和村寨数量要远远超过卯节。我们所调研的甲左村就是过端节的水

---

① 高路加：《关于水族来源的探讨》，《广州大学学报》，2002年第3期。

② 任湘生、钟赛梅主编：《贵州统计年鉴——2014》，第40、510页，北京，中国统计出版社，2014年。

族村寨。[①]

端节，汉又译为“借端”，“借”是“吃”的意思，“端”有“开端”、“岁首”的含义。水族地区先后分七批，逢亥日开始举行。水族歌谣——水歌里对这种先后顺序分批过端有形象的描述：“说过端，提到套头，是大哥，他就先尝。第二位，拉佑、水东，第三轮，水婆、天星往下推；水潘来过，第五位，三洞、地祥，牛场端，兰岭、水昂。虽借端[②]，年成才旺。”[③]这种秩序在水族民间得到了执行。1964年，政府曾经用行政手段禁止这种轮流过端的民间做法，要求各地水族统一到国庆节期间一起过端，遭到了水族群众暗中的抵制。1980年，随着改革开放，水族人开始恢复了分期分批过端的民族传统。[④]今天的水族端节，不仅是祭祖的重要节日，同时也增加了很多娱乐的内容，端节赛马成为三都县的重要体育赛事，而县政府也将庆祝端节视为促进民族团结、弘扬民族文化传统以及招商引资的重要手段。

在水族村寨内部，端节主要由祭祖、游端、赛马等内容组成。首先，每个家庭在亥日前一天要打扫房子，清洗生活用品，准备次日招待客人的食品，主要是鱼和各类素食，以及必不可少的自家酿制的米酒，

---

① 张兴雄：《水族端节祭祖仪式与“忌油圈”——以贵州省三都水族自治县三洞乡板告村板鸟寨为个案》，《西南民族大学学报》，2008年第1期。

② 虽，为水族自称，又写作“睢”。

③ 龙胜阳、柏贵喜：《水族“过端”仪式的社会结构与象征表达》，《云南社会科学》，2014年第1期。

④ 石国义编著：《水族村落家族文化》，第18页，贵阳，贵州民族出版社，2007年。

并烹制“鱼包韭菜”这一传统食品于当晚陈列在供桌上进行第一次的预祭祖。当晚的饮食也要忌油忌荤。次日，村寨内部依照血缘关系组成的以男性代表为主的队伍开始去挨家挨户地游端。游端的队伍到达一户人家，该户的家庭成员出门迎接，进门后先行祭拜祖先，举行烧纸钱、剪断供品“鱼包韭菜”上捆着的稻草等仪式，然后开始围桌吃饭喝酒。喝酒前，大家用筷子沾酒滴在桌面以示对祖宗的尊重和敬意，然后吆喝出响亮的“咻”[①]声，集体干杯，一饮而尽。游端队伍在每家停留的时间长短不一，并没有严格的时间限制。游端从第一家开始之后，后面的家庭顺序就依照就近原则，由近及远陆续上门。当村寨中所有的家庭都游端过后，中午就去坡上举行跑马比赛。赛马结束，村民继续回到各家招待宾客，开荤畅饮。宾客们常从一家被邀请到另一家，直至吃遍全寨，持续到深夜。端节作为一个隆重的民族节日，不仅有本村人参加，还会邀请其他地区的水族以及其他民族的亲朋好友参加，突显了水族人的热情好客。

水族有自己的语言和文字，其中，水语是水族民间通用的交际语，属汉藏语系壮侗语侗水语支。水语的声母、韵母系统比较复杂，保留了很多古汉语的发音，声母韵母的数量相当于汉语的两倍多，且具有八个声调[②]。水书是对水族古文字以及用该文字撰写的书籍的统称。作

---

① 咻，在水语中为干杯之意。

② 《三都水族自治县概况》编写组：《三都水族自治县概况》，北京，民族出版社，2007年。

为一种古老的文字，目前发现的水书有近500个单字，有图画文字、象形文字和抽象文字三种，其中的象形文字和甲骨文之间有相似之处，表意的方块字则与金文相类。水族人称水书为“泐睢”，意为刻在石头上的书。因水书与殷商甲骨文的因缘关系，有人称水书为甲骨文时期的文化记忆，是古代神本文化的活化石。水书主要用来记载天文星象、编制水历和记录原始宗教信仰，在内容方面以阴阳五行、九星八卦、天干地支、二十八宿等对婚丧嫁娶、营造出行、节令祭祀等活动进行推测，以便趋吉避凶，但不作日常交流之用，仅为少数的水书先生所手抄口授、世代相袭。① 水书重要的功能之一是编制水历——水族民间的一种世代传承的古老历法。该历法以阴阳合历为依据，加入了天干地支和阴阳五行。和农历的区别在于，水历虽然也将一年分为12个月，但是岁首始于农历的九月。水历至今仍然是水族民间各种节日、农事节令、市集赶场、婚丧嫁娶以及趋吉避凶等祭祀活动的择日依据，反映了水族先民们在天文知识和哲学方面的智慧。② 水书于2006年被录入国家非物质文化遗产名录。

---

① 潘宗林：《释读旁落的文明——水族文字研究》，第23—24页，北京，民族出版社，2012年。

② 石国义编著：《水族村落家族文化》，贵阳，贵州民族出版社，2007年。

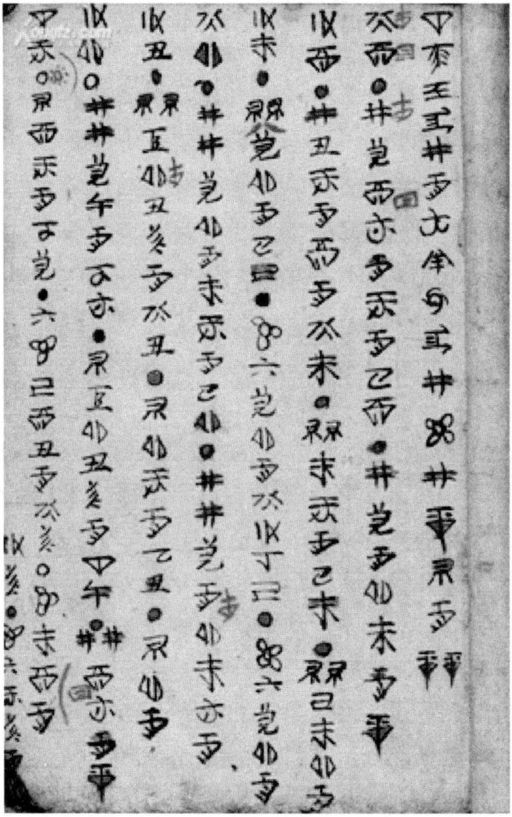

图1-1 水书[①]

水族服饰也非常有民族特色。传统的水服以青色、蓝色、绿色和黑色为主，传统衣料以妇女在家手工织造的棉质土布为主，通过染色、缝制和绣花工艺完成，结实耐用，以便在田间地头从事各种生产劳动。

① 图片来源于北京卓德国际拍卖有限公司的2011年秋季拍卖——古籍善本专场。

水服中女性服装最富特色，上衣为右衽大襟长衫，长度达膝盖，在坎肩、衣襟、袖口等位置镶有花边斜面青布大绲边，有些地区的水族女性在腰间配上绣花腰带，胸部佩绣花围腰，下身着阔腿管裤，头戴黑色或白色包头，脚着翘尖鞋或元宝盖绣花鞋，配以银色首饰，非常引人注目。[①]我们在甲左村进行田野调查时，发现现在只有已婚妇女还穿着本民族的传统服饰。村里人习惯称穿水族服装为穿“长的”，穿现代服装为穿“短的”，有些老人认为妇女如果不穿长度盖过屁股的上衣，显得不够稳重。但年轻男女现在大多不愿意穿水服，原因是穿起来麻烦，不如现代服装时尚、轻便、透气。绝大多数男性在日常生活中不再身着民族服装，但基本上每人家中都备有一到两件，以便在一些重要的场合例如婚礼和端节穿着。而女孩子们则还要准备一套精美的水族婚服待出嫁时穿。

水族服饰中最引人瞩目的是马尾绣，一种特殊的绣花加工工艺。马尾绣取材于水族生产劳动中的重要牲畜——马，以马尾上的三五根长鬃毛作为线芯，外面密密绕上极细的丝线，呈线圈状，再使用这种马尾线以订线绣的技法绣出一片繁复、密集且精致的图案，工艺复杂费时，绣有马尾绣的服饰极为珍贵，只在重要的场合穿着。马尾绣常见的图案多为花鸟鱼虫等日常生活中常见的动植物的变形图案，也有龙凤等图腾以及云纹、水纹、太阳、铜钱等图案。[②]马尾绣因其特殊的精致手艺而富有艺术和观赏价值。在现在的艺术品市场上，一幅保留完整的上了年头的马尾绣片则可以卖出很高的价格。2006年，马尾绣也和水书一起被列入国家非物质文化遗产名录，此后三都县将马尾绣作为艺术品支柱产业进行扶持，制定了《三都水族自治县水族马尾绣民间艺人培训五年发展规划》，每年举办马尾绣培训班，为此项工艺的

---

① 黄慧中：《论水族服饰艺术的嬗变》，《贵州民族研究》，2006年第1期。

② 潘陶洁：《水族马尾绣》，《上海工艺美术》，2009年第1期。

传承培养后人，同时通过多种渠道提升马尾绣优秀艺人的社会地位和影响力，提高当地群众对这一独特的民间工艺的认识，推动马尾绣工艺品走向市场，这些举措有利于该民族手工艺的保护和传承。[①]

图1-2 马尾绣（局部）[②]

水族的特色文化中还有水族歌谣。水歌所涉猎的内容非常广泛，有歌颂先民开拓垦殖的英雄事迹，有表达对万物有灵的敬畏崇拜和祈求护佑，也有以日常生活中的家长里短为题材，嘲讽丑恶，针砭时弊，

① 王彦：《“非遗”后的传统手工技艺传承——以水族马尾绣为例》，《民族学刊》，2012年第2期。

② 图片来源于三都县人民政府官方网站（http://www.sdx.gov.cn/index.shtml）。

或者歌颂友情爱情和善行美德，充满了明喻隐喻和哲理思辨，赋、比、兴等手法非常常见[①]。总之，凡有生活的地方就有水歌。我们在甲左村田野调研期间,有些受访者应我们的要求,可随口吟唱出《孝顺父母歌》、《劝学歌》等。在重大的节日庆典或婚丧嫁娶时，对歌吟唱更是一项必不可少的活动内容。

三、水族村寨

水族在其历史发展过程中辗转迁徙到现在的水族聚居区，和汉族、布依族、苗族、瑶族、侗族等形成了大杂居、小聚居的聚落分布形式。在分布空间上，三都县的汉族一般占据了交通便利、经济发达的城镇区域，布依族多聚居在河谷盆地和平坝地区，经济状况相对富裕。水族村寨多分布在中低山丘陵地带、河谷以及山间盆地，地理位置和经济状况较布依族略差，而苗、瑶、侗等民族则多居住高山密林，生活环境最为恶劣。

水族在唐朝初叶定居抚水州的时候已经出现了村寨，后来迁徙至今天的聚居区域以血缘家族为单位拓殖各自的定居点，进而形成现在的村寨格局。甲左村便是这样一个典型的水族村。村寨依山而建，四周重峦叠嶂，遍布森林，耕地大多位于山谷之间的平坝地带，一部分坡地被开垦用于种植玉米和其他经济作物。木质结构的吊脚楼沿山坡修建，错落有致，往往是十几户或者几十户人家相邻而居，彼此之间

① 谢会昌：《论水族“双歌”的象征艺术特色》，《贵州民族学院学报》，2009年第2期。

都有或近或远的血缘关系。村民比较集中居住的几个山头，在新中国成立初期被确定为“组”，作为村级以下的行政单位。甲左共有八个这样的组，分布在上甲左、中甲左和下甲左以及靠近山脚的甲晒。距离较近的组，步行不过几分钟路程，距离较远的上甲左的三个组，从甲晒和下甲左过去，需要步行一个小时的山路。

村寨中的干栏式建筑吊脚楼具有西南民族民居的共同特点，就近取材山上的木材，依山坡的自然坡度而建，一般分上下两层，一层放置农具、圈养家畜以及堆放干柴和粮食，二楼是生活区域，有厨房、厅堂和卧室等。部分家庭如果人口较多，还会在三楼增加一层作为年轻人的卧室。吊脚楼的屋前屋后多有树木竹林，开辟出大小不等的菜地。在开阔地带还有鱼塘，因为鱼，是村寨祭祖必不可少的供品和节日招待宾客的重要食品。

甲左村作为一个典型的单姓家族村寨，全村以“潘”为家庭姓氏。虽然最近几十年来村寨和外界的联系增多，日渐开放，但并没有外来的杂姓家庭迁入其中。这种地缘关系和血缘关系同构的生活共同体，作为社会的基本单位，它的生产、发展和管理，都与家庭、家族关系紧密联系在一起。[①]田野调查中，不少村民向我们介绍，甲左人都是“同一个祖宗”，“都姓潘，都是一家子”，充分显示了他们的家族村落意识。调研期间，我们被视为是全村的客人，随便到哪一家走访，都会被要求留下来一起吃饭。水族这种好客的习俗，形成了特有的“办客”文化现象，也就是利用婚丧嫁娶、建房以及其他一些大型的节日祭祀等活动宴请宾客，办客由主人以及叔伯兄弟等共同承担，往往整个家族

---

① 石国义编著：《水族村落家族文化》，贵阳，贵州民族出版社，2007年。

的人都要前来帮忙接待客人。通过这种形式，个人的、家庭的事情变成了整个家族和村寨的事情，反过来，个人和家庭也就要相应地承担起对家族和村寨的责任和义务。水族以办客为豪，办客强化了彼此之间的宗族血缘关系，同时也是一种社会资本的互惠、交换和借贷行为，有助于建立彼此间一种长期稳定、互助互帮、相互信任的关系，以此获得个体依附于群体的生存安全感。①

这种单一家族村寨内部以父系血缘关系为纽带，按照血缘关系的亲疏组成亲族集团，是一个很强的自组织系统，拥有高度的内部自治权。村寨成员常以协作互助和共同经营的形式开垦田地、经营山林，在长期的生产和生活实践过程中形成稳定的村寨社会秩序和权力格局。传统上，辈分最高的族老，自然而然成为村寨的领袖，主宰并协调着村寨内部的管理和利益关系的分配，通过一系列的规范和礼俗，以约定俗成的方式治理者村寨。族长或者辈分高的老人，还拥有监督和执行村规的权力，他们对村里的公共事务，例如修路挖渠等进行商议，也对村内的祭祀和节庆事宜进行决策，对发生有害村寨集体利益的事件进行交涉，对于村内的各种纠纷，主要是分家时的财产纠纷以及日常生活中发生矛盾冲突进行上门调节，协商出公正的分配方式或调解方案。在过去，族老们承担着维护村民的生存、安全、绵延、发展以及凝聚力等责任，敦促村寨内部协同生活，并在遭遇外来挑战和矛盾纠纷时，组织村民团结起来一致对外。②不过，随着时代的发展，以及国家对农村基层行政权力建设的日渐完备，族老们的地位、权力和作用

① 蒙爱军：《“办客”：水族社会资本的建构》，《思想战线》，2008年第3期。

② 石国义编著：《水族村落家族文化》，贵阳，贵州民族出版社，2007年。

日渐衰落，在一定程度上，他们仅仅保留了礼仪上的或者荣誉上的威望。

单姓家族村寨的社会关系具有以下几个特征：首先是族居关系，即村民是聚族而居，在特定地域之内共同生活，形成以地缘和血缘关系合二为一的共同体。在单姓家族村寨，地缘关系的范围要小于血缘关系的范围，即血缘关系可以突破地缘实现延伸和扩张，但地缘关系是固定的，有明确的界限范围，相对独立，进而形成了村寨内部生于斯、长与斯、死于斯的封闭、静止状态。费孝通认为，血缘是维持社会稳定的力量，血缘社会缺乏变动，通过生育维持社会结构的稳定，地缘则是血缘的一个投影，是血缘关系的空间坐标，血缘和地缘的合一是社区的原始状态。[①] 如果从费老的这种解释去看，那么单姓家族村寨的这种族居方式在某种意义上是原始氏族部落状态的一种遗留。在这种单姓家族村寨在婚姻和财产继承方面的传统乡规是：同村不能通婚，无论血缘上相隔几代都禁止通婚；女子必须嫁外村，同样，娶妻也必须娶外村的；一个核心家庭如果只有女儿，女儿长大后也只能外嫁不能招女婿，但该户家庭可以领养兄弟、堂兄弟的儿子，由养子担负其养老的义务并继承全部财产，相应的亲属关系转移到了养子身上，养子将不得参与亲生父母的财产继承，与此类似，寡妇也不能招夫，只能外嫁。这种婚姻和继承制度有效防止了没有血缘关系的家户的迁入，使得地缘关系和血缘关系紧紧捆绑在一起[②]。新中国成立之后，国家政权建设深入到了农村基层，土地收归国有，村寨的独立和自治状态被

---

① 费孝通：《乡土中国 生育制度》，第70—71页，北京，北京大学出版社，1998年。

② 张兴雄：《水族端节祭祖仪式与“忌油圈”——以贵州省三都水族自治县三洞乡板告村板鸟寨为个案》，《西南民族大学学报》，2008年第1期。

打破，但是这些单姓家族村寨地缘和血缘复合的族居社会结构并没有受到彻底的破坏，大概和这些村寨大多分布在偏远闭塞、经济贫困的山区，以及族居的社会结构本身就留存有集体化经济色彩有一定关联。改革开放后实行了家庭联产承包责任制，土地又回到了农民手中，家庭在生产中的地位得到了提升，在某种程度上也强化了单姓家族村寨本来就存在的以家庭为基础的血缘关系纽带，加上曾被禁锢的传统礼俗得到复兴，血缘关系的纯净性也就得到了一定的保存。

其次是单一的宗姓结构。在单姓家族村寨，每一家庭都共享同一个姓氏，例如甲左村的家庭全部是潘姓家庭。潘姓作为一个独特的符号，通过父系血缘进行单系传递，将身体血液内潜在的血缘关系通过社会符号的形式加以外化，以便体察和辨识，维系村寨内部的血缘认同。在潘姓之下，又根据父系血缘关系的亲疏进一步分出若干宗支，各宗支内部成员之间具有更近的血缘关系，我们在调研时就经常听到“他们那个支”、“我们这一支”的说法。[①] 在亲属关系的认同方面，村寨成员首先认同自己的家庭亲属，其次是宗支亲属，再其次才是家族亲属。甲左村内部的很多互助行为，无论是劳动力互助还是经济和社会资源的互助，基本上是在宗支的范围内展开，也有少部分延伸到了整个村寨。我们在甲左村还了解到，村寨的办学修路架桥等公共事务的建设事项通常会以宗支为单位向村民分摊任务，由各家支内部去协调分工和完成，体现了家支在新中国成立以来的甲左村治理中仍然在发挥着重要的作用。

再次，辈分结构。辈分是单姓家族村寨内部的横向社会关系结构，

① 石国义编著：《水族村落家族文化》，贵阳，贵州民族出版社，2007年。

它依据血缘关系在成员之间进行了等级划分，辈分越高，在家庭、家支和家族中的地位也越高，相应也就拥有了更大权力和影响力。和姓氏一样，辈分也是一种外化的符号系统，致力于在血缘关系内部建立社会等级秩序，为村寨内部的每个人在血缘秩序中确定各自的社会地位和社会关系，以便他们遵循社会规范，履行相应的角色职责和义务。辈分和姓氏一起，有效维护了家族村寨内部的凝聚力和认同感。在甲左村，我们采访的对象中，最高的辈分是“家”字辈，然后依次是“国”字辈和“学”字辈，最年轻的一代是“启”字辈。村民通过相互之间的名字，便能确定对方的辈分并决定自己的适当礼仪和行为。每个人一出生便被确定在血缘关系等级中，且不可逾越和改变。近些年来，这种以血缘关系建立的传统社会秩序正在受到冲击，村寨内部的权力关系和地位关系进行了新的重构。过去，辈分最高的长者往往在村寨内部解决冲突、化解纠纷中扮演着重要角色，现在这种角色慢慢地让渡给了政府机构和其他社会人士。社会地位取代了血缘地位，高辈分不再意味着权力和地位，一些在外面工作的甲左人，在村子内部的辈分可能不是很高，但也可以成为当地人认可的权威。新生代的甲左人，父母给他们的取名也不再完全拘泥于辈分的限定。

有研究者指出，与这种宗族社会结构相一致的是在水族村寨中形成的宗族观念，例如父系血缘为主的观念、和谐互助观念、延续香火观念以及顺从孝敬和血缘等级秩序观念等，这些宗族观念和宗族社会结构一起，共同维护了各类家族村寨的内部稳定和延续，构成了水族村寨的传统社会特色，保障了水族社会作为一个特殊的少数民族群体在多民族社会生存和发展中的地位。

四、水族学校教育发展史

（一）明清至民国时期的水族学校教育

有关新中国成立之前水族学校教育的发展历史，所存史料不多。据考证，最初的水族地区学校教育的出现与土司制度的建立有很密切关联。明正统年间南丹州土官莫祯以安定民心、稳定社会为由向朝廷申请在水族地区的村寨设置社学。明成化年间驻守在烂土的张镛为了“化民于教”，创办烂土司长官学，学校设于烂土司署内，形成“官学”和“社学”互补的局面。这些最早在水族地区出现的学校，有浓厚的儒学教育色彩，官学教育对象主要以土司或者水族上层的子弟为主，设在村寨里的社学，主要目的是以儒学教化村民知书达理。不过，这些学校为数极少，持续时间不长，且举办十分不稳定。①

及至清朝，水族学校教育有了初步发展，出现了“义学”、“义塾”和“私塾”等办学形式。首先是“义学”的出现。雍正年间，云贵广西总督鄂尔泰、贵州巡抚张广泗等人向朝廷倡议在水族地区设立义学，称为“苗疆义学”。雍正十年（1732），水族聚居区的都江厅创办义学，乾隆五年（1740）于水族聚居区的三脚屯（今三都三合镇一带）和荔波各设社学一所，其办学性质同于义学，即办学需报备官府，办学经费集体出资，办学事项经集体讨论而定。道光二十三年（1843），水族

① 周崇启、潘族安、石国义编著：《水族教育史》，第41—43页，贵阳，贵州教育出版社，2009年。

聚居区的地方乡绅又募捐设立“大寨义学”、“后村义学”、“葩辉义学”等。这些义学存在时间不长，举办时断时续，因此对于水族地区的教育发展贡献有限。

光绪元年（1875），水族地方人士在荔波等地申请设立义塾获准，出现了移风义塾、崇儒义塾等八个义塾。义塾和义学的不同之处在于：虽然义塾也需要报备官府，但是属于私人办学性质，往往是塾师自己落实校舍和师资，开门招生。因此义塾比起义学来说要灵活一些，更加适应当地的社会环境，有些义塾甚至还开办到了偏僻的村寨。

除了义学、义塾之外，在清朝，私塾也开始在水族居住地区出现。私塾和义塾、义学的区别是私塾无须官府备案，办学形式比义塾更为灵活，或民间乡绅富豪独资举办，或塾师自己开馆招生、教学，或由家长集资发起，相应地称为“专馆”、“门馆”和“议馆”。私塾成为清代水族地区最为活跃、办学时间最久、影响面最广的学校教育。清末，从文献记载和民间口传可以得知，在三都县的烂土、巴佑、柳镇、牛场、杨拱等近二十处水族村寨均举办过私塾。民国期间，私塾又增加了十余处。1949 年后，和江、水龙、柳镇等地的水族村寨仍然还保留私塾。其中，水龙庞寨的私塾一直保留到 1961 年。[①]

清朝水族教育的发展，值得一提的还有清末新式学堂的出现。1904 年，中国近代第一个学制系统《奏定学堂章程》（癸卯学制）在张之洞等人的推动下公布实行，主张“中学西用”，清政府决定借鉴日本

---

① 周宗启、潘族安、石国义编著：《水族教育史》，第60—66页，贵阳，贵州教育出版社，2009年。

教育体制，制定了《初等小学堂章程》、《高等小学堂章程》等多个章程；1905年，清政府废科举，建学部，建立起中央集权制的教育行政管理机构。以癸卯学制为依据，各地开始大量兴建新式学堂。[①] 1909年，水族聚居的荔波县、都江厅、三脚州同（今三都县）设立的新式小学堂共15所，虽数量不多，但是在当地的现代学校教育发展历程中起到了承上启下的作用。[②]

民国年间，水族学校教育得到进一步发展。1912年，中华民国教育部颁布了"国民教育宗旨"，相继在全国推行一系列新教育举措，包括允许男女同校、废止读经科等，将西方的教育理念充分贯彻到学校教育中。当时水族地区有七所初等小学，到了1922年，三合、荔波、都江县等地的水族聚居区出现了至少有小学17所，包括两所初高两等小学，学生共1000余名。但由于天灾战乱等原因，许多学校先后停课，因此总体上新式学校教育的发展也不稳定。[③]

1935年，民国政府推行四年制义务教育，号召各地优先举办一年制的短期小学，再办二年级的短期小学和四年制小学，分三期逐渐实现四年制义务教育。1936年先后在今天的水龙、水昂等地举办了12所短期小学，经费由省教育厅统一开支，学生免费入学，免费获得书本和学习用品。1937年，水族地区的小学发展到了41所，其中初高

① 刘虹：《〈癸卯学制〉百年简论》，《河北师范大学学报》，2004年第1期。

② 三都水族自治县志编纂委员会：《三都水族自治县志》，第628页，贵阳，贵州人民出版社，1992年。

③ 三都水族自治县志编纂委员会：《三都水族自治县志》，第629页，贵阳，贵州人民出版社，1992年。

两等小学5所,在校生总数3000多人。根据《三合县志略》[①]所登记的1939年县内各小学情况一览表中，可以看到，在今天的牛场、安塘、和江等地都设立了初级小学。例如牛场小学建立于1917年，至1930年改名为县级第一初立小学,1936年又更名为瑶岭初级小学[②]。当时甲左村就有村民送小孩到这所小学就读。1940年，水族地区的学校数量已经达到了45所，学生4000余名，部分学校直接办到了水族村寨[③]。又据《三合县志略》记载，当时三合县有两级小学4所，历年毕业生数为1551人；初级小学15所，历年毕业学生2366人；短期小学7所，历年毕业学生1755人[④]。水族农村地区自清以来以私塾为主的办学格局被打破。

1939年，国民政府实行新县制，加强了对基层政权的组织和控制，按照新县制，每个乡镇需设中心学校。1943年，三都、荔波两县的水族地区通过改建和新建，共有中心学校19所，国民学校60多所，学生5000多人，学龄儿童入学率约为50%。这里面，就有甲左村民比较熟悉的烂土乡中心校、坝街乡中心校、丰乐乡中心校等。1945年，经济萧条，一些学校的举办受到了很大影响，至1949年7月，水族聚居

---

① 三合县后成为三都县的主体部分。

② 潘一志编著：《水族社会历史资料稿》，第419页，三都县水族自治县民族文史研究组编印，1981年。

③ 三都水族自治县志编纂委员会：《三都水族自治县志》，第629页，贵阳，贵州人民出版社，1992年。

④ 潘一志编著：《水族社会历史资料稿》，第399页，三都县水族自治县民族文史研究组编印，1981年。

区一度得到较好发展的学校仅剩中心小学 16 所、国民学校 14 所。值得一提的是，这 14 所记录在案的国民学校中，就有一所位于甲左村，也就是甲左小学的前身。①

总的来说，1949 年前水族地区的学校教育跟随着全国教育发展的总体形势有相应的发展，但各种形式的学校教育较内地起步较晚，数量少，规模小，而且办学很不稳定。在政局安定时期，每年的学校数量和学生数量都会得到一定增长，一旦遇上战争、天灾或政权更迭，学校则纷纷关闭或停办。根据水族早期著名知识分子，曾于 1957 年任三都县副县长的潘一志先生于民国三十二年在荔波县采访时整理的不完全统计数据显示，清代当地水族中的科举人士、塾师、文武官员以及艺术家等各行各业的文化人共有 76 人，大大少于当地的布依族（180 人）和汉族（270 人）②，学校教育培养出来的人才非常有限。特别是水族村寨，虽然前期有私塾，后期又出现了小学堂、短期小学和国民学校等办学形式，但学校教育时有时无，发展水平不高，所能覆盖的学龄人口数量极少。

（二）新中国成立后的水族学校教育

水族地区这种不稳定的办学局面在新中国成立后至改革开放前的

① 三都水族自治县志编纂委员会：《三都水族自治县志》，第629—630页，贵阳，贵州人民出版社，1992年。

② 潘一志编著：《水族社会历史资料稿》，三都县水族自治县民族文史研究组编印，1981年。

30年间依然没有得到很好改善。1949年12月三都县解放，很多学校停课，教育发展停滞。一年之后，三都县政府开始接管了中小学校，下令复课招生，对学校进行思想改造和组织清理工作，并根据水族地区私塾和新学并存的局面，进行了学制改革，规定小学的学制分为初等、高等两级，初等小学4年，高等小学2年，同时在县里成立文教科主管教育，对县里的小学布局进行了调整。1952年，全县共有7所完全小学，15所初级小学，学生5311人；到了1956年，小学教育又有进一步发展，学校数增加为77所，在校生7797人，教师263人。[①]

1956年9月，国务院审议通过撤销三都县，成立三都水家族自治县，隶属于黔南布依族苗族自治州，同年12月，更名为三都水族自治县。自治县的成立，正好赶上"大跃进"，至1959年，全县小学从77所剧增至217所，在校生从7797人增至28209人。到了1962年，遭遇国民经济困难，小学学校数迅速下降至71所，在校生下降至4495人；1967年小学数逐渐回升到247所，在校生数15373人；1969年，再次下滑，小学仅存65所，在校生6762人。[②]"文革"期间，学校归贫下中农掌管，水族地区的普通中小学校一律改为"半农半读制"，学习的内容也主要以毛主席语录为主。我们在田野调查中也听到了几位甲左人对当时读书经历的类似回忆。据统计，1976年"文革"结束时，三

---

① 周崇启、潘族安、石国义编著：《水族教育史》，第239页，贵阳，贵州教育出版社，2009年。

② 周崇启、潘族安、石国义编著：《水族教育史》，第200—202页，贵阳，贵州教育出版社，2009年。

都县各类小学有490所，在校生有33362人。[①]

这种大起大落、偏离正规办学轨道的教育发展历程给本来就基础薄弱的水族教育带来严重冲击，致使在改革开放后相当长一段时间内水族教育依然远远落后于同一地区的汉族和布依族，和其他发达地区相比，差距更大。用当地教育局官员的话说，这是历史欠账太多的后遗症。20世纪80年代期间，水族地区的教育仍然举步维艰。1980年，贵州省政府将三都中学更名为三都民族中学，国家拨款进行了硬件设施的建设，这所省重点中学为水族人才培养做出了很大的贡献。甲左村民以子女能够入读三都民中而骄傲。但整体上，三都县水族村寨中租借民房、借用庙宇作为校舍的情况仍然很多，且很大部分为危房。例如甲左村的甲左小学，在整个20世纪80年代，一直是在两栋破旧的木头房里办学，其中一栋因龙卷风摧毁后村民不得不修建石头房替代。即使到了1995年，三都县的中小学校危房面积比例依旧高达20%[②]。

1980年后，三都县教育局在各区设有教育视导站，具体指导乡镇的学校工作和扫盲工作等。这种办学重心由乡镇一级承担的做法，对于经济贫困的三都县的乡镇，显然是负重难行的。1987年，全县小学368所，但其中教学点占大多数，为205个，学生33000人。另

---

① 《三都水族自治县概况》编写组：《三都水族自治县概况》，第178页，北京，民族出版社，2007年。

② 周崇启、潘族安、石国义编著：《水族教育史》，第208页，贵阳，贵州教育出版社，2009年。

据 1990 年全国人口普查统计，三都县六岁以上人口的文盲率仍旧高达 50.27%。[①]

表1-1 1990年三都县6岁以上人口受教育程度情况

	总人口	大本	大专	中专	高中	初中	小学	不识字
人口数（人）	225891	128	380	2470	4206	20298	84961	113558
所占比例		0.06%	0.17%	1.09%	1.86%	8.99%	37.61%	50.27%

资料来源：贵州统计局编：《贵州统计年鉴 2000》，中国统计出版社 2000 年版。

直到 20 世纪 90 年代中期，三都县的教育才进入了一个稳步发展的阶段。1993 年后，全县小学生数每年以 4000 人左右、适龄儿童入学率以 5% 的速率稳定递增。[②]1996 年，三都县基本普及六年义务教育和基本扫除青壮年文盲的工作通过了贵州省的评估验收，1999 年又通过了复查验收。特别值得一提的是，20 世纪 90 年代中期开始，深圳市属企业工委对口扶持三都县，投资 1330 万元用于兴建 21 所希望工程学校，这一举措对于当时三都县教育的发展起到了很大的促进作用。小学在 1995 年获得了该希望工程项目的捐助之后，修建了小学乃至整个村寨历史上的第一栋二层楼的现代砖混结构建筑作为教学和办公之用。此外，20 世纪 90 年代世行教育贷款项目、联合国儿基

① 国务院人口普查办公室、国家统计局人口统计司编：《中国1990年人口普查10%抽样资料》（电子计算机汇总），北京，中国统计出版社，1991年。

② 中共三都水族自治县委员会、三都水族自治县人民政府编：《团结奋进四十年》（内部资料），第267—268页，1996年。

会项目等外援力量对三都县教育的大力支持，也促进了全县小学办学条件的改善和师资培训的推进。1996 年，全县有小学 347 所，其中的教学点减少至 140 个，学生增至 48700 人[①]，全县小学教师数量达到了 1620 人，师资合格率为 87.2%。[②]

进入 2000 年之后，三都县着力改变基础教育的办学条件，努力推进素质教育，基础教育整体获得了较好发展，2003 年通过了基本普及九年义务教育工作的评估验收，2007 年通过省政府复查，义务教育实现了历史性跨越。[③]2005 年，全县小学 243 所，其中完小 117 所，初等小学 26 所，教学点继续下降至 107 个，在校生 40611 人，专任教师 1714 人。[④]

近十年来，教育发展的步伐继续加快，出台了《三都水族自治县“十二五”教育改革思路及对策研究》、《三都水族自治县推进县域义务教育初步均衡发展规划（2010—2020 年）》和《三都水族自治县进一步巩固“两基”成果提高义务教育水平工作规划（2010—2020 年）》等一系列重要文件，对全县基础教育的整体发展进行了规划，对中小学校舍建设、师资队伍建设、现代教育技术、教学管理、教学质量等

---

① 《三都水族自治县概况》编写组：《三都水族自治县概况》，第179页，北京，民族出版社，2007年。

② 中共三都水族自治县委员会、三都水族自治县人民政府编：《团结奋进四十年》（内部资料），第270页，1996年。

③ 三都县教育“十一五”计划执行情况暨“十二五”规划的报告。

④ 《三都水族自治县概况》编写组：《三都水族自治县概况》，第179页，北京，民族出版社，2007年。

各方面提出了具体要求。[①] 此外，《三都水族自治县教育局关于印发中小学教师管理办法的通知》、《三都水族自治县教育局关于印发中小学校长目标管理考核实施细则的通知》、《中小学校点布局调整工作方案》、《2010 年关于调整小学管理体制的方案》等一系列文化和改革举措的推出，也继续强化了学校的师资队伍建设和管理水平的提升。[②]

2012 年我们前往三都县进行田野调查时，该县教育方面的基本数据是：在办学条件方面，2011 年学校占地面积 646411 平方米，学校校舍建筑面积 154735.4 平方米，学校教学及辅助用房面积 104215 平方米；在硬件投入方面，全县微机数量 490 余台，图书 277864 册，固定资产总额 7600.71 万元；在师资队伍建设方面，2011 年全县小学教职工在校总人数 1620 人，其中，专任教师人数 1613 人，全县代课教师 68 人，较前几年有明显减少；在教师的职称方面，2011 年有小学教师高级 849 人，小学一级 620 人，小学二级 117 人，小学三级 4 人，未评职称 170 人，小学教师学历由以高中为主体变为以专科为主体，其中，本科 141 人，专科 1186 人，高中降至 412 人，高中以下降至 24 人，学历的整体水平有所提升。

目前，有关三都县的最新教育数据是[③]：2014 年，全县共有各级各类学校在校生 59655 人，小学在校生数 32152 人，适龄儿童入学率 99.6%，普通中学在校学生为 24632 人，普通中等专业学校在校生

---

① 三都县教育“十一五”计划执行情况暨“十二五”规划的报告。

② 三都县教育局文件：《2010年三都县教育局工作情况总结》。

③ 数据整理自《三都水族自治县统计局关于2014年国民经济和社会发展的统计公报》。

2871 人。另据三都县教育局官网提供的数据，截至 2016 年 2 月，全县共有小学 143 所,其中完小 107 所,九年制小学部 6 所,教学点 30 个;初中 20 所，其中，独立初中 14 所，九年制初中部 6 所；另有普通高中 2 所，职业高中 1 所，特殊学校 1 所；幼儿园 37 所，其中公办幼儿园 23 所、民办幼儿园 14 所。学生人数为:在园(班)幼儿 10648 人，在校小学生 31594 人，在校初中生 17474 人，在校高中生 7149 人。①

表1-2 2014年三都县教育事业情况

名称	绝对数	数据单位
各级各类学校数	187	所
各级各类在校学生	59655	人
各级各类学校专任教师数	3081	人
普通中等专业学校	1	所
普通中等专业学校在校生数	2871	人
普通中等专业学校专任教师	70	人
普通中学学校校	22	所
普通中学在校生数	24632	人
普通中学专任教师	1343	人
普通小学学校数	164	所
普通小学在校生数	32152	人
普通小学专任教师	1688	人
幼儿园	23	所
在园幼儿数	9871	人

① “三都水族自治县教育基本情况”，贵州三都教育网（http://www.sdxjyj.com/Item/102.aspx）。

表1-3 三都县2001—2016年小学在校生总数情况（单位：人）[①]

项目 \ 年份		2001	2002	2003	2004	2005	2006	2007	2008	2009	2010	2011	2014	2016
在校生数	总	44395	44047	41082	40998	40628	4104	39534	42873	41947	39962	38097	32152	31594
	女	19197	19846	19088	19299	19247	20214	18903	20592	20150	19115	18128	—	—

结束语

本章提供了水族甲左村以及所属的三都县的地理位置、自然条件以及社会情况等方面的概要信息，对水族的节日、语言文字、民族工艺等特色文化进行了介绍，对水族村寨的形成历史以及甲左村这种单姓家族村寨内部的社会结构特征进行了分析。该章同时对三都县及其周边水族聚居区自明清以来的学校教育发展历史进行了梳理和回顾，对新中国成立以来的学校教育发展的总体状况作了全面介绍。这些背景知识，有利于我们对田野调查点的社会、历史文化和教育背景有个总体上的把握，为研究的进一步开展奠定基础。

---

① 表数据整理自教育局所提供的《2001—2002学年度第一学期 三都县小学学生数、教职工数》，《2002年9月三都县各小学学生数、教职工数》，《2004年9月三都县开学报表，小学各学校学生数，教职工数(小基表31、32、41）》，《2005年9月在校学生数、教职工数（小基表31、32、41）》，《小学在校生、学生变动、教职工情况（小基表31、32、41）（2006年10月）》，《2007年10月小学在校生及学生变动（小基表31—32）》，《小学学生变动情况(2008年10月）》，《2003小学生变动32表》，《中小学、特殊教育学生变动情况（总计）》以及三都县人民政府网（http://www.sdx.gov.cn/html/xxgk_information/957.shtml）和三都教育网（http://www.sdxjyj.com/Item/102.aspx）。

第二章 口述史中的村寨教育

甲左村在20世纪经历了学校教育从无到有发展历程。它的现代教育发展史和村里唯一的学校——甲左小学的出现和发展紧密相连。甲左小学是村寨现代教育的缩影。本章以民间口述史为主要数据来源，将甲左小学的发展历史分为四个阶段进行梳理：1966年前甲左小学雏形的出现阶段、1966—1977年以粗放发展为特征的起步阶段、1977—1995年在本土力量支撑下的稳步过渡阶段、1995年至今的不断规范化阶段。以口述史方式建构甲左小学发展史的意义在于它弥补了正统教育史无法覆盖也无意关注的边远地区少数民族教育史所留下的空白，使得被正史忽略和遮蔽的村寨教育史在村民们的历史记忆褪色之前得到记录和保存，它不仅再现了多元文化社会不同族群现代教育发展历程的珍贵片段，更为重要的是，它为我们分析现代性在传统村寨嵌入和建构的基本方式提供了线索，让现代学校进入村寨引发的现代性和传统的互动过程及其对村寨社会变迁的主要影响得以阐释。

一、研究概况

对于一个没有文字记载历史的社区，了解其历史的最佳方式是收集那些生活于该社区的人们的回忆。在学术界，这种通过访谈来记录人们对特定生活经历的回忆的方法，通常被称为“口述史”（oral history），它是一种有声音的历史①。就历史研究而言，人类生活本身的丰富多彩是任何档案和文献资料都无法详尽记录的，通过口述史收集的资料有效补充了文献资料的不足，并可作为文献资料之验证，因而是研究历史的重要方式之一，史学界称该研究形态为“口述史学”②。

口述史作为一种研究方法，在人类学、社会学、心理学等许多学科也被广泛运用。王铭铭认为，对于擅长研究无文字民族的人类学家而言，人类学研究在某种意义就是口述史的研究，人类学家是一群通过当地人的口述史来建构文字史的人。他进而指出了口述史对于研究中国社会变迁的意义，“历史给我们这个社会——中国这个包含不同社会的社会——带来了空前的变局。理解这个变局，才能理解从天下到国族的历程；而要真正理解这个变局，口述史、口承传统、人生史这些‘活生生的历史’是根本”。③

将口述史、生活史（也就是王铭铭所说的人生史）视为理解社会变迁的根本，因为该方法填补了文献资料对非重大历史事件和非精英

---

① 熊月之：《口述史的价值》，《史林》，2000年第3期。

② 杨祥银：《试论口述史学的功用和困难》，《史学理论研究》，2000年第3期。

③ 王铭铭：《口述史·口承传统·人生史》，《西南民族大学学报》，2008年第2期。

人物的记载空白，将焦点对准那些普通人物的生活经历进行记录，对那些处于正史视野之外“不起眼”的生活事件进行整理，而这些内容生动反映人类社会变迁的现实性、丰富性和多样性。它让我们把目光从宏大主题转移到普通人的微经历和小地方的微生活，通过访谈者和受访者的共同努力，建立起跨越代际、文化和时空的理解，让沉默者发出自己的声音来建构自己的历史，而这与人类学研究最重视本土化的传统不谋而合。

对甲左村的教育发展历史的梳理过程中，口述史方法不仅适用，而且也是唯一的选择。有关甲左教育的情况，除了 20 世纪 90 年代开始教育主管部门和甲左小学自身有少部分教育管理文件资料和统计数据记载可资利用之外，其他文献资料可谓少之又少。特别是早期，主要是改革开放之前的教育发展情况的资料零星可见，村民的集体历史记忆成为数据收集的主要来源，口述史成为可行的也是唯一的数据收集方式。

不过，口述史也有其弊端，主要体现在口头讲述和回忆之信度问题。依靠当事人回忆而整理出来的文本，其信息流失和失真的程度与该事件所发生时代的久远程度成正比。例如，关于甲左小学的建校时间、老建筑的修建和使用问题等，不同受访者提供了不同的版本。有些村民在受访中也主动表示，某些事件由于发生的时间过于久远，他自己已经记不太清楚了。此外，口述史采访对象在叙述的过程之中，也难免因个体受自身情感和生活经历影响而自觉或不自觉进行信息过滤，导致一些信息被突出而另一些信息则被隐藏。此外，就同一事件的描述，因受访者所持立场和视角的不同，其呈现的内容和表述的方式也都会有所差异。为了尽量让口述史靠近真实的历史，本研究采用了多样本、多角度采集数据的方式，让不同受访者对同一事件进行叙述，以便互为补充和纠错，同时充分利用其他文献资料来源，例如20世纪90年代后的官方教育数据和文件，对口述史内容进行适当补充。此外，在本研究中，口述史的主题是有关学校教育的发展历程，在内容上较少涉及个人隐私和敏感话题，这也有利于保证研究对象在回忆叙述中提供较为客观真实的信息。

为了全面了解甲左村学校教育的历史，研究者特别选择了自20世纪50年代以来，有机会接受学校教育并获得了初中以上教育程度的甲左人为访谈对象。这一群体目前主要分布在甲左所属的三都县的县城以及部分乡镇的政府部门或者学校。访谈得到了他们的大力支持与配合。不少受访对象在工作之余，特意回到甲左接受采访。少数因各种原因没能回到甲左接受访谈的受访对象，我们则选择去其工作所在地上门访谈。这些受访者基本上都能够使用汉语与我们进行对话，这有利于访谈的开展，避免了使用翻译带来的沟通不便和信息流失的问题。

这些受访者的大致情况是这样的：20世纪40年代出生的受访者5位，他们是新中国成立后甲左的第一批受教育者。由于当时甲左没有小学，他们在村寨周边的安塘、水龙、行赏、牛场等乡村完成小学教育，在三都等城市完成中学和中专教育。其中，4位从事教师职业，1位在农业技术推广站工作。20世纪50年代出生的2位，他们是在甲左小学读书的第一批学生，也是这批学生中继续读完初中学业的三位学生中的两位，另一位已去世。这两位学生中，一位完成高中教育后回乡任甲左小学教师，另一位中专毕业后分配到农业局工作。20世纪60年代出生的8位，他们和20世纪50年代出生的甲左村民不同，他们的小学阶段教育基本是在甲左小学完成（读到四年级或六年级不一），他们的教育程度和就业情况不一，有的辍学回家务农，有的完成中专教育后当老师或者在政府部门工作。20世纪70年代出生的有11

位，他们在高中、中专或者大学毕业后就业于三都县的学校和政府机关，或者在其他城市打工。

以上从20世纪40至70年代出生的受访者共计26人，他们约占本村同一时期出生的、具有初中及以上学历者群体的75%。其余的25%（9位）未能接受采访，主要有两个原因：一是当事人已去世（4位），二是当事人由于工作地点等原因未能接受采访（5位）。换句话说，30岁以上的具有初中以上文化程度的甲左人，无论是否还定居在甲左村，无论是否还是农民身份，绝大多数都接受了本研究的访谈。这些研究对象的上学时间段集中于20世纪50年代至20世纪90年代，有近半个世纪的时间跨度，能够很好地反映20世纪后半叶以来的教育发展状况，有助于了解教育对于村寨变迁的影响。他们的年龄处于30多岁到60多岁，对于过去仍保留鲜明的回忆。这也有利于研究者使用口述史的研究方法对甲左村学校教育的发展历程展开回溯。

此次田野调查中围绕甲左小学以及村寨教育发展历史这一主题，还采访了十多位村民，他们中间既有70多岁高龄的村民，也有目前正在读书的学生。此外，甲左小学的十多位曾经或正在任教的教师也是研究数据的重要来源群体，包括11位全体现任教师、3位退休老教师以及3位曾经在甲左小学工作的教师。特别值得一提的是，当研究者发现甲左小学第一任教师，80多岁高龄的潘世锦老先生还建在时，特意驱车近两个小时，前往他居住的另一个山村对他进行了采访，从这位仍然保持清晰记忆力的老者那里了解到大量有关甲左小学建校初期的第一手信息。教育主管部门的领导，例如县教育局长、甲左小学所隶属的和江镇中心校的行政管理干部以及甲左村的包村干部等，也在采访之列。他们提供了有关甲左教育发展的外围信息和局外人的观点，对研究数据也起到一个很好的补充作用。

不难想象，如果没有此次口述史的访谈，这段没有文字记载的甲左村的教育发展史，大概会一直被中国社会急剧变迁的滚滚洪流所掩盖，随着一代代甲左人的老去而最终消失在人们的记忆之中，成为一段无法恢复的历史。而这60多位受访者的讲述，为村寨保存了一段弥足珍贵的历史记忆，为中国教育提供了解其发展历程之多样性的重要一环。而笔者以为，这种借助于普通当事者的“微叙事”更能体现中国教育在草根社会的发展状况。

二、甲左小学印象

甲左小学坐落于甲左村中部靠近居民聚居点附近。从外观看，这所小学并不因它位于中国西南部的水族村寨而显得与众不同，其建筑的布局和风格与经济欠发达地区众多乡村小学基本上差别不大。如果隐去甲左村这一地理坐标，这所学校放在西部的任何一个农村都不会显得突兀。在2012年的田野调查时，这所学校给我们留下了这样一些印象：

小学位于甲左村的一片农田中，校门朝北，门口有一条不到三米宽的水泥路通往寨子一处较大的聚居点，这是甲左村目前唯一的水泥路。该聚居点居住着二组、三组、七组和八组约不到100户家庭。沿着学校东侧的土路往南上山，可以一直通向寨子的四组、五组和较远的八组，往北下山，能到达甲左河边居住的一组。学校东侧紧挨着一条简易的黄泥土路，是村寨通往外界的交通要道。路面坑洼不平，下雨天布满了大小水坑，晴天则经常被驶过的摩托车弄得尘土飞扬。除了这两条路之外，学校西周被农田紧紧包围，离最近的民宅至少也有500米左右。被围墙包围着的校园矗立在田间，略显孤单。如果从高处的山坡往下俯瞰，则可发现甲左小学处于几处山峰包围的低谷地带，地势比较平坦，算是一处不错的位置。从二、三组聚居点过来上学的学生走路不过三五分钟，从较远的一组和八组等聚居点过来的学生则有近半个小时的山路需要跋涉。

因为学校周边都是农田，校门口的小路又是通往寨子里主要聚居点的要道，经常可以看到村民们牵着牛、马从校门口经过，路面散落着牛、马的大坨粪便。显然上学路上的小学生们对此路况娴熟于心，他们一边打闹嬉戏，一边敏捷准确地躲开这些“地雷”，脚步飞快，一点都不耽误赶去学校的时间。

图2-1 从篮球架一侧望过去的二层教学楼

甲左小学校园的总占地面积为2129.5平方米，其主体建筑是一栋两层楼的砖混结构的教学楼（见图2–1），占地面积约为397平方米，分上下两层，共六间教室。教室西侧把头的分别是位于一层的教师办公室和二层的图书资料室兼仪器设备和广播室。每间教室的装饰也是普通乡村小学的标准配置：白色墙壁，绿色门窗和两人一桌的简易课桌椅，教室后部墙面被开辟成学习园地，张贴着学生的作业、图画作品和一些起装饰作用的剪贴图，教室前部是中规中矩的黑板和讲台。讲台和桌椅由于使用已有些年头，裸露出木头的原色，隐约也还能分辨出原来曾经刷着和窗户一样的绿色油漆。二楼走廊的外墙上用白底红字的印刷体涂刷着巨幅的“万里春风陶美德,百年事业育新人”标语。除此之外，甲左小学的这六间教室并无投影仪、电视、可移动白板等城市学校里常见的“奢侈品”。这座白墙黑瓦的现代教学楼的建筑样式与村落里木板已经发黑的吊脚楼民居迥然不同。即便村寨已经出现了几处砖混结构的“洋楼”，但是基本上外墙体都还处于未完工状态，裸露着红色的砖块和白灰勾缝。相比之下，学校的这座教学楼依然算得上是村里最现代的建筑。

在教学楼对面的是甲左小学历史悠久的“石头房”（见图2–2），因墙体由形状不一的大块山石堆砌而得名。这是一栋木梁的平层建筑，分隔为四小间，一间用作学前班教室，一间用作教师宿舍，其余两间在学校提供免费午餐项目后被改造为厨房和供教师们就餐的食堂。但多数情况下，教师并不愿意在采光不好的石头房里就餐，而宁愿端着饭菜，坐在办公室门口的操场上边吃边聊天。石头房采光不好的原因是窗户过小，是农村常见的木条栅栏窗，没有玻璃，距离地面有两米多高，主要起着通风的作用。石头房在建筑质量和空间利用上虽不如教学楼，并因修建年代已久而出现各种质量问题，但其外观敦厚质朴，和甲左村的乡土环境融为一体，颇为和谐。更为重要的是，它见证并代表了甲左小学一段特殊的历史，在二层教学楼出现之前，它是学校最为重要的建筑，因此也经常在访谈中被村民提及。

图2-2 石头房

紧挨着教学楼南侧的是简易厕所，男女分开，有四到五个蹲位。但因修建工艺等原因造成常年向外散布恶臭，已成为村民抱怨学校的主要问题之一。教学楼北侧和教学楼紧挨在一起的则是一栋占地很小的三层小楼，入口处挂着“中共和江镇甲左村支部委员会”、“和江镇甲左村民委员会”、“甲左村便民利民服务站”、“和江镇甲左村综治工作站”等四大块的牌子。一楼是一间办公室，实际上已经成为学校堆放沙发桌椅等废旧杂物的地方。二楼被分隔为两间极小的女教师宿舍，学校的 5 位支教女教师居住于此，男教师占用了三楼的房间作为宿舍。每间宿舍的面积都极为迷你，摆上单人床之后，基本上还能勉强再放一张椅子。在三楼楼顶上加盖有一层临时建筑作为村委会的会议室，里面摆着宽大的会议桌，墙上挂着甲左村的地图，张贴着村委会成员相片以及有关甲左村概况和相关党建活动情况的文字介绍等。这间会议室是村干部开会议事的主要场所。学校内部出现这种建筑功能布局大概也能显示出学校在该村生活中的角色地位。

甲左小学操场以黄泥地面为主，校门入口等局部区域被铺上了水泥地面。靠西面围墙有一张水泥乒乓球台，课间经常被男生独占着。操场南侧靠近厕所的地方立有一个篮球架，学校刚分配来的年轻教师曾在这里组织学生进行篮球比赛。操场正中偏南，挨着石头房的南侧，立着高高的旗杆，上面有一面迎风飘扬的五星红旗。在这个群山环抱的村寨，国旗是学校的突出标识，很有“万绿丛中一点红”的效果。在中国广大乡村，有国旗的地方一定就会有一所学校，国旗代表了学校举办的国家背景，也传递着受教育权的神圣和尊严之意。和国旗有着类似符号功能的是学校围墙外涂刷的各种标语。虽然甲左小学的周边不是道路就是农田，与村里的民居也都有相当的空间距离，但学校仍然砌起四面围墙将自己与周边的田野分隔开来。围墙除了担负着空间划分的作用，还是学校对外宣传意识形态的主要阵地，哪怕这块墙面终日面对着一片寂静的稻田。

这些墙上的标语基本上使用一种警醒性的口吻号召人们领会并响应相关的政治思想、改革新政以及教育举措，但对标语的具体内容的选择也能反射出标语涂刷单位对甲左村现况的某种假设以及希望实现的目标。例如，“贫穷学子求知路，两免一补来帮助”宣传了政府的扶贫政策，也暗示了甲左村存在贫困学生的现实；“今日辍学生，明天贫困户。文盲不除，穷根不断”强调了学校教育的重要性，也显示该村可能存在的文盲和辍学现象；“文盲去打工，回家口袋空。初中不毕业，打工去不得”则说明了政府鼓励村民完成九年义务教育,避免“打工潮”现象给义务教育的实施带来冲击。除了教育类标语,学校围墙上还有“想致富,少生孩子,多修路”等标语,说明学校围墙不仅有宣传教育的功能,也还兼有宣传其他国家政策的义务。涂写有红色标语的白色围墙,以一种无声、静默却又让人难以回避的视觉方式不断传递着国家的意识形态和施政方针。

如果说红旗、围墙标语是视觉符号上的国家立场和政治地位的象征,那么,学校的上下课铃声和广播则是从听觉符号对上述象征的再次强化。甲左小学虽然地处偏僻山区,但是上下课铃声却非常现代化和城市化,用欢快、甜美、标准的女声普通话录制。上课铃声的内容是:“亲爱的同学们,上课时间到了,上课时间到了,学文化知识,做先锋少年,赶快回到教室去吧。”下课铃声的内容是:“亲爱的同学们,下课时间到了,一起到室外听听花开的声音,呼吸新鲜的空气吧。”所谓学校的广播主要是下午放学后播放一些歌曲,例如,有流行歌曲《隐形的翅膀》、有儿童歌曲《捉泥鳅》、有红色革命歌曲《国歌》和《我们是共产主义接班人》等。但是,在这个位于水族村落小学,在调研期间,我们从未听到它播放过水歌。学校的广播设备由一台电脑、麦克风和音箱组成,由可以定时自动播放的电脑程序控制。比较有趣的是,学校的广播室是对学生开放的。偶尔会有几个性格比较开朗的女生放学后到广播室对着麦克风唱歌,让欢快稚嫩的声音从甲左小学上空传向广阔的田野。对于唱歌的学生而言,这也是课后玩耍的一种方式,而学校的老师也不反对。

我们第一次踏入甲左小学正是午休时间,孩子们散落在校园各处,有的在校门口的围墙边上闲坐着发呆,有的在校园操场上玩丢石子,有的三五成群追打嬉闹、爬篮球架、从台阶上跳上跳下,还有一部分学生在教室里聊天。孩子们的衣服、鞋子都比较旧，但都是清一色的现代服装，有T恤、夹克、衬衣，连裤袜、连衣裙，甚至还有学生穿了一件皱巴巴的小西服，他们的形象用“灰头土脸”来形容并不为过。在这些孩子的身上，作为外来文化的现代服饰被粗糙植入，已经全部丧失其服装款式上原本所携带的特定场合的社交意义，只发挥着蔽体御寒之基本功能。倒是本民族的传统服饰——水服，现在成为村民在重要的节日庆典盛装的符号象征。这从一个侧面说明，水族面对外来文化的强势输入，其接纳并不彻底，而是有选择性地进行了文化内涵的过滤和本土化。看到我们这群“闯入”的陌生人，有的孩子嬉笑着跟在我们后面，但又不敢靠近。如果我们试图开口跟他们说话，他们立刻又“轰”的一下全部跑光。这就是甲左的孩子们。

图2-3 雨后操场上玩耍的学生

几乎每一所学校的附近都会有一间小卖部伴随孩子们的成长。在甲左村这个商业经济非常不发达的“穷乡僻壤”，村民的日常生活用品要去10公里外的和江镇集市上采购，但甲左小学校门口斜对面的水泥路边竟然开着一间专卖各种零食小吃的小卖部。砖块砌成的简易小平房，8平方米大小。朝向水泥路一侧的小门时常紧闭，旁边的大窗户则敞开着，透过窗户能看到屋里的货架上挤满了各式零食小吃。小卖部经营的食品主要有饮料、果冻、棒冰、薯条、小米锅巴等，绝大部分小零食从品牌和包装上看起来，品质有待检验，食品安全问题堪忧，但这并没有妨碍有零钱的小学生前来消费的热情。他们从小卖店老板手里接过自己购买的零食之后，大多数在原地迫不及待撕开包装塞到嘴里。这可能也是小卖店门口放了一个塑料垃圾桶的原因吧。有意思的是，小卖部的外墙上挂有一块黑板，贴着甲左小学向村民公布的各种相关信息，例如学生营养餐所购食品类型、食品单价和购买人等。小黑板的存在喻示了小卖部和学校的关系良好，同时也说明了学校通过小卖部进行着与村寨的沟通交流，而不是将这些信息直接张贴在学校自己的围墙或者大门上。小卖部因此更像是村子安放在学校边上的前方哨所，默默注视着学校每天的运行，及时向村民们传递来自学校的各种信息。

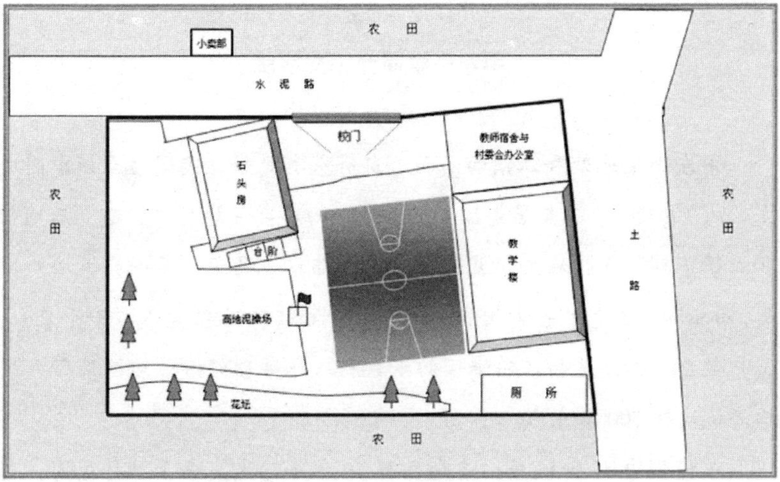

图2-4 甲左小学平面图

三、甲左小学官方简史

在调研过程中，甲左小学校长为我们出示了一份落款时间为1999年9月的“甲左小学简介”的文字档案。这份不到800字的文件大体上对甲左小学的历史发展脉络进行了回顾。据悉，这份文件是甲左小学发展历史上唯一的官方史传。它非常有助于佐证口述史对学校发展史的相关数据信息。然而，我们在整理甲左小学的电脑数据时，又发现了另一份内容和体例大致相同，但在个别信息和行文措辞上不尽一致的“甲左小学简介”。为了以示区别，我们将文字稿的“甲左小学简介”称为文字版简介，将电脑上发现的简介称为电子版简介。两个版本全文如下：

甲左小学简介（文字版）[①]

甲左小学地处和江镇西南面。自有人类之始，民国乃至新中国成立后的1991年，均隶属尧吕烂土巴佑。1992年“撤、并、建”后划归和江镇下辖。东接城关娘寨姑坝，东南临水龙马荣。西南接壤塘州甲美，西北和烂土尧吕唇齿相依。村总土田面积590亩，总人口一千余人，总户数211户，是和江镇唯一的水族村。属地理经济最边缘地带，平均海拔均在700米左右。

该校创办于1936年，迄今已有60余年校史。由于种种原因，自办校至1977年40多个漫长的春秋岁月中，均无一名女生。1978年党的十一届三中全会精神号召东风拂了这个穷乡僻壤。当年有了两个女生步入学校门槛。这是苗山水乡有史以来的一个新的历史里程碑。办校的当初是租借民房，学生13人，教师1名。20世纪50年代至70年代该校是一栋三间松木结构平房，低矮狭窄，阴暗潮湿，瓦片极为稀薄，遮风避雨的墙壁秒秒（寥寥）无几。久经风风雨雨的松木制的柱子已经朽烂。雨天师生们披起蓑衣教学。教师一无办公室，二无住宿，流动游击式教学。校舍面积倒塌日趋一日。1995年4月23日深夜，校舍被龙卷风卷席（席卷）倒塌，至今还留在人们的辛酸记忆之中。在上级政府、党委、教育主管的关怀下，以和江镇党委书记潘成念同志的

① 该手写稿全文经研究者电脑录入，但保留了原稿的版式以及稿中存在的若干错别字。为了便于读者的理解，研究者在错别字后的括号内标出了正确写法。

直接领导督促下，于 1995 年 5 月开始修路，从水龙丁寨至甲左的 8 公里，于当年 8 月一辆灰白色的汽车驶至甲左地区的文化中心——甲左小学。从此结束了几千年交通闭塞的历史。1995 年 10 月在深圳人们的无私援助下，拨款 16 万元开始建校，至 1996 年 3 月校舍竣工，教学楼一楼一底，6 个教室，两个办公室，占地面积 397 平方米。总校园占地面积 2129.5 平方米。该校舍的建成为苗山水乡几百名适龄儿童就地入学提供了良好的学习环境。而今该校有 7 个班级。教职工 10 人。至 1997 年度全校学生 306 人，其中女生 159 人。回想几十年的河山变革，阡陌变换，全凭党中央的教育方针周轮（转）轴心得力。苗山物换新移（物换星移），人民深感幸福。

一九九九年九月

甲左小学简史（电子版）[①]

甲左小学地处和江镇西南角，民国乃至新中国成立后的 1991 年隶属烂土乡（今合江镇），1992 年“撤并建”后划拨归和江镇辖区，东接城关天寨村、娘寨、姑坝，东南临于水龙马荣、拉右、把羊，西南接壤塘州、灯光、甲美，西北和烂土尧吕、甲倒唇齿相依，是和江镇唯一的水族村，属地理经济最边缘地带，平均海拔 700 米，是一个九山

① 文件原版为电子版打印稿，稿中出现的几个错别字，笔者已在其后用括号标出正确的写法。

一田的山石地区，裸岩及岩容（溶）地质占百分之八十以上。人们生活朝不保夕，贫困户占百分之六十。

该校创办于1939年，当初租借民房教学，20世纪50年代至90年代该校是一栋三间松木结构平房，低矮狭窄。雨天师生披蓑衣教学，校舍倾斜倒塌，危险日趋一日。1995年4月23日深夜，校舍被特大龙卷风袭击倒塌，于今还留在人们的心酸记忆之中。由于历史的种种原因，自办校到1986年均无一名女生，党的少边穷地区的教育事业春风逐年吹拂这个穷乡僻壤，1996年在上级党政的关怀下，得到了深圳深华公司援建教学楼，一楼一底，六个教室，两个办公室，占地面积397平方米，该教学楼的建成，为苗山水乡的适龄儿童入学提供了良好的环境，比邻的几个兄弟乡镇、散居的自然村寨学生，为了就近地入学，都蜂拥到该校学习，1997年学生总数达306人，其中女生159人，当年获“团中央希望工程园丁奖”。现学校设有7个班级，教职工8人，忠于党的教育事业，创办扫盲班、农技培训班，村民从此学到了许多农业知识、该校职工强化政治思想教育，更新教学观念，迄今为止，创办学校已有60余年，村辖内已有40余名大中专、硕士研究生从这里输送出去，他们当中有的已是现代化建设改革中的骨干分子。回想该校几十年来的变革，全凭党的教育方针，周转“轴心”得力。成绩属于过去，未来充满荆棘。甲左小学的振兴需要全社会的关心支持，更需要该校全体师生持之以恒、契（锲）而不舍的探索，未来的甲左小学将会更加物换（焕）新彩（星移）。

这两份甲左小学的校方简介，电子版没有具体日期落款，文字版落款时间为1999年9月。我们仔细对比了两个版本的校方简介，发现有这么几处不一致的地方：

首先，有关甲左小学的行政隶属不一致问题，后经我们查证，文字版里的“尧吕烂土巴佑”这一表述并不准确，实际上尧吕和巴佑属于原烂土乡管辖的两个村子，和甲左在地理上较为接近，在甲左小学举办完小教育之前，不少甲左小孩曾经前往两村的小学上学。烂土乡后改为合江镇，现又并入和江镇。因此，此信息应以电子版的表述为准。

其次，有两个非常重要的信息不一致，一是甲左小学的建校时间，电子版为 1939 年，而文字版为 1936 年，到底是 1936 还是 1939 年创校，尚需在后续研究中加以进一步求证。二是女生的入学时间，文字版提到女生于 1978 年入读甲左小学，并将之视为学校发展的里程碑事件，而电子版则将女生首次入学时间推迟到了 1986 年，也需要进一步核实。

最后，文字版的甲左小学简介包含了甲左村修路的信息，突出强调了甲左村通路这一重大历史时刻，而电子版隐去了修路的历史，重点描述了深圳深华公司对甲左小学修建教学楼的支持。这些信息起到了互补的作用，让我们获得了更多有关甲左小学的发展脉络。

另外，文字版本中一些表述，例如“以和江镇党委书记潘成念同志的直接领导督促下”以及“苗山物换新移，人民深感幸福”等，在电子版中则被删除或者修改。根据行为内容推断，电子版应该是在文字版基础上的再次加工修改。但是为何会在建校时间和女生入学时间这两个非常重要的时间节点上出现不一致？原因估计是在没有文献记载的情况下，虽为学校发展的官方介绍，其数据来源也只能是依据大家的回忆，学校内部可能先后出现过对这段历史的两种不同说法，最终导致电子版和文字版不一。

四、甲左小学口述史

甲左小学的官方简介为我们提供了甲左小学发展的大致梗概，例如该校建校于20世纪30年代，曾校无定所，后来建有一所木房，20世纪70年代末抑或20世纪80年代末开始有女生进校，1995—1996年获建新教学楼，此后学校招生规模的扩大，在1999年左右学生人数达306人,其中女生数159人,共有7个班级,8—10名教职工等。但是，在这些简单描述的背后，甲左小学到底经历了什么样的发展和变迁历程呢？其间发生过哪些重要历史事件,其具体情况和经过如何？还有哪些重要的人物和故事隐藏在官方简史的背后？这些都是我们所欲探索的问题。我们希望通过村民口述史的资料整理能够发现答案，理清脉络，为甲左小学还原一个更为丰满的历史。

（一）甲左小学的出现

甲左在20世纪60年代之前的学校教育状况，我们对出生于20世纪40年代的几位甲左人的访谈数据进行了整理。这些访谈对象分别是：出生于1943年并于20世纪70年代末曾在甲左小学任教的潘国儒老师，出生于1942年曾在包括甲左小学在内的多个村小工作过的潘国仕老师，同一年出生的因闹饥荒而从三都师范专科学校辍学的潘国文老师，出生于1949年，1968年从三都中学[①]初中毕业后到甲左小学代课并工作到退休的潘国勇老师以及同年出生的潘国威等人。在20世纪50年代出生的潘国相和潘学联等人也从他们年轻时的见闻对甲左在20世纪60年代之前的教育发展状况进行了补充。

总的来说，20世纪60年代之前的甲左小学发展史由于时间相对久远，所能够整理出来的史实远不如后续几个历史阶段来得具体翔实，一些非常重要的信息，例如甲左小学建校的准确时间，无法进行最终判断。从口述史的资料分析来看，虽然《甲左小学简史》中提到了甲左小学建于1939或1936年，但实际情况似乎要更为复杂。村民对于20世纪60年代之前的甲左的初等学校教育情况存在着多种说法：第一种说法是潘国儒等人所主张的无论是在新中国成立前还是在20世纪50年代，甲左都没有小学，只存在过私塾性质的教学点。潘国儒说："上寨有一个教点，下寨有一个教点，这是新中国成立前的时候，那时候是私塾"，"1958年甲左没有小学，大部分学生去牛场上学"。我们所采访的那些20世纪50年代上过小学的甲左人中，的确都声明是在安塘、牛场、水龙、形赏等地上的小学，他们因甲左去这些学校的山路遥远难行而不得不小小年纪就在学校寄宿读书，因此印象深刻。例如潘国高老师1958年在形赏小学读一年级，1959—1964年转学牛场继续读到小学毕业。如果当时甲左有小学，他们的家长理应不会有这种舍近

---

① 三都中学，即三都民族中学，始建于1942年6月，前身是三都造纸初级实用职业技术学校，1948年更名为贵州省立三都中学，1958年建立完中，改称贵州省三都民族中学，1980年被确立为省属首批重点中学。

求远的举动。第二种说法是甲左小学老校长潘学联等明确主张的甲左小学成立于 20 世纪 30 年代后期，这和甲左小学官方简史一致。当然，必须指出的是，潘学联等人本身就是官方简史的撰写人之一。潘学联指出当时的甲左小学第一任校长是甲左人潘易凡，到了 20 世纪 50 年代，又有潘中丙、潘国林、潘贵泥等老师在校任教。这些明确而清晰的信息增加了 20 世纪 30 年代建校之说的可信度。第三种说法是潘国勇和潘国威等人提出的甲左小学开始创建于 20 世纪 50 年代，时间在 1954—1957 年，潘国勇和潘国威自称当时曾作为甲左小学的学生，在这所小学接受了一年级的启蒙教育。不过，潘国威在访谈中，同时又把这个甲左小学定性为民办私塾。这一说法也增加了梳理甲左小学在该历史阶段史实的复杂性。

如果将甲左小学的建校历史暂时搁置不议，先来理清甲左村在新中国成立前至 20 世纪 60 年代前期的初等教育发展情况，那么，根据口述史资料，该阶段有以下几个特征：

第一，存在过带有浓厚私塾和社学性质的学校教育。

甲左村的老一辈有重视教育的传统。尽管甲左地处穷乡僻壤，但是在新中国成立前，就有家庭曾想方设法送孩子去外地私塾读书。例如潘学凯的祖父潘家胜，民国的时候就曾经在外地念过私塾。

对于新中国成立前的甲左教育的情形，潘国儒这样描绘：

我们（这个）地方对教育方面，从老人、前辈开始都比较重视的。我们老人，我们的前辈，他们就有私熟的。在新中国成立前，我们这里都有学校，但是学生不多。那时候上寨有一个教点，下寨有一个教点，这是新中国成立前的时候，那时候是私塾。

根据他的说法，在那个年代，村里有些家庭几代下来有了点积蓄，或者在某些年份有较多的粮食富余，也会请私塾先生来家里教孩子读书。而当时那些流动于贫困山区以教书谋生的私塾先生，对于教书的薪酬要求似乎也不是特别苛刻，无非是借以糊口，维持生计。他说：

解放前的那些老师的文化不高。他们有的来家只看你的小孩灵（聪明），愿意接受（教育），很用心读书。有钱无钱（给他）无所谓。你肯，我就教给你，你家穷就穷啊，只要你肯读书。你少（给他）几十斤米都问题不大。就是这样。

一些家境困难的甲左儿童，也可以到别人家里免费跟读。例如潘学充的父亲潘国富年少时家境贫寒，父亲有病在身，母亲身体也不好，他又是家里的长子，去读私塾却交不起学费，就去跟着其他学生一起免费读书。“他天天都来，跟老师读书。没有钱买书，他就跟老师抄，叫老师抄给他去读。……从他们家前辈（数）上去，一个字大像牛一样，都不认得，后来到他们（这辈），个个都有文化了。”（潘国儒访谈）

第二，村寨曾租借民房办学，办学条件简陋，教学水平低下，带有很强的临时性办学特征。

民间自发办学形式在20世纪50年代和20世纪60年代初期在甲左村继续存在。为了节省成本，往往几家人联合起来聘请一个老师，租赁民宅作为授课教室。

……以前办学，他们就是，放在你家，虽然你家不宽，如果你送家（提供家里的空房）给我们教学生，那我们一个月可以送多少米、粮食（当房租），钱没有。我们送多一点米给你，你就让老师来你家教，就是这样。（潘国儒访谈）

这种以粮食代为租金，租赁村民住宅作为校舍的做法在20世纪60年代甲左小学拥有固定校址之后才宣告结束。它虽然给这所闭塞偏僻的山村的学子们带来了读书的机会，但是存在着不稳定性和办学水平差等弊端。潘国勇回忆自己在20世纪50年代末在甲左上小学一年级的情景时，也说：

当时教（课）的是请来的民办的老师，叫潘国林，现在死了。他是本地的，潘学联老师的大伯。他有一点文化。在国民党的时候他读了一点私塾，那时候我们这里没有人有文化。他教语文，但数学他不太会。语文背书，背老师教的那些书，古文呢！他有教本，我们没有书。当时在那边民房，有一个烂民房在七组。现在那个房子不在了，已经拆掉了，老化了。（学生）各人自己拿凳子去，自己带（凳子），那时太苦了。

根据这些人的回忆，在甲左小学拥有固定校址之前，这种类型的"教学点"曾先后在甲左的七组、三组和二组都出现过，或者两个教学点同时并存，即几家人在上甲左办一个教学点，而另外几家人在下甲左也办了一个教学点，便于孩子们就近入学。但是，在教学设备、课桌椅，甚至包括教科书方面都没有保障，具有很大的随意性和变动性，教学水平也因此无法得到保障。

第三，采用旧式教育的教学方法和内容，实施初等教育的入门启蒙教育。

正如上面潘国勇提到的潘国林上语文课只会让大家背古文一样，同一时期在甲左上学的潘国威对当时的情景也作出了类似的描述："自己家的老人出钱请老师，读子曰、孔子的书，'人之初，性本善，性相近'之类的，不分年级，各读各的，大的小的都在一间房子里面读。大大小小都在一起。"也就是说在办学性质方面，这些曾在甲左村出现过的教学模式依然具有浓厚的私塾教育的影子。

由于受"大跃进"和三年自然灾害的影响，潘国威记得当时即便是这种极为简易的办学形式也是时断时续，他在甲左上了三四年的学之后只得转学到牛场，但仍然需要从小学二年级开始，原因是虽然在甲左上了多年的学，但是其程度还是相当于入学启蒙的水平。

根据以上三个特点，不难判断，在新中国成立前至20世纪60年代初期这一历史阶段，村民们记忆中的甲左初等教育总体上仍然是属于民间自发举办的私塾性质的教育。教书先生是大家集体出钱请的，由本地或者外村略有文化的人担任，费用由村民筹措，基本以粮食为报酬。教学的内容以古文为主，并没有数学等现代学科的讲授，学生没有正规的现代课本，只有老师手里有教材。所提供的教育大约也是属于低水平的启蒙性质的教育，办学时间十分不稳定，时断时续，或有停办。潘国儒等人认为甲左当时没有小学的说法，以及不少甲左人去外村读一年级的事实，可能和这一阶段以私塾为主办学，其覆盖面不广以及办学行为的不稳定有关。

中国乡村举办学校的历史，可上溯至明朝朱元璋提倡的社学，即为社里所设置的初等学校，与近代之小学有相近之处，主要对儿童进行启蒙教育，但由于各代官府财政和人力支持有限，最终导致大部分社学逐渐转为由民间力量举办，成为地方性公共事业的一部分，沦为一种乡里自主性的社会行为；到19世纪末，在清末的本土新学运动和西方教会办学的影响下，部分乡村的社学为新式的学堂所取代，但由于权力更迭、社会动荡等原因，新学发展的进程并不顺利；在国民政府期间，特别是20世纪二三十年代，全面推进新式教育制度，引进西学，中国许多地区的传统教育才开始逐步为现代学校教育所取代。[1]

那么当时在三都一带初等教育发展的整体状况又是怎样的呢？正如本书第一章提到的，清朝以来，在水族聚居的今三都、荔波一代，曾出现过官学、书院、社学等多种办学形式，但真正深入到贫困地区面对少数民族子弟提供教育的主要有“社学”、“义学”、“义塾”和“私塾”等初等教育。其中，社学和义学的性质比较接近，二者的办学需由官府备案，社学办学经费主要来自政府拨款，义学经费来源主要筹自私人或由地方官员乡绅的捐款、捐置田产或商业营收或者由官府没收“绝产”作为办学经费的来源，对象是贫困人家的子弟。[2]义塾虽然也需报备官府，但往往是塾师自筹经费，租借馆舍，办学形式比较灵活。但更为灵活的办学形式是私塾，最大特点是无须官府备案，由民间乡绅或者富裕人家独资举办，或塾师自己开馆招生，或家长集资发起。总的来说，这些初等教育虽然举办的条件非常恶劣，经常因战乱、

---

① 王铭铭：《教育空间的现代性与民间观念——闽台三村初等教育的历史轨迹》，《社会学研究》，1999年第6期。

② 蒋立松：《清前期贵州少数民族地区社学、义学发展述略》，《贵州民族研究》，1998年第4期。

饥荒等多种原因停办、取消，发展十分缓慢，但它们在水族聚居地区的出现推动了文化教育在当地的普及化和平民化。特别是私塾这种办学形式成为清代以来水族地区最为活跃、办学时间最久，影响面最广的学校教育方式。

与此同时，清末以后，水族聚居区域内也开始出现了新式学堂的举办。例如在光绪三十四年（1908）至宣统三年（1911）期间，现在的三都县区域内曾先后有新式初等小学堂八所。但由于受到守旧人士的反对，加上经费紧缺、村民不愿送孩子上学、教师难请等原因，学校举步维艰，至宣统三年，只剩下五所学堂，学生不足两百人。及至民国政权建立之后，教育部颁布了“国民教育宗旨”，在全国推行一系列新教育举措，水族聚居区域内一部分旧有的小学堂和私塾被逐步改建为小学校，并新建了若干新学校，例如，1922 年的三合、荔波、都江县等境内的水族聚居区有小学 17 所。

至 1935 年，民国政府推行四年制义务教育，号召各地优先举办短期小学，争取让大多数儿童可以接受至少一年的小学教育，于是，1936 年在今天的水龙、水昂等地举办了 12 所短期小学，1937 年，小学增长到 41 所左右，在甲左村周边的牛场、安塘、和江等地都设立了初级小学。例如牛场小学建立于 1917 年，是田野调查中多次被提及的尧吕小学的前身。

此后及至新中国成立前夕，水族地区现代学校教育发展时断时续，并不稳定。1949 年 7 月，仅剩小学 30 余所，其中中心小学 16 所，国民学校 14 所。其中就有一所位于甲左村，这是官方文献资料中第一次出现有关“甲左”学校的记录，因此，可以推断，这应该就是村民口中的甲左小学的雏形。[①]

根据以上水族地区教育发展的历史发展脉络，再结合甲左村民的口述历史，基本上可以得出这么几个推论：首先，关于甲左小学出现的确切时间问题，在1936年、1939年以及20世纪50年代等几种说法中，我们偏向于将1939年作为甲左小学的建校时间。原因是1936年水族地区虽然推广一至四年制的国民小学，但当时的三合县志中并未提及甲左的名字，倒是出现了甲左村周边几个村落的名字，若当时甲左已有国民小学，理应在列。到了1949年，三都县志数据中明确提到了甲左小学的存在。那么，将1939年作为建校时间便是一个比较合理的选择。特别是1939年国民政府实行新县志，甲左村附近出现了几个中心校，村内出现国民小学的概率也是有的。当时可能存在的一种历史事实是：1939年，在民国政府新学运动和新县制改革举措之下，甲左小学成立，归独山县所辖，由甲左村民潘易凡担任校长，有十多位学生（见潘学联访谈）。该学校属于国民小学性质，举办一至二年级的小学启蒙教育，但因时局动荡，兵荒马乱，其办学状态非常不稳定，所惠及的村民子弟并不多，因此，在多数村民的记忆中并不深刻。

其次，还应该看到，在当时的历史背景下，以传统教育为特色的民间私塾行为也是甲左村初等教育的主体之一，因此才有潘国威、潘国儒等人所提到的“民办”、“私塾”、“教学点”等说法。特别是新中国成立之后至20世纪60年代的这段时间中，甲左由于地处偏远，交

① 三都水族自治县志编纂委员会：《三都水族自治县志》，第629—630页，贵阳，贵州人民出版社，1992年。

通闭塞，外部世界的政权更迭和教育新政未必能给村寨的教育带来彻底的改观。民间力量举办的私塾作为一种非常灵活的办学行为，继续得以存在的可能性很大。最为明显的依据是潘国仕等人所提到的在50年代甲左小学的“开办”。据潘国仕所言，当时甲左村召集了20多位小孩，以村民集资的方式，从拉祐聘请了一位名叫潘贵泥的老师来任教，该“甲左小学”被潘国威称作“民办的甲左小学”。在政府力量无暇顾及的年代，通过村内若干家庭筹粮、出资、租房等方式，集体聘任私塾先生等村民自发的行为，实际上是维持了新式和旧式教学相混合的初等教育的生存，其在教学内容和教学方式等方面，有浓厚的“私塾”和民办特色，办学状态仍然不稳定，很快因随之而来的三年饥荒而中止。直至1963年左右复办时，唯一的一名本村老师潘国林因文化水平有限，无法承担新式小学的教学任务而让甲左小学仍处于名存实亡的停顿状态，这也是多位受访者提到的事实。

因此，从严格的现代学校来定义来看，在20世纪60年代之前这个历史阶段的甲左小学，虽然学校已经建立，校名已经存在，但学校总体还不是一个完全意义上的现代新式学校。这个偏远村寨现代学校进入正常运行的阶段，则需要推后到1966年。

（二）缓慢而艰难的起步（1966—1977年）

新中国成立后的十多年间，受当时政治形势的影响，三都县基础教育总体上呈现大起大落的曲折发展阶段。1949年前，全县有小学24所，在校生1735人，教工62人。新中国成立初期的1951—1959年，小学增加了77所，在校生7797人，教师263人。1957年三都自治县成立后，在“大跃进”的政治氛围之下，全县有小学103所，学生12635人；至1959年，全县小学剧增至217所，在校生增至28208人；1962年因国民经济困难，小学学校数下降至71所，在校生下降至4495人；至1967年小学数有逐渐回升到了194所，在校生数13886人；1969年，学校数再次下滑为65所，在校生6762人[①]。这种极不稳定的办学情况一方面给基础教育的良性发展带来了极为恶劣的影响，但从另一方面看，也让基层乡村的办学意识得到加强，办学的热情得到了空前的鼓舞。这为半民间半官方的甲左小学被正式纳入新政府的视野提供了机会，也为它开始进入规范办学的起步阶段奠定了基础。

表2-1　新中国成立初期三都县小学教育情况[②]

年份	小学（所）	小学在校生（人）
1949（年前）	24	1735
1956	77	7797
1959	217	28208
1962	71	4495
1967	194	13886
1969	65	6763

1966年，甲左村归尧吕公社管辖。考虑到甲左小学名存实亡的情

---

① 中共三都水族自治县委员会、三都水族自治县人民政府编：《团结奋进四十年》（内部资料），第267—268页，1996年。

② 中共三都水族自治县委员会、三都水族自治县人民政府编：《团结奋进四十年》（内部资料），第267—268页，1996年。

况，尧吕公社觉得应该给甲左小学派来一位教师，尽早结束“挂空名”的历史。同年，作为新中国成立以来甲左小学历史上第一位公派的教师，潘世锦来到甲左小学，通知了各生产队甲左小学马上开始正式办班招生的消息，很快有40多位年纪大小不一的本村儿童前来报名入学。由此，甲左小学进入实质性办学阶段。

潘世锦老师开始办班招生是甲左小学结束有名无实历史的重要标志。甲左小学最初的校园建设以及甲左村初等教育实现从传统的民间集资办学向现代学校的规范化办学的彻底转型，也是在潘世锦老师最初几年的全面主持下完成的。因此，潘世锦成为追溯这段历史的关键人物。所幸，我们调研期间老先生还健在，身体健康且思维清晰，很乐于接受采访。他为我们提供了甲左小学在这个起步阶段的珍贵的历史回忆。

潘世锦，烂土乡人，新中国成立前曾读过小学，小学毕业考上初中的那年，正好是1949年，三都县由解放军接管，潘世锦便辍学回村务农，同时替村里做些文字处理方面的工作。到了1956年，农村掀起了村村办学校的热潮，乡村教师紧缺，烂土乡送潘世锦到三都师范专科学校进行了半年的学习之后便安排他到安塘等地村小担任小学教师。他回忆自己在1966年被调到甲左小学的情形：

以前各个村不是组织办学校吗，各个村都有学校嘛，搞民办（小学）。（19）66年我们公社开会，在尧吕，讲我们甲左呢，也办不成学校，挂个空名字，喊我过去，他们这样说。那时负责我们区的潘胜林讲，喊潘世锦去负责甲左那边学校，不然那个点挂空名字。就这样我去了，（一直待）到（19）70年。他们说甲左那个人（潘国林）上不成课。他上课上不成了，才来叫我去嘛。从我到之后，他也没来过学校。我去之后，村里就说有老师来了，各个组去宣传之后，就叫学生来，叫他们来就跟我报名。

“挂空名”的说法，再次证明了我们前面的假设：在1966年前，甲左小学的名字虽然已经存在了一段时期，但并没有实现规范化的办学，时断时续的民间办学行为让甲左小学在多数时候成为一个虚名。

潘世锦的到来在甲左村掀起了一股上学热潮。对于本村的学龄儿童而言，这意味着他们无须再长途跋涉去村外的水龙、尧吕、巴佑等地寄宿上学，再加上受当时全国政治气氛所感染，家长们送子女入学的热情也十分高涨。一些本来已经在外村上了一二年级的小孩，也纷纷被叫回到甲左小学上学。这种情形从学生的入学人数上就能看出来。潘世锦说：

一年级就有40多个，光我去上课，到二年级又有第二批（新生）来（入校），就搞复式（教学），到了三年级也搞复式，到四年级也还是搞复式。后来我觉得事情太多了，才去申请叫莫光奇来，一起教。

潘世锦提到的莫光奇，经我们和当年在甲左小学上学的潘国相等多人确认，应该是王定光，他也是烂土乡人，1969年到甲左小学教书，是这所学校的第一位正规的师范毕业生，也是第一位公办教师。他在甲左小学工作了五六年的时间。

虽然政府为甲左小学派来了教师，但是相关的经费和办学资源并没有到位，学校依然依靠村寨集体办学的模式运行。学费每人五角，后来涨到了七角，用来去三都县城买教科书，教师的部分薪酬、校舍建设等需要当地村民自筹解决。潘世锦回忆道：

他（王定光）是国家给的工资，我是拿全村补助。当时工资太少，村里要补点钱才够 25 块给我。三组那回开会讨论让大家一家出点钱付给我。组长送发条子给大家（通知交钱）。（潘）东升呢，他得条子以后，当时就把条子吃到肚子里去，不愿给钱。结果后来很长时间我都没得钱嘛，二组 158 元，三组欠 80 多（元），总的是欠两百多块钱，都没得了。有些不愿意给了，（欠钱）多了（我）就不想在（甲左小学教书）了。到 1970 年，（我）就到下面来教了。

这段访谈中提到的钱款是否准确，有待核实。但是钱的问题的提出反映了这么一个事实：以前私塾形式的办学，大家只需要拿出粮食、腾出房子来请私塾先生教学即可，现在让本来就经济困难的家庭拿钱来支付小学教师的工资，实在是让村民勉为其难，这最终导致了潘世锦老师因拖欠工资的问题在 1970 年离开了甲左小学。

根据潘世锦老师的回忆，当时除了甲左小学这个教学点之外，村里在甲晒这个地方还设了一个教学点，便于那里的孩子们就近入学。这个教学点只开设早课。因此，潘世锦老师每天早上六点钟左右先去甲晒上早课，然后，八点钟回甲左小学上课，相当辛苦。

这个阶段的甲左小学在校舍方面，和早前办社学的情况一样，一开始也是采用租借民房的方式，潘世锦说：

我开始去甲左呢，还没有学校（校舍），我到潘家宣家上课，住他家，在那上得一年。他家分家了以后，要拆房子，我们就去选新的（民房）了。然后搬去（潘）学林家，是三组的。后来他家也分家，又搬去潘中丙家，五组，又去他家教。还是没有学校（校舍）。在民房上课太挤了，没办法就去告诉潘家真（村干部）他们，（于是）才叫各个组开会，在现在的学校（位置）那里建房子来教（学）。

对此，最早一批去潘世锦老师那里报名上学的潘国相回忆起当时情况时，也提到了流动教室的情况：

开始启蒙的时候，那就商量谁家可以，谁家有（空房），就拿一间来当教室上课。上课上了一个学期，（那家人）就觉得有点麻烦，小孩来读书，就一闹一闹的，有噪音，后来呢，人家就不让。不让（用他的房子）呢，就从这个寨子里，搬到另一个寨子。教室经常搬，好像是流动性的。当时村里就没有固定的学校。开始就是在我家对面的三组的一个叔叔家，后来就搬到五组，就是后面一个寨子。当时上课的那个桌子，就是写字的桌子，也不规范。当时好像从这个寨子搬到那个寨子，用肩膀扛那个桌子，累了就放下来休息，然后再去自己搬。一个人扛凳子，一个人扛桌子。（民房）总共换了两三次。

这也就是《甲左小学简介》（文字版）中所提到的“租借民房”、“教师一无办公室，二无住宿，流动游击式教学”的情形。在潘世锦的要求下，1967年，村干部们开始着手进行了甲左小学校舍的建设，采用的办法是在下甲左靠近出村道路的路边，也就是今天甲左小学的位置，拿出一块农地来盖一栋木头房子。建房的木料由村里各组分摊，村民出工出力则给记工分。“当时村里开会，（商定）让各个组要多少木来，哪天来。他们就把材料搬来，各组各自去找、去筹。那个房子总共多少根柱子，多少根梁，有师傅知道，算出来了，分任务到各组，各组各自想办法。”（潘世锦访谈）利用这种在集体经济所有制下特有的办法，到了1969年，全木结构的校舍建成，共上下两层，每层有两间教室，二楼一侧还隔出两小间作为潘世锦等两位教师的宿舍。

校舍建成之后，各组又根据本组上学学生的数量提供相应的木料，让村里木匠加工成课桌椅。搬到新校舍居住的潘世锦老师，则在校舍旁边的空地里种上蔬菜，每个月村里提供给他24斤米："下课了我自己种点菜吃，村里送的是大米啊，玉米啊，小麦啊，还要自己弄（脱壳），有时学生来帮我处理这些米，才能做成饭吃。"

在教学方面，1967—1968年作为第一批学生的潘国相、潘学联、潘国金等，都描述了当时上课的复式班情景。

一个老师同时上几个年级，这边上好了那边上，轮流的，也不太正规。靠自己去看（书），当时不懂的问题问老师，小孩问多了，他不高兴。当时我们基础差，一个那么大的小孩，注意力不集中啊，成绩就比较差，老师要求也不是那么严，就是边读书边玩，经常就是玩。（潘国相）

当时是复式班，因为只有两个老师，有四个班，那时人也不很多，一个班也才四五个人，然后他就分成两个组，一组四年级，一组三年级，一组二年级，一组一年级这样子。一个班四五个学生，七个八个这样，学生很少。他上课的时候，先安排这一班写字或者做作业，然后呢他上这一班的课。（潘国金）

潘世锦上课，读课本时使用当地的汉语方言，讲解内容的时候用水语，"早上两节，下午三节，一天五节课，在甲左，光我一个，就什么也教，语文、数学、唱歌也教"（潘世锦访谈），语文课上他还教拼音。

对于潘世锦老师的教学，潘学联的回忆道：

"文革"期间是潘世锦教我们，他教我们拼音，可他自己也不会拼音，县里叫他去进修。他乱教我们。现在我们回想起来，觉得很可笑。那些字母他都是瞎编。"文革"期间，我们小，他带我们去寨子上读毛主席语录。上课很少，有时候都不上课。……那个时候，我们读书很少。我记得很清楚。他还带我们到半路把那些赶集的人拦住，教他们一段毛主席语录才让他们去赶集。我记得清楚。……我在这里读一二年级，老师教我们和群众一起读语录。

另一位王定光老师，虽然是正规的师范毕业生，但根据潘国相的回忆，他很年轻，教书没有什么经验，所以教得也不是太好。倒是接替潘世锦老师的作为"右派"被下放到甲左小学教书的滕树先老师，给这个时期在甲左小学上学的小孩们留下了极为深刻的印象。

潘国金对于滕树先老师印象尤为深刻，他花了很长时间来描述对这个老师的深情回忆：

那个时候"文革"，有个老师被打成"右派"就被放到乡下来当老师，我刚好运气比较好，得到这样一个比较好的老师来教，叫腾树先。我整个小学基本上都是他在教。他比较严，很认真，很负责，教学方面也比较有经验。就算哪怕我们写的字长一点，短一点，歪一点，斜一点，扭一点，他都帮你纠正。我印象比较深的就是，我写"力量"的"力"，写得不是很好，他就说，有力一点，长一点才比较好看，我印象很深。

然后我们还出现一个问题呢，就是我们不会讲汉话，只会讲水话，他听不懂水话，他用打手势的那种方式来教学。因为我们不懂汉话，他把每个字分解得比较清楚，然后他用打比方，比手势那种方式来教。基本上，上课的时候我们都能记得了，不用复习就能记得很清楚了，所以他教得比较好。时间长了，我们也逐步逐步地适应了，一字一字地学会了。他把那个字解释好了，然后就教我们组词造句，造句造得比较多。不管是课文里有的没有的，他教过的生词都叫我们造句。造句这件事我印象比较深，他讲你这样子造句，还可以有另外一种造句法，你还能不能造得再好一点呢？他这么讲之后，我也经常造一句完了，然后再造一句，又再不断用其他方式造句，不断地开动脑筋，后来我造句和写作方面啊就比较好。在考试答卷，或是改本子的时候，他就批改我哪句造得好，我另加几分给你。实际上他就是一种鼓励，所以我就拼命地动脑筋，尽量造得好一点。他以这种方式来激励。作文呢，他是让我们填空的方式，比如写好句子，留一点空，我们填上。他通过这种比较简单的方式来教育，让我们用简单的方式学习，我们接受比较快。他提出为什么，我们再回答因为什么，这种逻辑上比较好接受，印象很深刻。他教古文，有愚公移山，有自相矛盾，还有刻舟求剑，到现在我都还背得。当时他就是讲，你语文不懂你就背。是这样，通过不断的接触之后呢，我们的汉语，汉话慢慢地就有进步了。可以说他是比较辛苦的，他也是很负责的。

他教学的方式还有一种是，他不是收了本子以后拿走慢慢批改，他是让你做好作业以后，面对面地批改，你在旁边坐着看，哪一笔写错了，哪个句子写不通，他直接面对面地跟你讲，纠正你的问题。在那种语言不通的情况下，他的教育方式是比较好的，所以我们几个学生成绩都比较好，后来我们到外面去读书的时候，我们就发觉我们的成绩都比其他人好。

潘国金说："因为'右派'的事，我幸运遇到了好老师，应该说他（滕树先）是我的恩师。"他把小学阶段视为自己人生发展轨迹中最关键的一个阶段："我认为我读书最重要的阶段应该是小学，可能是腾老师启蒙的时候，让我喜欢上了文化知识。启蒙好不好，决定你这一生你是否喜欢、爱好学习。启蒙阶段，我认为影响最大的应该是我的启蒙老师，腾老师。"有幸得到滕树先老师谆谆教诲的不仅是潘国金，凡是听过他课的甲左学生，对他都有深刻的印象。例如潘学通说："他（滕树先）很少说话，但是对工作很负责，对我们特别好，他不准我们说谎，要求作业要过关，作文、日记每天都有布置，第二天他开始检查。他对我们特别严，他说不要误人子弟。……不管做什么，他都很负责。"同一时期上甲左小学的潘国伟也说，他最喜欢的老师就是滕树先老师，"他一定要把你教成一个样子，所以就很负责任"。

我们不妨把滕树先在甲左小学的那短短的五年时间，看成是甲左小学在这个艰难而缓慢的起步阶段中的一个顶峰时期。在这个阶段，全国上下正在如火如荼地搞"文化大革命"，很多学校停课闹革命，连正常的教学秩序都难以为继。然而，作为右派被下放到甲左小学的滕树先，却用自己的工作责任心和爱心，让这个偏远山村的学生们在时局动荡之下可以专心跟从这位良师获得了人生中最初阶段的启蒙教育并打下了良好的学习基础。

该阶段的甲左小学的教师队伍，数量一般维持在 1—2 人，个别年份有 3—4 人，流动性很大。除了这里提到的潘世锦、王定光、滕树先之外，还出现过几位临时性的或者短期在甲左小学工作过的教师，有潘国勇、潘国品等本地代课教师以及吴宽宏、吴国高、吴定清等外地教师。教师的流动性很大这种情况一直到了 1977 年以后，一批本地教师充实到甲左小学的教师队伍之后，情况才开始逐渐改善。

课程安排也不是非常正规，根据潘学文的回忆，在他在甲左小学上学的1971—1975年，甲左小学虽然试行过一段时期的上下午上课制，但是由于师资有限，加上住得远的学生早上不能按时到校，所以又恢复为半天上课的制度。总的来说，半天上课在该阶段是一个比较普遍的做法。遇到下雨、赶场等情况，学校还经常停课。而复式班教学在该阶段，也是另一个普遍做法，一般是根据当时拥有的师资情况而定，一旦教师数量不足，就把低年级搞成复式班教学，即便是到了1978年潘学缝入读甲左小学的时候，甲左小学还在一二年级实行复式班教学。

表2-2 甲左小学起步阶段的师资和办学情况简表

时间	教师	年级	校舍	教学	学生
1966	潘世锦到校	一至二年级	流动教室	复式班	40多名学生入学
1967	同上	一至三年级	同上	同上	每个班维持在十几到二十人左右
1968	同上	一至四年级	同上	同上	同上
1969	第一个师范毕业生王定光到校	一至四年级	搬入新校舍	同上	同上
1970	潘世锦调走，滕树先到校，潘国勇、潘国品等临时教师陆续出现	一至四年级	同上	同上	每班上学人数减少到十人以下
1975	滕树先调到尧吕中学	一至四年级	同上	分班上课兼有复式班教学	同上
1976	王定光调走	同上	同上	同上	同上
1977	本地教师潘学联、潘家祥到校	同上	同上	同上	同上

总的来说，从 1966 到 1977 年，正值“文革”，恰好也是甲左小学正式开始招生办学的起步阶段。在这个阶段，国家力量虽然开始介入到甲左小学的举办，但所能提供的财力和人力支持非常微弱，村寨集体的力量仍然在办学过程中扮演着主要角色，村寨集体办学成为突出特点。这个阶段的甲左小学，虽然办学水平不高，也不规范，半天上课、停课、复式班教学等情况时常存在，但是，拥有了正式的教师，有固定的校址和新建的校舍，教学彻底摆脱了私塾的旧式做法，按照语文、数学等现代学科进行分类，所授知识是经过国家统一规范的普遍性的现代知识体系，并兼有政治文化传播的功能。虽然对于少数民族村寨而言，这种普遍性知识的学习和旧式教育形式下的“子曰”、“之乎者也”一样，都是属于外来文化，前者携带着主流社会的现代性和政治立场，后者则是中国传统汉文化对于“蛮夷”之族的开化，和甲左的水族本土文化均相距甚远。因此，甲左小学从一开始就是以一种外来者的身份出现在村寨内部，其从诞生的那一刻开始就具有社会改造和文化革新的意图。

（三）逐步稳定的办学（1977—1995 年）

1977 年是新中国发展历史上一个重要的时间点，甲左小学在该时间点之后也随着国家的改革开放进入了一个新的发展阶段。在这个阶段，国家政策开始关注农村教育以及民族教育所面临的困难，一些提高教育质量的举措纷纷出台，国家力量在举办教育中的角色开始逐步展露，但是，有着集体办学传统的甲左村，支持和举办甲左小学的本土力量则得到了延续和放大，尤其是本地教师支撑着学校的教学和管理运行，由此奠定了该阶段甲左小学发展的本土特色。

1. 本地教师办学

1977 年前，甲左小学师资主要是外派的教师，这些教师在甲左小学执教时间通常不长，流动性大。“文革”结束时，外村教师先后全部调走。为了稳定教师队伍，本地教师力量的培养成为必然。1977 年，潘学联作为本村少有的高中毕业生，从和江中学毕业回家之后，被公社安排到甲左小学担任代课教师，从此开始了他在甲左小学 30 多年的执教生涯。从作为潘世锦老师招进学校的第一批学生，再到高中毕业后回校任教，一路从民办教师到公办教师，从普通教师到校长，潘学联的生命历程与甲左小学似乎有解不开的因缘。在某种意义上，潘学联是该阶段甲左小学发展的重要见证者和参与者，因此我们将在后一章专门将他作为一个典型的甲左人个体案例进行生活史研究，在此暂不专门展开论述。

与潘学联同时来到甲左小学代课的本地教师还有潘家祥（已去世）。第二年，也就是 1978 年，潘国仕从尧吕小学调回甲左小学，1979 年，潘国儒也从丁寨小学调回甲左小学。由此，甲左小学进入了一个本地教师的办学年代。其中，潘国仕在行赏、牛场等地读完小学之后，1962 年考上了三都中学（今三都民中），1965 年考入黔南民族师范中等专科学校，是甲左的第一个中专生，他师范毕业之后在尧吕小学工作了十多年，“文革”结束后被调回甲左小学。潘国儒在安塘、水龙等地完成小学学业之后，于 1967 年考上三都师范，毕业后在拉担、丁寨等村的小学工作，1979 年 5 月也调回甲左小学工作了半年。此后调回甲左小学的本地教师，还有潘国品。他 1960 年就读三都初师班，1962 年回家务农一年，1963 年再次进入县城初师班学习，1966 年毕业后曾在多个村小任教。

这样，在整个 20 世纪 80 年代，甲左小学的新旧教师，无论是临时代课的、民办的还是公办的，均以本地教师为主。正常情况下，师资队伍总数维持在五六人，其中公办教师 1—2 名，其余均为民办或临时代课教师，这种局面一直维持到了 20 世纪 90 年代的前半期。

在这个阶段负责学校管理工作的主要是潘国仕老师，他作为甲左小学少有的公办教师之一，长期担任着校长和教导主任一职。管理甲左小学，遇到的困难之一是处理学生数量的不断增多和校舍以及师资紧缺的矛盾关系问题。按照潘国仕的说法，20 世纪 80 年代初期开始，甲左小学因为拥有了五六名教师，不再举办复式班，开始尝试着举办五年级和六年级，以便结束高年级学生要到尧吕等地寄宿上小学的历史。然而这个时候的学校，学生数量也从原来的 60 多人增加到了 100 多人，是否举办五六年级只好根据当年教师数量而定。实际上，从整个 20 世纪 80 年代到 20 世纪 90 年代前半期，举办一至四年级的年份仍占多数，偶有年份举办五年级和六年级。

本地教师主持教学和管理的这个阶段，对于甲左小学的发展而言，各有利弊。其利在于，这些出生成长于甲左村的教师，比较适应艰苦的办学条件，能够安心在学校任教。他们熟悉本土文化，使用水语交流没有任何障碍，非常有利于在课堂上实行双语教学，让学生在适应学校的过程中不会面临着严重的文化冲突问题。本地教师也非常熟悉学生的家庭情况，能够及时进行入户家访和劝学。这些本地教师在整个 20 世纪 80 年代对于甲左村的“控辍保学”做出了极大贡献。潘学联老师回忆，他刚到甲左小学当民办教师之后，最重要的工作之一就是家访：

刚当老师的时候，学校要求也好不要求也好，我们自己都去（做家访），因为很多学生不来上课，上边就要求每个学生都要入学。我们又没有什么记录，但是我们经常去动员他们来上学啊。……（我们跟家长讲）因为你的孩子已经年龄达到了入学（要求），那你还没有拿到学校（上学），我们就到你家来哦，你的孩子年龄可以入学了。他（家长）就说孩子还小。嗯，我们见他已经七八岁了，他还说还小。就这样，就到他家，叫他送小孩来读书。

本地教师在入户动员方面，具有得天独厚的优势，他们熟悉村里每户人家的情况，也知道有哪些小孩到了该入学的年龄。潘学联说，幸好那个年代学校对教师的管理不严，不用怎么备课，批改作业也少，所以有时间就去家访，有时候入户家访，"一去就一晚上"，家长也很好客，经常拿酒出来招待这些既是老师又是亲戚的同村人。老师一边和家长喝酒，一边就在动员孩子上学的事情。

针对甲左小学 20 世纪 70 年代以来一直没有女生入学的情况，本地教师的入户动员起到了非常积极的作用，村里第一批同时上学的两名女孩，潘玉翠和潘国琴，就是在潘学联、潘国儒和潘国仕三位老师再三动员下的结果。当时，潘国品老师家的女孩也到了上学的年龄，潘学联回忆道："潘国品，他自己也没有送他的姑娘来学校。我们说，你也应该送你的姑娘来。潘国品老师有两个姑娘，有一个姑娘在家。我说，我们还动员其他人送女孩到学校来，你那个姑娘还没来学校读书啊。他就不好意思了，就回家叫他的姑娘到学校读书。"这些本地教师的行动，在村里也起到了监督、督促、带头和示范的作用。

到了 20 世纪 80 年代中期，在这些本地老师的努力下，村里 40%

左右的女童都能够获得到甲左小学上学的机会。学校为了让这些女童“进得来、留得住”，并不严格要求她们必须从一年级开始学起，而是根据她们的实际年龄，安排到相应的年级中随班就读，免得那些已经十三四岁的大龄女童感到害羞和难为情，“她们长大了，不愿跟那些小孩坐在一起了”，潘学联说。同时，学校老师也在暗中注意观察她们的言行，在学习上提供及时帮助。当时女童来学校上学，实际上在村里还是面临着很大舆论压力：“她们来的时候，还遭到社会上很多人的嘲笑啊。……那些妇女就说，哎哟，一个姑娘去读书哦，你们看啊，二回她要当官啦。所以，那些女孩，她已经大了，她懂事了，她很伤心啊。她们也挺害羞。”这些女孩在学校里普遍很害羞，不敢说话，而本地老师作为村里的熟人，同族的亲戚，显然有助于消除她们在学校的陌生感和紧张心理。

本地教师在甲左小学的存在，大大拉近了甲左小学和村寨的关系，缩短了村寨和学校之间的文化距离，让那些年幼的小孩在学校的环境里并不感到陌生和强烈的文化冲击。我们发现很多村民对于甲左小学支教教师并不熟悉，但个个都叫得出本地教师的名字，对于本地教师的各种情况也说得出一二，显示了彼此之间的亲近关系。此外，这些本地教师也非常懂得尊重本地学生的特殊状况，他们对大龄女学生入学的处理方式就充分体现出了对本土女童入学的人文关怀。那些看似违背办学常规的特殊做法，实际上也是出于对本土文化之特殊性的有意识或无意识的认同和尊重。这恰恰是在甲左小学后期发展阶段实现了规范化的管理转变之后很难看到的闪光点。

2. 集体修建石头房

20 世纪 80 年代初期，甲左小学的学生数量比 20 世纪 70 年代有了很大的增长，一年级每班学生数从原来不到10人增长到了20人以上。为了缓解日渐增多的学生数量带来的压力，甲左小学在本村的甲晒和上甲左各增加了两个教学点，附近的学生可以在那里读一年级，二年级才转到甲左小学就读。这样，到了二、三年级，学生数就超过了30人。加上旧木房用了十多年后日益朽烂，于是，校舍建设问题提上了日程。1982年，甲左村群众集资，向村里购买了业已破败的民房三间，把旧房的木料拆下搬到学校加以重新利用，在老校舍东侧加盖一栋新木房。新木房和老木房呈“7”字形，二者合围的地方就是小小的操场。根据潘学川的访谈，新木房也是两层结构，每层有五间教室，但由于建筑木料不够，二楼没有安装地板，只能使用一楼的教室，而且由于缺少课桌椅，实际上可以投入使用的只有一间教室，其余四间是空着的，学生平时可以在里面活动，“我们当时在空房里玩，爬上爬下地玩。现在当了老师才知道，当时那样很危险”，潘学川回忆起当年自己在甲左小学读书时对这几间空房子的印象。

由于这栋新校舍本身就是用旧木料修建而成的，质量甚至不如原来的那栋老校舍。不少曾在里面上过课的人讲，新木房由于木料不够，楼板很薄，讲话不隔音，教室四周的木板墙也没有完全安装好。风一刮就透风，雨一下就漏雨。加上修缮不及时，很快就破烂不堪。“木房比较差，漏雨，四壁用芦苇草围着”（潘学可），“一吹风啊，里面就全部是通风的”（潘学冲），“上面不装墙板，风吹雨淋，下雨了就无法上课”（潘学川）。

两栋木房的校园格局维持了五年的时间。1988年，一场暴风雨刮倒了原本就质量堪忧的新木房。这严重影响了原本就教室紧张的学校的教学运行。时任甲左小学负责人的潘国仕从和江辅导站得到了2000

元的经费，开始在木房地基上修建石头墙体木梁结构校舍，他们称之为石头房。

潘国仕对于石头房的建设留有深刻记忆，这栋房子的建设，可以说是他在甲左小学担任负责人期间的一件重大事件。他回忆道：

那个时候比较辛苦的就是搞那个木石头结构的房子，我都亲自带老师们去山上翘石头，去弄石头扛回来学校。那时候全村各个组的都安排有任务的，所以老师你在空（在一边闲着）是不行的，我们要带头去扛石头来学校搞现在的那个石头房子。全村都安排有任务，按人口来分摊的，一家有多少人口就按那个来摊多少任务，一家分摊十多方（石头）也有，几方（石头）也有，就是按家来，你分得几方你就得要完成任务。那时我们老师还负责检验,要量（每家完成的任务）的。那时候我们相当辛苦，没空吃饭。除了石头，还要木头。石灰全部要到和江去抬，我们就发动学生去扛，全部学生，15 里路，那时候没有公路，小路爬坡的。就这样一点点把石头房建起来，五间教室。

建石头房对于 20 世纪 80 年代后半期的甲左村是件大事，整个建设过程持续了一年，到了 1989 最终建成有五间教室的校舍。1987—1991 年在甲左小学就读的潘学林对修建石头房的事情印象深刻。他说:“当时因为修建学校，每家每户都要有任务的嘛，要抬沙子啊，还要抬那个瓦啊, 那个砖啊, 石头啊。任务都分到各家各户, 你这家里多少田,就分给你家多少任务，就这样。我那是才二三年级，很小，也要帮忙搬这些东西啊。当时我们还到尧吕那边去抬那个砖来砌那个场子，场子是要拿砖头砌喽。那时太小了，只能抬一两头砖。”他之所以记住修房子的这个事情，是因为当时自己虽然比较小，但还是要帮着大人做这个做哪个，“应该是终生难忘的一件事吧，应该是这样吧。当时觉得非常累，所以记得印象比较深”。

对甲左小学修石头房一事留有深刻印象的不仅是潘学林，当时在校读书的几位受访人或多或少都提到了这件事情。潘学充（1986—1992年入读甲左小学）说:“那个木头房子倒了,倒了以后才用石头来砌，当时没有通公路，砖头水泥运不过来，全部用石头砌。”当时在家务农的潘国兵也提到了甲左小学修石头房之事，“没有教学楼，那个石头房子，我们从尧吕抬那个砖，那些石头，那些泥浆，全部是分到每家每户去和江去挑的”。

从这些人的回忆中，可以进一步还原当时修建石头房的细节：潘国仕作为甲左小学的负责人从乡里得到2000元的校舍修缮款后，村里再次把修建教学楼的任务分配到各家各户，或者上山挖石头，或者去和江和尧吕搬运砖瓦等建材，连小学生们也被发动起来，和全校老师以及家长一起参与劳动。最后，在1989年的时候，拥有五间教室的石头房投入使用。从这个时候开始，石头房作为校舍之一，成为大部分在此阶段在甲左小学读书的学生回忆中的重要内容。这不仅因为石头房是他们今天仍然可以在校园里看到的富有纪念意义的“旧物”，还因为石头房作为和旧木房有明显区别的建筑物，不仅提供了他们读书和戏耍的空间，这上面还倾注了每一位学生、每一个村民的辛劳的汗水。

3. 民办教师的作用

20世纪80年代甲左小学的教师除了潘国仕和潘国品两位是公办教师之外，其余均为民办教师，例如潘学联、潘家祥、潘国勇、潘学芳等人。由于当地农村教师总体数量不足，两名公办教师经常被调配到乡中心校或其辖区内的其他村小教学。用潘国品的儿子潘学川的话说:“我的父亲(潘国品)他们也不固定,东调西调的。他是流动的,(潘)学仕也是流动的。比如我们四年级毕业了去尧吕小学，潘国仕也跟我们去了，工作需要，那边虽然叫作中心校，其实那边也缺老师。”由于公办教师流动性强，民办教师必然成为甲左小学的教学主力。

民办教师在甲左村是一个非常特殊的群体，他们是教师队伍里的农民，也是农民队伍里的教师。国家虽然雇用了这些有文化的农民充实到教师队伍中，以弥补农村小学师资力量的不足，但是他们并不享有与公办教师的同等工资和福利待遇，其工作收入很低。根据潘学联回忆，在 20 世纪 80 年代，作为民办教师的他，每月工资也就几十元。这导致这些民办教师虽然承担着教学的任务，但同时还要兼顾家庭的农业生产才能维持生计。在甲左村,这些双重身份的民办教师被称为“半边户”，该称呼非常形象而准确地描述了他们的特征。

半边户教师能够安心于甲左小学的教书事业，又不像公办教师那样时来时走，他们能够接受这所学校的偏远、闭塞和落后，和学生的家庭关系密切，可以用水语进行双语教学，熟悉本地文化和风俗，而政府只需付给他们极低的教学薪资。他们在 20 世纪 90 年代之前为这个贫困山村推行和普及小学教育做出了极大贡献。但是，“半边户”教师的最大缺点是文化程度不高，没有受过系统规范的师范训练，在教学能力和教学水平上显然和公办教师存在着一定的差距。

潘学川对自己 20 世纪 80 年代在甲左小学上学时的本地民办教师是这样评价的：

潘家祥老师，只能上一二年级数学，其他就不行了。上三年级，他也可以，但是学生听不懂。还有潘学联校长只能上语文，数学三年级可以上，四年级以上的就不能上了。学方老师，他呢，只能上一二年级语文，三年级数学下来，四年级他也不能上了。他那个时候是零分上师范的，就是我们这个地方没有老师，调老师不进来，当时又没有人才。

潘学川说：

有时候这些老师都去做活路（农活）了，就留一个老师在学校上课。这个我印象非常深刻。老师上数学语文，学生没有兴趣啊，唱歌有兴趣啊，那就唱歌。那边（班级）唱了这边（班级）也跟着唱啊！早上两节课，下午两节课，然后就自由啦。下第一节后做早操，然后再上第二节就放学了。要是无聊了，就上一下早操。早操啊，当是没有广播，就是人在那里比画，一二一二，我们就在下面学。主要是潘家祥教，他现在去世了。会做操的只有潘学联和潘家祥老师，他们俩轮流来。偶尔也唱歌。四年级教唱歌了，一二三年级也跟着唱，其他老师也就上不成课了。

1985—1989 年在甲左小学上学的潘学恒说甲左小学当时经常只上半天课，特别是到了农忙的季节，本地老师为了照顾家里的农业生产，对上课时间的安排是机动的，富有弹性，以便符合本地教师的农业生产需求：

他们有时候上午为了放水犁田，那上午就不上课了，下午上课，下午上课呢他就把早上的课一起补上了，那放学呢，就稍微放晚一点。（下午）上课早一点，下课又晚一点，是这样。所以我们中午吃完饭就赶来上课，可是家里面还没有煮午饭，就拿帕子包剩饭过去学校吃，当时也没有什么饭盒之类的。如果课程赶不上呢，星期六也上课。我们水族不是过端吗，过端节学校就放假，耽搁了一些课，所以呢，经常补课。没有正规的工作制度嘛，比较自由，时间（老师）自己调。

这些关于唱歌、做操、上半天课等事件的描述，说明了当时甲左小学在教学管理上的随意性，也就是潘学恒所指出的“没有正规的工作制度”。

此外，在授课语言方面，由于本地教师使用的教学语言一直以水话为主，汉语方言为辅。在低年级教学用语中使用水话有利于甲左小孩对教学环境的适应以及对书本知识的理解和把握。潘学恒说：“那时候双语教学嘛，把书上汉语念一下，然后用水话讲课，特别是一年级到三年级，都通过水话来翻译一下，翻译一下学生才懂是什么意思，不然他就不懂。现在稍微好一点，电视啊什么都来了，现在的小孩啊，他们看了电视，多多少少他都懂一点，即使不用水话来翻译，他也还可以接受。但是当时我们就不行，没有电视，收音机都很少。”因此，使用水语进行双语教学可以说是符合了当时学生的语言环境。事实上，即使到了今天，甲左小学在一二年级还在使用水汉并用的双语教学来帮助初入校门的学生完成从水语到汉语的语言环境过渡。

但是，双语教学最难把握的问题是如何处理两种语言之间的平衡。过多使用水语将造成学生对水语的过度依赖，影响对汉语言的掌握，同时民办教师的汉语言教学水平本身也是影响甲左学生汉语学习的关键要素。一些受访者表示，当他们从甲左小学升学到其他学校之后，遭遇了不同程度的语言适应困难，影响了学业成绩，也构成了一定的心理压力。

潘学川回忆起1988年自己去尧吕小学上五年级时的情景："当时我们去那边，也不懂当地的语言。（我们）都是农家娃，说的都是水话。我去那边第一个学期可以说是一句当地的地方话都不懂，只会说我们的水话。"同一时期去尧吕小学上四年级的潘学杰也提到了当年自己在语言方面遇到的窘境："本来我在村里学校的成绩还比较好，来到尧吕，你看，当时客话听不懂。我丢了一支笔，滕静安老师当时是我们的班主任啊，他现在还在。我说丢了一支笔，他说啊，你这个笔头是什么颜色的，笔胆是什么形状的，他讲这些我都不懂。我就说那支笔是我的，还用水话跟他说。我讲水话他听不懂，他讲客话我就不知道是什么意思。我就再三说那支笔是我的，然后我的同学都笑我呢，笑够了。他（滕老师）看我那么坚决嘛，他就知道那是我的笔了。他喜欢逗我玩，就说你说是你的笔，那你的笔是什么特征嘛。我就说不出，我就知道那是我的笔。"潘学杰说在尧吕小学的四年级，他连续一个学期语文造句都是零分，比如"到我家吃饭"这么一句简单的话，他用水话的方式来造句，就成了"到家我吃饭"，老师们都看不懂。

1987年去和江中学读初一的潘学均谈到自己因不会汉语而闹出的笑话："我当时可以说一句汉话都不会讲，一般跟同学交流非常困难。老师上课基本上听得懂，但是一句话不会讲。我当时印象最深的是拿饭盒去蒸饭的那个笑话。我有一个同学说他现在去寝室要（拿）他的书包，让我帮他拿他的饭盒去蒸饭。我知道他叫我帮他，但是我也正好有一件事要去做，我就叫另一个同学帮我们带去蒸。但是呢，我无法表达出来，我只会比画来比画去，也表达不清楚。所以当时很尴尬。他说你是不愿意帮我呢还是什么，后来才知道是我表达不出来。这件事印象比较深。”基本上，当时从甲左出去的这些学生的语言适应阶段会持续一个学期到一年不等，如果他们能顺利适应这种语言差异，之后的学习成绩会出现一个大的飞跃，反之，则往往因影响学业成绩而无法升学或者干脆主动辍学。

甲左小学以民办教师为主的这种教学状况在20世纪90年代前半期仍然没有变化，尽管在那个阶段中国初等教育整体上已经获得了巨大的进步。如果进行横向比较的话，甲左小学学生成绩在同一乡镇的村小里一直排在倒数一二的位置，属于教学质量薄弱校。1986—1990年就读于甲左小学的潘学军所描述上学时的记忆，很能代表人们对于这个阶段甲左小学的整体印象：

那时候我还比较小，反正我只知道那时候办学条件相当简陋，学校那个地方都是农家的地，高低不一的操场也不成操场，更谈不上什么围墙之类。只有简简单单的非常简陋的两栋房子。（学生）平常喜欢来就来，不喜欢来就不来，也就没有什么纪律。我们考得最好的就是每科六十几分，最优秀的啦！大部分的学生，可以说是百分之八九十都是二三十分。二三十分就是普遍性的，能考五六十分就很了不起了，非常优秀了。现在三四十分是属于后进生了，那时候算是成绩好的。那个时候都是本地的几个老老师。他们也忙他们的农活，他们是半职工，农忙季节他们必须要到家里面去帮忙。所以特别像耙田的季节，他们早上起早早地牵牛来犁田。等到上课啦，就拉牛来学校的旁边捆，裤脚都来不及放下就来上课了。由于那时候没有外地的老师，只有几个本地的老老师，正规毕业师范的没有几个。所以他们可以说文化（水平）不是很好，上课很一般般的，特别是拼音，那时候不知道他们老师是怎么教的，因为他们（老师自己）根本不懂。语文除了拼音以外，其他都还算正常，差不多，数学到三四年级他（老师）就跟不上了。

不过，随着国家对民办教师队伍不断进行的治理整顿举措，甲左小学从 20 世纪 90 年代开始不允许再聘用新的民办教师。原来已经在甲左小学工作多年的潘学联、潘国勇、潘学芳、潘家祥等多名民办教师，则配合国家政策文件的要求，开始接受中师函授的进修学习和民转公的考试。例如，1995 年，潘学联等民办教师顺利通过了民转公的考试，成为公办教师。

民办教师在中国教育史上的地位和作用的问题，一直以来也是颇有争议的话题。一方面，老师调不进来，当地缺乏教师是甲左小学民办教师成为教师队伍主力的重要原因。政府当时在小学教师紧缺的情况下，以培养和使用民办教师作为解决问题的出路，实行该举措背后的潜在逻辑是，以适当降低教学质量为代价来满足农村基础教育规模不断扩大的需求，以便尽快实现义务教育普及指标。可见，民办教师的存在有其政治意义，他们以廉价劳动力的方式为中国农村教育在特定历史阶段的发展做出了特殊贡献，不应该成为农村教育质量低下的替罪羊。另一方面，甲左村的这些本地民办教师在教学实践过程中的一些具体做法，从教学方式方法的规范化、制度执行的严谨性看，的确有其“失范”、“违规”的问题。然而，如果我们换一个视角，不以这些国家标准的规范和制度为举办教育的唯一的科学标准的话，那么，本地教师依照本地的风俗习惯、劳作方式，重视少数民族学生的语言需求和心理特征而采取的机动而富有弹性的各种教学实践，未必就是不合理的、一无是处的。相反，他们在有意无意之间，以略显粗糙的方式，进行小学教育本土化的实践，将小学教育从应试教育的误区中解脱出来，不以主流社会依照城市生活标准编制的课本知识为甲左小孩学习的主要任务，未必就是毫无价值的。在某种意义上，他们是甲左小学教育本土化力量的代表。甲左小学以他们为教学主力的阶段，恰好也是学校空间中传统力量最为强大的阶段。

（四）全面走向规范化（1996—2012 年）

正如甲左小学的老教师潘国勇、潘学联所说的，甲左小学真正开始发生巨大的变化是在 1995 年之后。在这个阶段，甲左的初等教育办学开始全面进入了国家视野。此前，潘世锦老师开班招生以来，甲左村民一直在甲左小学的发展建设中扮演着主要角色，校内所有的重大建设都有赖于村民集体出力、出资，活跃在讲台上的也是本地教师，他们承担着办学的主要任务。本着对教育的某种信念，一直在力所能及地以自己的方式支撑着甲左小学的成长。直到 1995 年后，政府和社会才开始通过多种渠道把举办甲左小学的主要责任承担了起来。

1. 希望工程

1995 年，在甲左小学当了近 20 年民办教师的潘学联历尽艰辛，通过几年的进修学习和考试，终于转正为公办教师。随即，鉴于他在学校工作中的优秀表现，以及作为民办教师期间实际上已经在具体负责甲左小学的管理职责，上级部门随即任命他担任甲左小学校长一职。

新官上任三把火，潘学联任职之后最紧迫的一件事情是解决甲左小学的校舍紧缺和危房问题。我们前面谈及甲左小学在1989年修了石头房，同时还拥有一栋近30年历史的老木房。老木房，也就是原先潘世锦在的时候甲左小学盖的第一栋木头房子，1976年前后，村里在二楼开群众大会，因为上去的人太多，发生楼板断裂塌陷事故。如今木房建成已有30年之久，质量更加堪忧。1993年入读甲左小学的潘学极谈及这栋老木房时说："以前我们在那个木房子读书的时候，一下雨就到处湿湿的，然后那些桌子啊、凳子啊，这里也烂，那里也烂。"可见木房子老旧问题的严重性。

甲左小学面临的不仅是校舍老旧的危房问题，进入20世纪90年代，学生入学人数逐年递增，无论是石头房还是木房的教室都过于狭小。1994年入读甲左小学的潘安形象地解释了当时教室的拥挤场面：

那个时候一年级人特别多，当时我们村的人口比较多，一千多将近两千多人。那时候我们读书，一个教室坐了20个人呢就很满很满了，坐不下。只有十几张桌子，我们那个时候都是站在门口，也没有桌子。有时候我们写字啊，三四个人用一张桌子，小小的桌子，挤一张长凳子。有时候写作业啊，假如老师当场叫你做几道题，然后等一下下课的时候要交，你必须要做完，做不完没有分数啊，老师又要批评你啊。那没办法，都是拿到墙壁上写作业。所以当时我们读书，读一、二、三年级都是这样的，谁先到谁先坐。假如你没有座位，你就站在门口啊，拿石头来垫，坐在门口，是这样。

与此同时，1995年4月23日的一场狂风携裹着冰雹的来袭，又让教室紧缺的问题变得更加严峻。潘国仕作为这场天灾的亲历者，回忆起此事时仍然心有余悸：

我在（木房子）里面都差不多死在里面了。那时候是冰雹，我带我的仔（儿子），我的大仔在里面睡，守校，我们睡下面那间。当时睡觉以后，风一下子就全部刮去楼上那个房间，连那个仪器，就是上面房间有那个仪器，全部都刮去完了。当时我睡的房间，风吹掉了墙壁，光我爷俩睡的床还在，我们惊醒来才发觉。哎哟，太惊心了。后来覃继芬（和江乡干部）还讲，你还在呀，这个风没吹你走哦，不然你就走了。没办法，我们睡着了，一下子冰雹风吹过来，就卷走了。哎呀，后来也惊动了县里面的领导，教育局长、县长都来甲左来视察，来看一下。再后来有一次上面来人检查，问你们的（教学）仪器在什么地方，上面送来的仪器。我说龙卷风卷走了，人都差不多没命了，还要这个器材做什么，我笑他们。

《甲左小学简介》中也对于此事进行了记载："校舍面积倒塌日趋一日。1995 年 4 月 23 日深夜，校舍被龙卷风卷席（席卷）倒塌，至今还留在人们的辛酸记忆之中。"被龙卷风摧毁的房子，村民们重新修了后又投入使用，但基本上已经很不成样子了。于是当潘学联和潘国仕打听到当时县里有希望工程援助项目时，赶紧找到和江乡政府的有关领导寻求支持。

1995 年，深圳市市委、市政府开展特区与革命老区、山区、少数民族地区的"心连心"活动，决定由深圳市属企业工委对口援助三都县发展教育事业，支援内容包括建设希望小学和开展"一对一"助学活动等。据悉，当时的深圳市属近百家企业及其员工向三都水族自治县共捐赠了1330万元，其中的1000万元用于建设21个希望工程项目[①]。甲左小学教师希望能够争取到该项目的支持，为孩子们盖一所安全适用的教学楼。

当时跑这个项目竞争也是大嘞。那个全县有那么多的村级学校，竞争很大的。我经常跑，把村寨的困难（反映给上级政府）。我说甲左地处三镇两乡交汇处。从那里，我们到水龙是走了几个小时才上得学校，我们到和江也一两个小时，我们到牛场、到合江都是很远的。然后呢，（如果）在这里建立一个学校，那个三河镇的那些（临近甲左的村寨）也可以都来我们这里读书。如果我们这里不建学校，那离学校太远了。我们镇的党委书记潘成念就说确实是这样，（甲左）那里呢很远很远，走很远（才能到）的地方，那里应该办一个学校。（潘学联访谈）

但问题是同属和江乡的打锄小学也提出了同样的要求，成为甲左小学的竞争对手。潘国仕得知消息后也多次去县教育局反映甲左小学的实际困难。他回忆道："我们这里是高山地区，生源多，从拉佑、丁寨都来这边读书的，当时我在的时候有300多个学生，我们需要这个资金，潘成念书记知道情况后，他对我们甲左就有点偏向。他说那不行，要到甲左去。他支持我们，我们才得那个资金搞了这个房子。当时情况相当恼火。"

① 张加云：《爱心来自鹏城 希望播撒水乡——深圳援助三都水族自治县发展教育事业纪实》，《山区开发》，1999年第2期。

在潘学联、潘国仕接二连三到县里反映甲左村以及甲左小学的实际困难之后，有关部门的领导最终同意将希望工程四个村小援建项目中的一个放在甲左村，为甲左小学盖一栋教学楼。于是，潘成念又带着潘学联校长，把他介绍给希望工程指挥部一个姓卢的负责人。此后，潘学联、潘国仕协同村主任一起着手调查核实村里的相关数据，包括全村的土地面积、适龄儿童人数、全村人口、土地面积以及甲左小学到和江中心校的距离等，提交申请报告，折腾了几个月之后，终于把这个项目落实下来。

希望工程项目申请到手之后，其他两个问题也随之产生：第一，建教学楼需要另外征地，涉及村里部分家庭的农地征用问题；第二，1995 年，甲左和外界仍然没有可以通车的道路，要盖教学楼，就得先修路，否则建筑材料无法运达村里。

首先，关于征地问题。甲左小学原来的占地面积过于狭小，修建新教学楼也不能把旧校舍全部拆除，于是征地成为必须。这成为甲左小学的发展史中少有的几次和村里发生矛盾冲突。潘国仕说：

甲左小学那个地基的事情我得讲一下。那个地基相当复杂。（小学）那边上的地都是私人的自留地。有学辉家，有学全家，有学仁家，有潘东升家，是四家的地。那时候征这个地要他们的命了，那不得了。当时我做负责人，他们一点（地）都不想送，搞学校啊那也不行。你们在这边不是有（地）了吗，就是现在那个石头房那里，（干吗）又要我的地。（可是）光那点地，那学校怎么办，办到六年级的时候，学生要活动场地，要教室。为了这件事情，跟我们家头的，也就是我们亲亲家头的（闹矛盾），因为占了他的地，现在都还气我。但是镇里面决定了，决定要这块地搞学校了。他们对镇里面、对我有意见，我说我又不是要（地）给我家，全村都享受了。（他们）现在都还气给我，不得了。搞地基，我相当受气的，相当受人的打击。但是我也不怕，真的，上面支持我，镇里面也支持我。所以你有意见也没办法，反正我又不是要给我家，只为群众受益，不是为了我个人，为了全村人民，学生子弟入学方便，钱又都给你了。我家那个兄弟，他有两三年都不要那个钱，就说你要我的地，你都不要别个（家）的地，你怎么要我的地呀。恼火，你不知道农村的，这个在农村真是很难办，在农村占人家的地送多少钱他都不同意的，难度相当大。不得了啊，那时候，恼火。当一个老师啊，也不得了，我愿教我的书、备课，只负责我的教学质量就好了，可还要到社会上去搞那些情况，还要为学校的事业发展拼命。那时候拼命啊，拼命也要搞。光这个地就恼火的很，现在（我那个兄弟）都还气我，见我都不喊。

尽管学校最终在镇政府的支持下拿到了这块地，并给予征地村民适当的补偿，但是对于人均只有半亩一分地的甲左村民，征地建学校无疑是触动了他们最为根本的利益，因此潘国仕兄弟对于征地的强烈情绪也是可以理解的。好在征地涉及的家庭只有四家，加上村干部和甲左小学潘学联、潘国仕等教师的共同努力，成功地征到了地。而征地这件事情，再次反映了甲左小学本地教师的特殊性。他们不仅要做好教书这项本职工作，还需要不时介入村寨的公共事务，扮演并发挥自己的作用。这种角色的双重性，决定了他们是学校和村寨、村内和外界之间的桥梁。我们将在后面结合潘学联的生活史来重点探讨该问题。

其次，关于修路问题。甲左原先有两条通往外界的山路，一条通往水龙丁寨，另一条通往和江打锄。但这两条山路窄小崎岖，部分路段坡度很陡，无法通车。相比之下，其中通往水龙丁寨的山路还算平坦，于是，甲左村再次发动村民的集体力量，在甲左小学和村干部的带领下，举全村之力，将通往丁寨的山路拓宽夯实，人工挖出了一条长约 6.6 公里的可供车辆通行的乡村公路。甲左村人的这一壮举登上了当地的媒体："和江镇组织甲左村筹集资金并发动青年民兵投入 6000 多个工日，开挖土石方 15000 多立方米，建成一条长达 5 公里的乡村公路，保证运料的车辆直达这个偏僻的山村，使基建工程能按时竣工。"[①] 其实，所谓的青年民兵，就是村里的老老少少们。当时潘学坤正在和江小学上学，他回忆其当时的情景："寨子里的老老少少都去挖路，我周末回去都去挖。"

另据《甲左小学简介（文字版）》，当年的甲左小学"在上级政府、党委、教育主管的关怀下，以和江镇党委书记潘成念同志的直接领导督促下，于 1995 年 5 月开始修路，从水龙丁寨至甲左的 8 公里，于当年 8 月一辆灰白色的汽车驶至甲左地区的文化中心——甲左小学。从此结束了几千年交通闭塞的历史"。这段文字说的就是甲左小学修通往水龙丁寨这条路的事实。

甲左村民之所以有如此大的热情投入到修路工程之中，不仅仅是

---

① 张加云：《爱心来自鹏城 希望播撒水乡——深圳援助三都水族自治县发展教育事业纪实》，《山区开发》，1999年第2期。根据地图测算，该路段实际长度约为6.6公里，直线距离为5.5公里左右。新闻报道以及《甲左小学简介》中出现的关于该路段长度的数据并不准确，存在偏差。

因为希望工程援建项目的硬性要求。这个地处穷山僻壤的乡村，一直以来苦于交通不便，修路也是村民的主观需要。不像征地，在修路问题上，甲左小学和村寨是利益关系共同体，集全村之力来义务支援公共建设也是甲左村的一个传统。仅在甲左小学前期发展历史上的各种校园建设，村民就已经不是第一次出工出力了。所以，此次村里号召大家出工出力修路，村民并不觉得意外和为难。

在征地和修路工作完成之后，教学楼修建便提上了日程。水泥沙石等原材料陆续通过水龙运抵甲左，建筑工人们也住进了旧木房，用塑料布把透风漏雨的房子四周遮盖了一下。原先在木房的教室里上课的几个年级的学生便没有教室可用，于是小学为他们租借了离学校不远处的两栋民房，一栋是潘学冲家的老房子，另一栋在它附近。一年后的 1996 年 3 月，“校舍竣工，教学楼一楼一底，六间教室，两间办公室，占地面积 397 平方米”（甲左小学官方简史）。所谓的“一楼一底”，是沿用了水族人对传统住宅吊脚楼的说法。吊脚楼一般为二层结构，一层为底楼，用于堆放粮食和农具以及圈养家畜等，二层实际上是吊脚楼概念中的一楼，用于居家和日常生活。教学楼是现代建筑，也是两层，每层各三间教室，用长走廊连接，白墙黑瓦绿门窗，是典型的中国农村小学的样式。即便是在今天看来，甲左小学的教学楼仍然是一栋非常突出显眼的现代建筑体，与周围民居的风格截然不同。而甲左村民最早的砖瓦房也要到 2003 年才出现。

新教学楼投入使用着实让甲左的小学生们兴奋了一阵。“四年级下学期我们搬回这边来，感觉特别好，全部是新的，四五六年级是新桌子，然后一二三年级还是老桌子，好像过了将近一个学期吧，下面才有新桌子。当时我们的桌子不够了，三个人四个人坐一张桌子。”（潘安访谈）

最让学生们高兴的是，在新教学楼建成的同时，学校及附近几个居民点也同时通上电了，这也是一件大事。1993—1999 年在甲左小学上学的潘学极这样描述自己当时对于村子里发生这些变化的感受：

第一是交通方便了，第二，我们上五年级还是四年级的时候，通电了，好像五年级吧。那时候学校的房子也刚（建）好，电也通了。学校通电了大家很高兴，全村都高兴啊。开始的时候老师还安排上个晚自习啊，（不过）上没多久就没上了。那时候电视也没有，通电了就有那个黑白电视了，好像有一家有电视，全寨子都去看。

潘安补充说：

我们（19）97 年开始有电这个东西，以前什么电视啊我从来没有听说过，只是偶尔赶场来和江的时候看见那个东西，就知道叫作电视，其余在书本上知道叫电视。

潘丽也提到了当时村子里对通电的高兴："通电对我们来说是特别好的一件事，然后通电之后，我们村子开始不知道是哪一些家买了电视，买那个天线来收听，能放一两台电视节目，全家都爆满了，一大堆人看。"在潘丽的记忆中，小时候"水家不通电"是外村小孩骂甲左人时常用的一句话，令当时的她非常自卑，因而留下了深刻的印象。据潘学极讲，当时村里的电线杆等通电设施，也是村里人去水龙那边人力抬回来的。甲左村民对于村寨公共事务，特别是学校建设的参与，无时不在，无所不在。村寨的每一次重要变迁，都离不开他们的身影。他们是推动村寨变迁的行动者。

新教学楼的建成，学校终于有足够教室举办完整的六年制小学教育，从而结束了甲左学龄儿童在小学阶段总是有那么一到两个学年不得不去外村住校上学的历史。教学楼的落成还吸引了邻近几个村寨的学生前来甲左小学入学。《甲左小学简介（文字版）》介绍："该教学楼的建成，为苗山水乡的适龄儿童入学提供了良好的环境，比邻的几个兄弟乡镇、散居的自然村寨学生，为了就近地入学，都蜂拥到该校学习，1997 年学生总数达 306 人，其中女生 159 人。"新教学楼建成后，服役了近 30 年的老木房终于被拆除了。它宣告了甲左小学一个旧时代的结束。

2. 支教老师的到来

除了学校教学楼的变化之外，甲左小学在这个阶段的另一重要变化是外村老师来甲左小学支教。1997 年，和江中心校开始给甲左小学派支教老师，以便提高教学质量，缓解教师数量不足。此后，甲左小学的支教教师每年有两到四名不等，教师总数因此也增加至 8—10 人。甲左小学 20 多年来主要依赖本地教师办学的历史宣告结束。

第一批前来甲左小学支教的老师是韦桃和吴萍福两位老师，她们也是出现在甲左的第一批女教师。鉴于甲左村在外头的名声不太好，经常发生偷盗事件，民间流传着"牛到甲左不用找，牛到甲晒下酒菜"的说法，甚至有个别甲左年轻人因偷盗被判刑，初来乍到的两位女老师很为自己吃住在这所当时还没有围墙的学校的安全问题感到担忧。潘国兵说：

第一次进甲左的两个女教师，吴老师和韦老师，哭得满脸都是泪，太可怜了。她们住的（教学楼）第二层，当时没有安铁门，那个门是木头的。因为我做木工的，学校要我把门钉好，安个锁。这些都是我去弄的，所以我都知道。她们太可怜了。她们说甲左人那么坏，偷牛盗马的很多，我们能住得下吗，一件衣服晒在外面被偷走了怎么办。所以，我就跟那些甲左年轻人说，如果你们再做这样的事情下去，就把甲左人（的脸）都丢完了，这是第一次女老师进来（甲左小学），父老乡亲必须跟她们处好。穷不在锅瓢碗，富不在一件衣服一条裤子。最后潘学联校长开家长会，他也跟大家说了，大家都同意这个说法。所以两个老师一教就是三年，最后她们任期到了，然后第二拨女老师来。她们说，你们说甲左那么坏，我们没有觉得，我们没有菜，学生他们拿菜来，缺什么东西他们都拿来啊。

甲左的学生们看到学校里来了两个女老师，感觉很新鲜。“像第一次见到军舰那样，像小孩子第一次坐火车一样。”（潘国兵访谈）好多学生，特别是女学生，喜欢围着这两个女老师转，给老师送菜、送辣椒。当时的韦桃老师，不仅学生喜欢她，那些妇女也都很喜欢她。潘小月的母亲说：

我最喜欢那个韦老师。她来了后让我们去开家长会。从小孩读书到现在，我们都没有开过家长会，现在叫我们去开家长会，我们个个都要去，大家都这样说。全部到学校。她问，你们家长有什么意见？你们学生早上都来这里学习，放学的时间，你们盼望小孩帮你们干点活吗？我们当然盼望啊。

不像其他支教老师，韦桃老师会主动和家长们打招呼，和妇女聊天，而其他支教老师基本上就待在学校里，不和本地村民打交道。当韦桃老师调走的时候，好多学生都依依不舍地哭了，出于对甲左小学那段支教日子的怀念，韦老师在2010年的时候，又再次申请到甲左当了一年的支教老师。

在这个发展阶段，前后共有20多位教师相继到甲左小学支教。下表是2005年以来支教的教师情况。

表2-3　2005—2012年支教教师名单

年份	教师姓名（性别）
2005—2006	朱长荣（男）谭丽（女）
2006—2007	艾晓英（女）
2007—2008	石崇菊（女）蒙玉霞（女）
2008—2009	张仁凤（女）石邦国（男）石静（女）
2009—2010	黄淑珍（女）石邦国（男）潘丽（女）
2010—2011	张莉丽（女）韦桃（女）
2011—2012	石崇菊（女）黄淑珍（女）张仁凤（女）张加云（女）

支教教师离开自己的家庭和熟悉的工作生活环境，来到生活和工作条件远不如其他乡镇的甲左村支教，对他们来说是一种很大的自我牺牲。这些住在学校里的老师遇到不少生活方面的困难。例如，生活饮用水问题。甲左村没有自来水，旱季缺水严重，生活饮用水只能靠村里有限的几处泉眼。学校里的用水无法保证，和村民之间的用水矛盾时有发生。有时，为了解决生活用水问题，教师不得不专门到远处挑水。这些饮用水没有经过专门的过滤消毒处理，下雨天水质浑浊。洗菜、洗衣服、洗农具等往往都在同一口水井里。有支教教师曾说："周

一到周五都不怎么洗澡，周末回家才可以好好洗澡，衣服也都是带回家洗。”（张仁凤访谈）

此外，这些住校的支教教师周一到周五住在学校，周六日下山回家。下班后的业余生活相对来说也非常单调。有时吃过晚饭，几个女教师会外出散步，但是散步的范围一般局限于校门口的那条300米长的水泥路，水泥路的尽头就开始进入了村民的聚居点，她们一般也就在这里转身返回学校。她们很少到村寨里串门。有时男教师会在一起下中国象棋，或是聚在一起打麻将。

支教老师给学生们带来了新的体验，他们上课说标准的普通话，对学生的学业成绩非常关注，课堂纪律的要求也比较严格，教学方法和本地教师也有很大的不同。支教女教师的到来也进一步冲击了村民们不重视女童教育的传统观念。他们促进了甲左小学办学质量的提升，但也带来了自身的问题。例如，除了像韦桃这样的极个别老师之外，支教教师虽然吃住在学校，平时很少跟学校外面的村民打交道，也让村民首次感受到了小学和村寨之间的距离。

但最主要问题是支教教师的流动性，基本上每年一换，学生刚刚熟悉了一位支教老师之后，隔年又要去适应新的支教老师。正如甲左小学校长潘学联所指出的，支教老师的频繁流动对学生“肯定有影响，因为他们（支教老师）来的时候，学生的成绩刚刚起步一下，他们就走了。别的（支教）老师一来，他就不知道那一班的学生怎么教，还要熟悉，所以呢，肯定有影响。还有呢，有的老师他支教以后呢，他不安心工作。有的老师不安心工作，他反正一年就回去啦。他来的时候，那个时间很短，他还没有做成什么事情（就回去了）”。

由于支教教师不熟悉水族文化，不会讲水语，因此只能担任高年级的课程，对于低年级的课程，他们无法使用双语教学，导致学生听课出现语言障碍，需要一个语言适应的过程。“适应过程吧，特别像低年级，这些老师都是讲汉话的，来到这个地方，要第一个学期的适应，学生才弄明白他讲话的意思。”（潘学均访谈）不过，教师流动性不仅仅是支教教师的独有现象，甲左小学 2000 年后曾经有过几个分配来的师范生，都是外村人，工作两三年后就都调走了。例如有一位女教师，“她熟悉县城的领导，她说，甲左地方的各方面条件太恶劣了，不愿去了。跟教育局的那些领导讲了以后，就调过去到其他乡镇挨近公路，条件比较好的地方了”（潘学联访谈），“有后门有关系的就调走了”（潘学军访谈），或者“本来定向是五年，但是上一两年就回去了”（石崇菊访谈）。据统计，2000 年以来，从甲左小学调走的外地老师就有五名。

3. 新本地教师的时代

在甲左小学的发展过程中，土生土长的本地教师一直在扮演着重要角色，他们“用得起，留得住”，了解本土文化，精通水语，熟悉村寨以及学生家庭的各种情况，也能够接受甲左的地处偏僻、交通闭塞和发展滞后等客观现实。原先一批以民办教师身份为主的本地教师，特别是潘学联这样兢兢业业于教学工作的，在甲左小学最为艰难的阶段坚守教学岗位，履行教育职责，为学校发展付出了自己的青春和汗水。进入到 20 世纪 90 年代末期，关于本地教师的一个新的值得注意的变化是几位曾经就读于甲左小学的、从师范院校刚刚毕业的年轻教师回到了甲左小学，成为本地教师的新生力量。他们身上既镌刻着甲左传统的本土文化，同时又接受了外界社会较长时间的熏陶和师范教育的正规训练，弥补了那些本地老教师在教学水平等方面的诸多不足。

1998 年，学生们发现学校里一下子出现了三个既熟悉又陌生的年轻教师。说熟悉，是因为这三个老师很可能就是他们的亲戚或者邻居，说陌生，是因为这些老师刚刚从县城或者更远的城市回到故乡。这三位新教师分别是潘学军、潘学川和潘学杰，其中潘学军和潘学川就读于同一个大学——三都民族师范专科学校。潘学川在1984年至1988年就读于甲左小学，1994年从和江中学初中毕业，通过一年的补习，考上了三都师范。潘学军1986年至1990年就读于甲左小学，1995年和江中学初中毕业，和潘学川同一年考上了三都师范。潘学杰1986年至1989年入读甲左小学，1994年从三都二中初中毕业后考上贵定师范专科学校。1998年，这三个从甲左出去的年轻人，从各自的师范学校毕业同时回到甲左小学担任教师。2000年潘学杰被借调出甲左小学，但很快又有本地的潘学谊从三都师范毕业后回到甲左小学任教直到2004年。

新老师的到来给学校带来了新气象。用潘学杰的话说："那年我们三个来到学校可能是甲左小学有史以来最有活力的一年"，"好像那个时候整个村子觉得学校就是中心"。当时在读小学四年级的潘安回忆道：

他们（新老师）和其他老师有很大区别，毕竟他们都是刚从学校里面毕业出来的嘛，文化方面啊，那个说话水平啊比较高一点嘛，他们上课比较有新颖的东西。一般学生都喜欢新老师，新老师来上课，感觉这个老师好玩，然后就喜欢他的课。就是这样。像以前仕杰老师，我读六年级第二学期他来上我们课。当时他打球打得也好，然后他来学校，他跟我们学生打球啊，玩啊，这样的老师比较好接近。新的老师来了，我感觉很多学生学会了打球啊。感觉他上课还不错，然后我就开始努力学习，就是这样。以前我成绩一直都是不错的，但是读六年级的时候我的成绩开始有一点下降了，对那个叫作分数啊这些东西我还不是全部懂。后来他来上课了，我们班里哪些不懂，他就讲哪些。星期一到星期五，如果你所学的东西这方面差了，你就留下来补这一方面，补这一节。有两个学生那方面差了，他就留他们下来，补那节，是这样的。当时他就是用这样的方法教我们，所以我们班在数学方面提高进步得比较快。

1995—2002年在甲左小学读书的潘学梅也提到了自己对这几个新教师到来的感受："那几个新来的老师给我们上课的时候觉得很新颖，觉得他们还是不一样的。那个时候老的老师除了潘学联校长之外其他的我们都不太喜欢，我们就喜欢年轻的老师，年轻的老师有说有笑啊，这些都比较喜欢。"新老师带来的新的文化气息、新的文化产品、新的师生关系和新的教学方法，这些都让潘安、潘学梅等学生觉得好奇而有趣。

新教师在甲左小学的出现本身就构成了一种文化景象，一种特殊的符号象征，它给甲左小学的无论是教师还是学生都带来了不同程度的文化冲击。对于一些学生而言，这些新教师成为他们的楷模，让他们意识到学习的重要性，意识到知识可以改变命运。"这些学生会觉得，咦，一下子怎么来了三个老师，这三个老师不是以前从这个地方出去的吗？这三个老师去外面读书，转过来又回来教我们了。如果我们像他们一样走出去，多努力一点读书，领起工资，那不是更好吗？很多同学都是这么认为的，很多同学就稍微更勤奋一点，更爱学习了。"（潘学军访谈）

对于甲左小学的那些老教师，新教师的出现对于教学工作也是一种潜在的督促。潘学军说，“我们三个到来之后。学校原来那种松懈的状况一下子改变了。那些老老师，哪怕农活太多，他也不好意思再回家去了。他们也只有跟着我们一起”。

对潘学杰、潘学军和潘学川而言，那时候的他们“血气方刚”（潘学军访谈），“想法单纯，工作积极”（潘学川访谈），他们希望自己回到家乡，能够给甲左小学带来更多的变化。于是，三个年轻人开始了他们的改革行动。

第一个举措是推行普通话教学。我们前面提过，甲左当地的民办教师主要使用水语教学，用当地的汉语方言来读课文。新教师到来之后，提倡授课语言，尤其是高年级的授课语言用普通话，尽量不使用水语或者方言。潘学军说：

开始那些老老师也不太习惯。上课的时候我们这个班说普通话，他在隔壁班说方言，所以学生有时候觉得有点不适应，怎么这个老老师讲方言的，那个年轻老师来上课又讲普通话了，到底这个字怎么读呀，读方言还是读普通话，开始有点摸不着头脑。然后开会啊，我们也提一点（建议），尽量要求他们一起说普通话，用普通话教学，哪怕是说得烂一点，陈腔滥调，也要想办法克服这个困难。跟他们讲了之后，他们也是逐渐地改变，虽然讲不成，也慢慢地改变。我们互相协作，老的老师慢慢用普通话教学。开始学生觉得吃力，在低年级的时候老师是这么讲的、这么读的，怎么到你们来讲课了，你们怎么把这个字变了，不一样的读法了，到后来学生也渐渐适应了。

第二个举措是建全学校管理制度，进一步规范办学行为。在新教师到来之前，甲左小学的运行非常具有本土特色。作为“半边户”的本地老师们往往会根据农村生活的需要，在教学工作安排上进行一些随意的调动。例如，过端节放假，在农忙季节把主要精力和时间用来干自家的农活。虽然也有一些学校管理制度，并没有得到很好的实施。

那时候老老师在的时候，你来晚一点我来早一点都没有关系。只是嘴巴上说今早迟到了，明早来早一点。或者商量这两天我忙得很呢，我们现在要抢拦水了，明早大家来晚一点行不行啊，明天早上我犁点田再来（学校）。在时间观念上没有那么强。我们来了之后，我们就按上面的要求，按部就班，该下班就下班，该上班就上班。在制度上也慢慢健全，要求你把各方面的制度在会上讨论，我们按制度去办事，不能这么懒散。所以认识慢慢就改变了，因为我们在外面多读一点书回来，他们也相信我们，所以在管理上也慢慢好转，正常运行。（潘学军访谈）

第三是推行新的课程设置。甲左小学自开办以来，受师资所限，所开设的课程以语文和数学为主，其他美术、音乐、体育、自然等课程并未全面开设，一般是根据师资情况，某些年份开设，某些年份则不开设。潘学川等人到来之后，要求除了语文数学之外，把音乐、体育、美术和自然等按正式课程开设并编排进每个年级的课表。

体育课、音乐课我们去了之后开展了，那个美术课我们也开展了，因为我们有这方面的能力开展。那个老的老师他上体育课，他可能不知道怎么上，扔一个球给他们（学生）在那里玩，上音乐课他们也不

知道怎么唱，是这样。学生整个活动开展还是蛮可以的。（潘学谊访谈）

喜欢体育运动的潘学杰发现学生都不做课间操，于是用村里的一个扩音喇叭接到录音机上，播放广播体操的音乐，他自己在前面带领学生每天上操。同时又利用周末的时间，把村里的年轻人组织起来打篮球。于是，甲左村历史上史无前例地拥有了本村的第一支篮球队，还去和江镇参加了一次篮球比赛。比赛成绩虽然不怎么样，但是让潘学杰等甲左小学的年轻老师一下子在乡里头出名了。

第四是要求老教师们改变教学观念。潘学军说在师范学校读书期间，他的老师一直强调学生毕业工作之后，除了要上好课，还要把新的教育观念输入到学校，帮助那里的老师完成教育观念上的改变。例如，树立以学生为主体的教育观，改变上课满堂灌的传统做法，深入了解学生的学习需求，和学生交流，上课回答学生的问题等。

观念上要改变。关键就是说普通话，尽量跟他们说些新的方法、新的理念。尽量跟他们沟通，想办法改变他们陈旧的观念。我记得小时候我们读书的时候，老师不管你在下面干什么，他也不提问。他只是在 40 分钟的课堂里面讲完他就完事了，他就在那里讲啊讲，所以那时候我们也不听课。我认为他们的这种教学观念要尽量改变。就是跟他们多交流，他们慢慢地就有点改变。（潘学军访谈）

比如说我们在教学上，我们可能跟学生交流。一般老老师以前不一样，他们就在那里上（课），教学生读，读完就完了，是这样，几乎是这样。我在那里上学的时候几乎都是读，老师叫你读完就完了。比如高年级的学生读读这篇课文，看看哪些字认不认识，就这样。他就没有和学生交流的这一块，学生哪些不清楚的，几乎没有和老师交流这种机会，只有听。我们去了，跟学生还是要交流。我跟学生说，我在课堂上我是你的老师，在学校内你叫我老师，出去如果你是长辈随便你叫我名字都行，如果我比你大你叫我哥都行，叫我叔叔都行，随便什么。我们相处的还可以。这样学生在课堂上有什么问题他就可以大胆的跟你提出来，是这样。以前上学全部是机械地去背，没有解释，不知道是什么意思。所以我们在上课的时候一定让学生知道那是什么意思，在理解的情况下去学习。特别一些学生比较有懒惰的思想，需要去鼓励他们、激励他们，让他们有一些信心，以后他们自己就主动去学。（潘学谊访谈）

潘学军、潘学杰和潘学川等人好像是甲左小学的“三剑客”。他们结合当时的教育发展形势和政策背景，在甲左小学推行的这些新举措并非毫无根据。20 世纪 90 年代后半期，国家开始大力提倡和推行素质教育。1999 年第三次全国教育工作会议召开，会议发布了《中共中央、国务院关于深化教育改革全面推进素质教育的决定》，提出教育的全面性和整体性，要求学生在德、智、体、美等各方面的全面和谐发展，学校教育历来只重视知识传授而忽视学生德、体、美等其他方面的能力发展的弊端得到了广大教育工作者的反思。素质教育也强调了教育要求尊重学生的个体差异，以学生为主体，采用生动活泼的多样化教学方式，也给当时很多的一线教师带来了很大的启发[1]。新毕业的年轻

① 王嘉毅：《农村中小学实施素质教育的困难与对策》，《教育研究》，2006年第11期。

本地教师在甲左小学推行的这些举措，在一定程度上，也是对当时教育发展总体政策和思想的一种实践。

“三剑客”的教改举措并非水到渠成，在和老教师的磨合中也遇到了不少问题。潘学军回忆当时老教师们的抵触心理：

开始肯定要有一个适应的过程，开始他们觉得有一点想不通。原来我们上方言不是讲得好好的吗？原来我们在这边，跟他们（学生）讲完（课）就完事了，现在你们还要求我们把（课堂）时间留给学生，那不是浪费时间吗？有一些老老师，说不可能，那我们教了这么多年的书，都是这么教过来的，你在外面读几年的书回来，干吗就不一样了。有时候针对某一个问题，就发生激烈的争吵……不是争吵是讨论，最后还是以我们的方法来，我们有更多合理的理由来说服他们。比如，有时候老主任有点顽固的，他就什么都不说，但脾气有点毛，他也不气，最多他就瞪我们几眼，他也不骂，他也知道年轻人还是对的。有时候会产生很多问题，有些问题解决不了的，他们就一笑了之了，也不会抵触。没有就此影响彼此关系，这里本来就是一家人，全部是一个家族。

潘学军说他们大概花了一年多的时间，完成了这种新老教师之间的磨合。不过，本地老教师潘学联、潘国仕、潘国勇等人，都是他们的小学老师，是看着他们长大的亲戚、邻居和前辈。对于这几个从大学学成归来的年轻人，总体上，本地老教师们对他们的态度是支持多过反对，宽容胜过挑刺。他们视这几个年轻的本地教师为村里的骄傲，甲左小学的骄傲，因此，多多少少对他们都怀有点父辈的爱护心理。同时老教师们也意识到他们自己这么多年来长期在甲左生活和工作，基本没有外出交流学习和培训进修的机会，所掌握的知识和方法都已经过时，他们也愿意尊重这些读过书的年轻人的想法和做法，接受他们的建议和改革，向他们学习。例如，潘学联看到潘学杰打算教学生做操，主动去村里弄了一个扩音喇叭给他。“当时仕联他们都没跟镇里说（要让学生上操的事），都是我们主动的啊。然后村里面有两个扩音喇叭，（潘学联）就跟他们（村干部）说，村里面拿两个扩音喇叭干吗呢，拿一个给我们。我觉得当时他们对我的工作他们都很支持。我想干吗他们都没反对。”潘学杰教学生做操的时候，这些老教师们也认真地站在学生后面跟着学：“当时我就是在前面教他们（学生），然后学仕、学勇他们都老了，就站在学生后面跟着一起学。虽然他们是校长、教务主任，但好像我的权威比他们还要大啊。他们都比较相信我啊。他们说你们（其他老师）都要学。那个潘学方有点懒，都被学仕批评：要去学，潘学方你是正规师范学出来的，你看人家怎么样，你怎么样。要学，要学懂。就这样我们就开始教操。”

事物的影响永远是双向的，“三剑客”轰轰烈烈地推行理想中的农村教育，但现状也对他们的理想产生冲击。在 2001 年之后，“三剑客”中的潘学杰、潘学军先后离开了甲左小学到外地教书（几年之后他们又被调回甲左小学），只有潘学川一直坚守在甲左小学。潘学川谈到了自己工作十年之后的灰心和迷茫。

我从教到现在不是 14 年了吗！一开始是我们三个人，后来仕杰上一年的课他就借调下去了，到和江中学。我和仕军两个留在这里，到 2001 年仕军也调下去了，就我在这里了。我们是 5 位老师上 6 个班的课，还有学前班，共 7 个班。你想现在有这么多老师我们都觉得很辛苦，你想象那个当时一个班都是60人，现在才有40多人。刚开始时无所谓，到后面成绩搞不去了，我们就有点叹气了。我们再下力也比不赢人家，就这样。我们这里的学生人多，基础差。并且我们当地的老师不是从头到尾跟一个班，像我都直接上毕业班，不是教语文就是教数学。如果从一年级跟到六年级，那我的学生成绩估计要好一点。教学比不赢人家，人家就说我们没有能力，其实我们都下力了。不知后面的路怎么走，我也不知道，很渺茫。我觉得不知道怎么做，我又没有能力调走。如果大家都在同一起跑线上评比的话还可以，可是现在他们（其他乡镇的学生）在下面，都是平坝地区，都会客家话，讲普通话，地方话也会说，光我们这个村说水话，这就是语言障碍。教学上比不赢人家，虽然我们在下力，但是教学比不赢人家。我还是叹息，真的叹息。

潘学谊也认为，他们当时在甲左小学虽然大力推行了很多新的举措，但是对于学校的教学质量的改善并不明显。

我们在那个地方（甲左小学）也改变不了什么，只能从教学上，给学生带来一种稍微新鲜的一点知识，稍微活跃一点的教学方式，但几乎改变不了教学质量，提高质量几乎没有。虽然在学校整体中，我们是给一些老的老师的教学方法带进去一点新的理念，但是对学生的改变，我觉得那几年不怎么样。我认为是这样。特别学生考试成绩啊，我觉得没有多大提高。可能给他们（老教师）一些方法上、观念上有一点改变而已，真正那几年改变什么，我觉得看不出来。

尽管素质教育强调尊重学生的个体差异和文化差异，但甲左小学教学工作的现实问题仍然是如何在统一僵化的学业评价机制下提高学生的学业成绩，改变学校多年来一直处于和江各村小学成绩排名垫底的局面。但这种教学质量低下的局面并不是学校教育单方面原因造成的，也不是靠三位年轻教师的改革举措或者支教教师的加入就能得到解决。甲左小学自 2000 年以后，教师数量基本维持在 10 人左右，个别年份会下降至 7 名，学生数一直维持在 300 人以上，6 个班级，所以教师的教学任务比较重。年轻的本地教师和支教老师，因为教学能力比较强，一般安排到高年级上课，低年级的课程就只能由本地的老教师上课。这些老教师们虽然教学水平比以前有了一定的提高，但毕竟和新教师之间仍然存在较大的差距，导致学生在低年级阶段的基础没有打好，给高年级的教师的教学带来了很大的困难。加上甲左村的家庭教育跟不上，语言环境以及文化差异也一直都存在，导致甲左学生虽然聪明，不一定能在既有的教育体制和学业水平评价机制之下取得较高的考试成绩。

例如语文课本中的《我家跨上了信息高速公路》这样的内容，对于连电脑都很少接触的甲左学生而言无异于科幻小说，考试试卷中出现的足球、网球等名词概念，对于球类运动仅限于篮球和乒乓球的甲左学生而言，仅仅通过文字描述和解释是很难加以理解和接受的。这些问题的存在远远超过了甲左小学教师所能应对和克服的范围。潘学谊反思道："因为他们（甲左学生）见识太少了，而一些教科书上的编排，是符合城市里面的，那么那些作文你怎么写，他几乎没有这样的经历，没有这样的体验，他没有看见过，没有听过，你怎么叫他去写，他无法去知道这些东西，很麻烦。"因此，新教师一方面是学校新文化的引入者，是改革者，另一方面在现实面前，他们也必然需要面对并适应本土文化。他们是介于二者的桥梁，也往往是二者冲突的承受者。

总的来看，1995 年之后的甲左小学，发生了巨大的变化。2003 年学校又铺上了水泥操场，立上了篮球架，2004 年修建了新的厕所，2005 年修建了围墙。新教师的到来,新举措的实施、新教学用语的推广、新课程的设置、新围墙的修建以及老教师的改变等，都让甲左小学的办学更加规范，更加严谨。与此同时，这一切似乎也在说明，甲左小学过去因条件需要和村寨形成临时结盟的蜜月期宣告结束。学校开始渐渐地超脱于本土社会，和村寨保持一定的文化距离，以便凸显其权威性和国家力量。

4. 女生入学数量大量增长

我们在前文提到关于甲左小学何年开始有女生入读的争议,《甲左小学简介》的文字版本提到女生于 1978 年入读甲左小学，并将之视为学校发展的里程碑事件，而电子版本则将女生首次入学时间推迟到了 1986 年。因此，在访谈的过程中，我们也将女生入学情况作为访谈的内容之一进行了查证。

根据口述史的资料整理情况，女生出现的时间有下面几种说法：第一种是潘世锦老师明确表示他开班招生的时候，有两三位女生入读，尽管他忘记了她们的名字，但知道是哪家送来读书的。鉴于当时学校举办的不正规状态，如果有女生入学，有可能是读了一段时间之后便辍学在家。这个历史可以算作女生在甲左小学第一次的昙花一现。另一种说法是潘国勇老师提出的在 1979 年的时候，有两名女生入学，一个叫潘玉翠，一个叫潘国琴。我们采访到了潘玉翠的父亲潘国文，他亲口证明了自己当年让潘玉翠去甲左小学读书的事实："她自己去（读）

的嘛，家里活太多了，（可是）她自己愿去，我也送她去，一个文字，懂点点也好，一块钱不要看成一百块钱了，给她懂点知识。”只可惜接受采访时潘国文年事已高，很难说清楚自己的女儿是什么时候去读的甲左小学。不过，潘玉翠是潘学杰的姐姐，潘学杰入读甲左小学的时间是在 1983 年，可以判断，潘玉翠 1979 年入读甲左小学在时间上也是合理的。潘国勇老师关于 1979 年甲左小学开始出现女生的说法并非记忆错误。但是我们又询问了 20 世纪 80 年代初期在甲左小学读书的几位甲左人，他们均否认当时自己班上有女生。这也说明，1979 年出现两名女生之后，也并没有带来更多女生的入学，潘玉翠等若干名女生的入学仍然属于女生再次在甲左小学的短暂出现。直到 1986 年，才出现每年都有一定人数女生稳定入学的正常现象。因此，《甲左小学简介（文字版）》上所提到的，“自办校至 1977 年 40 多个漫长的春秋岁月中，均无一名女生。1978 年党的十一届三中全会精神号召东风拂了这个穷乡僻壤。当年有了两个女生步入学校门槛。这是苗山水乡有史以来的一个新的历史里程碑”所述属实，但《甲左小学简介（电子版）》删去了这一说法，而改为“由于历史的种种原因，自办校到 1986 年均无一名女生”的说法，实际上是从女生入学作为一种常态的起始时间算起。

结合当时三都县的教育发展状况，甲左女童入学开始常态化始于 1986 年并不足为怪。根据三都县所隶属的黔南自治州 1983 年对全州水族乡和水族聚居乡抽样调查统计，当时 12 岁以上的男性文盲、半文盲率为33%，女性文盲、半文盲率高达91%。[①] 据全国人口普查统计，1990年，水族女性文盲率仍旧高达73.1%。[②] 三都水族自治县1990年6岁以上人口中，有一半处于文盲状态（见表2-4），15岁以上的文盲半文盲人口有84715人，占总人口的51.08%。女性文盲半文盲人口有60128人，女性文盲率高达74.22%，高于男性文盲率约50%。[③] 因此，1986年甲左小学女生开始持续入学亦属正常。

表2-4　1990年三都县6岁以上人口受教育程度情况

	总人口	大本	大专	中专	高中	初中	小学	不识字
人口数(人)	225891	128	380	2470	4206	20298	84961	113558
所占比例		0.06%	0.17%	1.09%	1.86%	8.99%	37.61%	50.27%

资料来源:贵州统计局编:《贵州统计年鉴2000》,中国统计出版社2000年版。

1995年之后，随着甲左小学的正规、快速发展，女生入学人数大幅增长。我们根据三都县教育局和学校提供的最新数据，整理了一份1994年以来甲左小学女生入学情况统计表，从下表可以看出，1995年，甲左小学的女生入读人数出现了急剧的增长，究其原因，一方面是新

---

① 黔南布依族、苗族自治州史志编纂委员会编：《黔南布依族、苗族自治州志·民族志》，第206页，贵阳，贵州民族出版社，1993年。

② 国务院人口普查办公室、国家统计局人口统计司编：《中国1990年人口普查10%抽样资料》（电子计算机汇总），北京，中国统计出版社，1991年。

③ 国家教委计划建设司编：《中国教育事业统计年鉴1996》，北京，人民教育出版社，1997年。

校舍建成之后，学校不仅招收本村学生，同时也有外村学生涌入；另一方面，根据当时在甲左小学就读的潘安回忆，学校从那一年开始推出了对女童入学免费的优惠政策，可能也是导致女生大量出现的原因。潘安说："当时我们这里好像是第一所没有收那个女生的费用学校，读书费用。只要女生来读书了，只要交几块钱，11块还是9块，那个叫作什么书本费，其他的不用交了。我们（男生）还交了六十几块啊，三十几块啊，四、五、六年级好像交的是六十几块，一、二、三年级三十几块。"

表2-5 1994年以来女生入学人数情况统计

	总数	女生数	女生所占比例(%)
1994—1995	195	45	23.1
1995—1996	275	144	52.4
1996—1997	261	132	50.6
1997—1998	306	159	52.0
1998—1999	292	暂无	暂无
1999—2000	271	127	46.9
2000—2001学年第一学期	247	105	42.5
2001—2002学年第一学期	225	97	43.1
2002—2003学年第一学期	222	91	41.0
2003—2004学年第一学期	223	92	41.3
2004—2005学年第一学期	193	86	44.6
2005—2006学年第一学期	203	95	46.8
2006—2007学年第一学期	214	109	50.9
2007—2008学年第一学期	219	118	53.9
2008—2009学年第一学期	243	127	52.3
2009—2010学年第一学期	251	138	55.0
2010—2011学年第一学期	279	149	53.4
2011—2012学年第一学期	272	154	56.6

从表2-5还可以看出，在1999—2004年，女生人数出现了滑坡。这和当时小学高年级的女童流失现象有关。笔者早在2002年前往该村调研发现，2002年该校学生入学报名登记表中显示的在校生人数中，

女生总数为 99 人，与教育局所提供的数据（97 名女生）相差两人，女生占学校学生总数的 40% 以上，其中该校四、五、六这三个年级学生的人数合计为 30 人，仅占三个年级学生总数的 32.9%，也就是随着年级的升高，各级女生的比例呈下降趋势。以 1996 年入读一年级的学生为例，一年级（1996 年）时，全班共有女生 52 人，到三年级（1999 年），只剩下 35 人，减少了 32.7%，四年级至毕业期间，又有 80% 的女生流失，毕业时（2002 年）全班只剩下 7 名女生。只有 13.4% 的女生坚持读到了小学毕业，86.6% 的女生在六年间陆续流失。可以看出，三年级以后是女生流失最严重的时期。[①] 这种女童流失的状况在 2005 年开始出现转机，据潘国勇老师分析，学校里来了四个女教师，改变了甲左小学历史上一直没有女性正式教师的历史，这吸引了不少女生前来入学，"那一年（2005）我们这里有七八个女老师（含支教女老师，实际为五名女教师）。男老师只有三四个（实际为五名男教师）。那时候女老师多了女生也多了"。遗憾的是这些女教师都不是本地人，教了一年两年之后纷纷调离甲左。目前，甲左小学的本地教师中，仍然没有女教师。

1995 年之后女童教育在甲左村的总体趋势是状况不断改善，女童入学不再被家长视为一种无意义的教育投入。2006 年，女生数量首次超过男生；2012 年，全校 272 名学生中，女生有 154 名，占全体学生总数的比例为 56.6%。

（五）现状与未来

从 1966 年甲左小学在潘世锦老师的主持下开班招生到 2012 年我们前往该村调研之时，45 年间，这所学校发生了巨大变化。从当初的

---

① 以上数据主要根据2002年甲左小学提供的历届学生花名册统计。

一个教师、复式班级和流动教室到现在白墙黑瓦的校舍，10 名左右的教师和近 300 名学生，学校经过若干阶段的不断发展，成为一所真正的现代小学。2012 年，全校共有专任教师 11 人，其中支教教师 4 人，正式教师 7 人，其中本地教师 5 人，女教师 1 人。在教师学历方面，除了两位是中专学历之外，其余均为大专学历。学校开设了语文、数学、英语、品德与社会科学、民族常识、综合实践活动课、音乐、美术、体育等多种类的课程，与 20 年前只有语文、数学两门主课能够保证正常开设形成了鲜明对比。

表2-6　2012年甲左小学教师背景简况

教师编号	性别	民族	出生年份	地域	学历	编制	从教年份
1	男	水族	1959年	本地	高中	正式	1977年
2	男	水族	1964年	本地	高中	正式	1987年
3	男	水族	1979年	本地	大专	正式	1998年
4	男	水族	1979年	本地	大专	正式	1998年
5	男	水族	1979年	本地	大专	正式	1998年
6	男	布依族	1968年	外地	大专	正式	1988年
7	女	水族	1986年	外地	大专	正式	2011年
8	女	布依族	1966年	外地	大专	支教	1985年
9	女	布依族	1968年	外地	大专	支教	1988年
10	女	水族	1972年	外地	大专	支教	1992年
11	女	布依族	1974年	外地	大专	支教	1995年

2012 年，该校共举办有 6 个年级和学前班，在校生人数方面，学前班 33 人，一年级 51 人，二年级 47 人，三年级 45 人，四年级及 47 人，五年级 42 人，六年级 40 人。在校生总数为 272 人（不含学前班），其

中女生为118人。从潘世锦老师开班招生到2012年，甲左小学所培养的学生中，已有几十名获得大中专学历，其中有近40人在三都县各行政事业单位工作。他们中的大多数人接受了本研究的访谈，他们以各种方式在关注和参与甲左村寨的进一步发展。

学校办学更加规范，这可以从2012年学校发布的甲左小学简报中略见一斑。例如，2012年4月16日的简报就甲左小学召开学生家长座谈会一事进行了总结。该座谈会分五个议程，分别是学生致辞，教师和学生家长探讨学生营养餐、学生安全和卫生工作等事宜，学生代表发言，学生献歌以及最后的分班家长会。2012年3月28日发布的教育教学业务月工作简报，对一个月来的教师工作进行了回顾，提倡通过激发学生的学习兴趣来强化学生的学习意识。此外，还有单元目标追踪检测简报、学生清明节活动方案、教学活动组活动方案等各类电子文本文件。这些文件集中反映了学校办学和管理的制度化和规范化。单从这些文件所反映出来的信息与一般的小学没有任何区别，感觉不到这是一个位于少数民族西部农村偏远山区的小学。甲左小学地理位置的特殊性并没有阻碍学校空间从物质空间的抽离，以及现代空间通过教育机构的各种活动，实现了跨越空间的向少数民族农村地区的延伸。

当然，甲左小学在朝着国家标准的规范化办学努力的同时，也仍然存在着很多困难。例如，在教学方面，首先是语言障碍问题突出。甲左村作为一个水族村，学生的母语是水语，第二语言是地方方言，而学校的教学用语主要是普通话，学校墙体也印着“请说普通话，请写规范字”的标语，但这并不能改变学生日常用语以水语为主的状况。在这种情况下，非水族教师到甲左小学任教或者支教，就会在教学过程中遇到语言障碍。一位支教老师感慨道："遇到的困难就是语言不通，有些需要本地语言来加以解释的问题学生听不懂，特别是这里又是落后地区，很多的事物学生没有见过，所以很难理解。"而本地的水族教师，虽然和学生之间没有母语交流的困难，但是在教学中使用"三语"（水语、地方方言、普通话）教学的频繁转换，增加不少压力。一些老教师，像潘学联、潘学芳还不太能适应这种教学方式。而低年级学生在学习语文过程中，不时会出现"唱读"的现象，实际上也是学生和老师们对水语、汉语进行双语转换困难的一种体现。

其次是交通不便问题。甲左村自然环境条件比较恶劣，目前只有两条山路可以通往和江和水龙。尤其是通往和江的山路，如今已成为甲左村民外出的主要通道。但是这条路坑洼不平，晴天勉强可以通行小型车辆，到了雨天路面则变成了大小水坑和淤泥，无法通车，步行也甚为困难。交通不便对支教老师往返家庭与学校造成不便，也使得外地教师不愿安心到此任教，外地分配来的教师无一人能够留在甲左，本地的年轻教师也一心希望离开甲左。

其三，教学质量亟待提高。由于师资贫乏，优质师资无法引进以及教学仪器设备设施落后等原因，甲左小学的教学质量一直处于和江镇所有农村小学的末尾。拥有三百多名学生的这所小学，包括支教教师在内，只有 11 名教师，个别年份教师人数徘徊在八九名。教师承担的教学任务较重，还要分担学校的管理工作，例如学生的营养午餐、校园安全等。"教师时常周转于上级分配布置下来的其他工作，千头万绪，无力把教学质量提高。"（潘学联访谈）

其四，生源质量差。甲左的学生每天放学回家"有做不完的事，学生筋疲力尽，无以完成教师布置的家庭作业"（潘学联访谈）。承担过多的农活直接导致学生没有太多的课外时间完成家庭作业。而近几年兴起的打工热潮让 90% 以上的家长都有外出打工的计划，致使甲左村也出现了不少留守儿童，加上家长的文化水平就不高，家庭教育和监管的缺位现象严重，学生学习得不到家庭的有效支持。

这些问题的存在也引起了三都县教育局等上级相关部门的重视。在我们采访三都县教育局长王炳银的时候，王局长表示，像甲左小学这样的村小在三都县并不是少数，有些村小面临的困难和问题更为突出。因此，教育局正在考虑是否通过教育布局重新调整的措施来改进这一现状。涉及甲左小学，其工作设想是将小学四年级或者五年级以后的教育转移到和江镇中心校举办，让甲左小学只承担一到三年级学生的教育。这样，学生既可以在低年级不离开自己的家庭和熟悉的生活环境，学校也可以很好地发挥双语教育的作用，帮助孩子们实现从水语学习到汉语学习的过渡。到了高年级，则去和江中心校寄宿就读，共享和江中心校的优质教育资源，着重提高甲左学生的学习成绩和汉语言水平。

对于这个方案，甲左小学不是没有考虑过，还曾经为此召开过家长会，征求村民们的意见。甲左小学大部分年轻老师支持这个方案，因为对于他们而言，这等于是大大减轻了目前举办六年级六个班的教学负担，而年轻的本地教师也有机会借此调到和江中心校或者其他地方任教。不过，大多数受访村民对于这种安排并不赞成。潘国仕说：

上面的意图就是说甲左小学不办到六年级啦，办到一二三年级，剩下的四五六年级到和江去读。这点我有我的看法，因为甲左小学的学生四年级年纪小小的，生活都不会自理，你怎么到下面去读。到四年级到外面去读，学生太小了，不行的。群众有意见，可以说全部家长都有意见的。

家长不支持并校的理由是，第一，小学四年级的学生，年纪太小，去和江寄宿，生活自理能力差，加上寄宿过程中，缺乏家长的监管，如果老师再监管不力，小孩很容易放任自流，和江的生活比甲左丰富多彩，网吧等各种诱惑也多。这是家长最不放心的地方。第二，寄宿读书必然要增加家庭的额外开支费用，对于一些贫困的甲左家庭来说，显然是增加了经济负担。第三，和江和甲左存在着一定的文化差异，对年幼的甲左小孩的文化适应能力提出了要求，日常交流用语主要是水语的甲左小孩，到了和江上学，会不会遭受文化歧视和排挤，这种文化冲突会给小孩带来什么样的心理压力，也需要考虑。第四，关于优质教育资源共享问题，也有家长认为，如果舍得把小孩送到和江去读书，那还不如干脆一步到位，直接送到县城去享有更为优质的教育资源。不过，这只能代表一小部分有一定经济实力或者社会关系的家庭的想法。

对于家长们的上述反应，潘国期的一番话颇具代表性，他说：

我不赞同。为什么呢，甲左这一块，它情况不同，甲左是水族地区，他是说水话的，当然也会说点汉话，到和江去，和江是说（汉语）方言，去了就有适应的过程。因此（老人）也有这个担心，怕（小孩）说水话被人欺负了，这是一个。另一个是小，自理确实是个问题，是真的，也有这个原因。甲左虽然环境差，但小孩毕竟在大人的身边，到学校呢，学校属于集体管理，靠小孩的自理，封闭式学校培养孩子也可以。

甲左有个好的方面，小孩放学以后，还可以在家做做作业，做点家务，但小孩在（和江）这个地方，他玩的机会就更多了，玩的地方也多了，上网啊，到街上逛啊。老人不放心是客观存在的。如果在甲左读完了六年级，他就大了，懂事了。包括我在内，我是经历过来的人。我在读初中的时候，我就意识到了，我不能贪玩，玩对我不利。但当我在小学的时候，我为什么想跟他们去玩狮子队（指他自己有段时间想辍学去学习舞狮子）啊？所以老人担心是有原因的，就是怕（小孩）贪玩。所以我刚才也说他们新生代的（甲左）人，他们也在思考以后他们的孩子怎么办，去哪里读书，以后这个学校办不办了。如果送去和江，我不如送去三都（县城），我愿意送去其他地方。说实在的，如果要并甲左的四年级到和江去，那甲左的学生也不会全部到和江，肯定会到处找地方读书。

总之，未来的甲左小学何去何从，如何发展，仍然是一个待解的问题。

五、学校与村寨变迁

我们通过村民们的口述史，对甲左小学的发展历史进行全面梳理，将它的发展轨迹划分为四个阶段：学校出现阶段、起步阶段、逐步稳定阶段和全面走向规范化阶段。不难看出，学校的发展是紧紧扎根于村寨的，特别在前三个阶段的发展离不开村民集体和本地教师的支持与奉献。那么，扎根于村寨的学校，和村寨之间究竟存在着什么样的互动关系呢？学校是如何影响并参与甲左村的社会变迁呢？这是我们在梳理甲左小学发展史过程中希望找到的答案。

（一）“没文化吃亏”的故事

20世纪七八十年代，在甲左村曾经广为流传这么几则“故事”。这些故事有些是真人真事，有些情节的真实程度已不可考，故事主要围绕“没文化吃亏”而展开，内容大致可以分这么三类：不识字遭人陷害、不识字被借钱不还，不识字生产队记工分吃亏等。其中，最多人提及的是“记工分”事件。潘国儒说：

在我们家，几代人都没有文化。新中国成立的那个时候，那些有文化的去当大队小队的会计，那时候比较普遍。他们都比较自私，他们有饭吃，我们却没有粮食吃。我父亲呢，一天干活得多少工分，那时候他不懂，他就拿豆粒算，拿豆粒装在（竹）筒筒里面，最后倒出来算。（比如）一挑100斤还是150斤呢，他就放一颗豆进去。红豆作为零数，整数就是黄豆粒，就是这样计算，代替数字。还有就是（画）一杠一杠，现在我家墙壁都（还能看出来当时）画有一杠一杠的。是什么意思呢，就是说你挑粪啊，你挑多少就得多少工分，可怜他不懂计工分，他家头出一挑粪，十挑粪，一千斤粪，就是画杠杠（计数）。所以我父亲说文化重要，你有文化以后记工分啊，算什么账啊，摊什么粮啊，你才会知道。“你读书了我们家才好”，就是（父亲）这句话，我听了后寒心了，我说我去读书。

我们去潘国儒老师家访问的时候，他还特意领我们到他家的老房子看那些依稀可辨的他父亲当年画在门柱上的“杠杠”。看来当时的甲左村民因为看不懂生产队记工分而担心遭到不公正对待的事情是真实存在的。

潘学缝也提到父亲讲过记工分的事情：

老人吃饭啊摆（聊天）的时候就会说要读书，没文化呢以后就会吃亏啦。是这样的，就是说以前我们就是吃了文化的亏。当时是这样的，你干活啊，是要（记）工分的。那个一天是十分，那么挂工分的人呢，登记工分的人呢，你出工了，他给你只是登记八分，那你这样就吃亏了。我父亲没有读过书，正因为他没读书，他本人在记工分上，他是吃（过）亏的嘛。所以他知道文化的重要嘛，文化是相当重要的，是这样。

潘学超则从他母亲那里听到过对不懂文化记工分吃亏的忧虑。他说：

我父母他们是支持（我读书）的，他们从来没有读过书，他们也不懂，他们不知道（上学的事），就是谁能带（我）去读就（让我）去读，就这样。但是老人经过记工分的那个年代，他们觉得知识很重要，觉得还是要读书，不管学得多少。当时他们也讲一些，特别是我的母亲嘛，她跟我讲得比较多，一天干活下来，晚上就跟我讲，每天做得多少工分啦，人家记多少工分我们也不知道，总之还是劝我们读书。

来自不同家庭的“记工分”故事，共同反映了老一辈甲左人在当时特殊的经济体制下关于没文化导致的家庭利益受损的无奈和担忧，这种担忧成为家长极力支持子女上学的原始动机。

和记工分的历史记忆不同，潘学联有关“没文化吃亏”的家庭历史记忆更显沉重。他向我们讲述了这么一段故事：

我家公（爷爷）的名字叫作潘盛，“盛”，茂盛的“盛”。他不懂文化。一个有文化的人跟他借了300个银子（银圆）。……他（爷爷）是一个爱劳动的、勤劳的人，所以致富了，有一点钱。那个人借了（银圆）以后呢，写了一张借条，但是写的是我公借走了那个人（银圆）。后来（爷爷）找他要钱，他开始说字条上写的限期是三年。三年后再问他要，他说事实上没有（借钱）。四五年后，那个时间长了，我公就放弃找他，拿这个条子去找那个，当时有那个保长，拿条子给他看，他（保长）说：“诶，这不对啊，这是你借了他的钱嘛。”所以我公就跟他（借钱的人）打架，跟他打架，始终我公打不赢他。打不赢，还走了官司啊。反过来，还吃了官司进衙门啦。最后呢，全寨子上的人都跟我公说，以后有小娃一定送去学校读书。

借人钱反而被讹事件成为潘学联家蒙受的一桩冤案，给当时的家庭经济带来沉重打击，并深烙在潘学联的记忆中。没文化吃了哑巴亏，让潘学联家决定培养一个“懂文化”的人。于是，20世纪30年代国民政府在甲左兴办国民小学校的时候，潘学联父亲的大哥，也就是潘学联的大伯被送到这所学校跟读，新中国成立后又去独山县继续读书。由于当时独山县正赶上“土改”，大伯担心受到牵连，遂辍学回家务农。但潘家对于培养文化人的想法并未终止，尽管家境日渐贫困，父亲还是决定要全力支持家里的长子潘学联上学。潘学联记得大伯曾经叮嘱过他：“你还可以看书，（我们）这些人都不行，你一定要看书。我们公（爷爷）就是因为不识文化，吃了官司进了衙门，吃了亏。”

潘国儒在访谈中曾提到“我们下寨有一个例子，那些有文化的呢，明明你是借了我的钱，后来写那个条子变成了是我借了你的钱”一事，所指应该就是潘学联家的遭遇。这个故事版本在寨子还有其他变体，比如，在新中国成立前，文化人让不识字的村民送张字条到县衙门，上面写着“我志愿来这里当兵”，于是这个村民便被骗去当兵了；或者是某家买卖田地写田契的时候，田少写成田多，田多写成田少。它们所反映的仍然是同一个主题——没文化吃亏。

无论是记工分的各种故事版本，还是潘学联略显沉重的家族往事，以及“字条”故事的演绎，充分反映了不识字的村民在文化知识面前的被动和弱势处境以及由此产生的不平、无奈以及内心深处的不安全感。这些汉语言文字契约、记工分等“文化”形式，并非甲左村历经世代积淀下来的本土知识可以通过面对面的言传身授为村民所共享与熟知，它来自外面的“陌生人”世界，是脱域的、抽象化的知识。村民们在这种陌生的文化知识面前所产生的不安全感以及不信任，和甲左村当时处于从传统社会向现代社会转变初期阶段这一历史背景是分不开的。

在中国，传统的农村是一个远离国家政权体系的高度分散、相对独立的乡土社会。将这种离散、隔离的传统基层社会整合进国家体系成为现代国家建构的重要任务。特别是像甲左村这样的少数民族家族村寨，由同一姓氏——“潘姓”家族世居于此，族老是共同体的天然权威，支配村寨内部的治理，按照一套长期历史积淀而成的习俗惯例来管理村民的日常生活，人们之间因熟悉而建立信任，其社会之间的信用关系来自对行为规矩无须思索的可靠性[①]。与此同时，国家统治的正式权力一般只到县一级，县以下主要依靠社区内部依照各自的共同体逻辑进行权力自治。进入19世纪后期之后，中国向现代国家转型，逐渐开始了乡土社会的整合，主要形式是政权下乡，然而这种整合并不彻底。1949年新中国成立之后，政府着力从经济与社会基层变革入手实现根本性的整合。具体举措是首先推进土地改革运动，彻底推翻乡村内部旧的基于土地控制而构成的权力关系秩序，之后全面开展对农业的社会主义改造，建立“政社合一”的人民公社政权组织形式。在公社体制下，村民地位不再由亲缘和地缘关系决定，而是统一拥有了公社社员身份，生产由国家统一管理、统一分配，国家以公社、大队和小队三级科层组织将高度分散的农村乡土社会整合到现代国家的权力体系之中。[②]

随着建国之后现代国家治理体系对乡土社会政治的整合渗入，甲左村开始从传统社会向现代社会过渡。吉登斯发现，处于前现代社会向现代社会过渡的人们，一个必然发生的现象是本体性不安全感的产生以及与之相关的信任问题的出现。[③]他指出，在前现代社会，地域性的信任极为重要，体现在基于亲缘关系、地域关系、宗教宇宙观和传统基础上的各种信任，而在现代社会，在被脱域的抽象体系情景中建

① 费孝通：《乡土中国 生育制度》，第10页，北京，北京大学出版社，1998年。

② 徐勇：《政权下乡：现代国家对乡土社会的整合》，《贵州社会科学》，2007年第11期。

③ 安东尼·吉登斯：《现代性的后果》，第73—96页，南京，译林出版社，2011年。

立起来的信任关系取代了前现代社会旧有的信任关系，时空分离、脱域机制和制度性反思的现代性等三大动力机制将信任关系从传统的地域化情景中解脱了出来，和抽象体系产生了关联，个体需要通过与抽象体系以及专家系统建立的关系中获得个体存在的安全感，计算个体的利益得失，“没有人能够选择完全置身于包含在现代制度中的抽象体系之外”。[①]这意味着社会转型期个体安全感和信任的获得取决于他们和抽象体系以及专家知识之间所建立的关系。

那么，结合甲左村所流传的这些故事和家族回忆，可以看出，当现代专家系统知识（书面契约、工分记录）以及社会制度（政社合一、集体经营、按劳分配）进入甲左村之后，其作为现代性制度的抽象体系对于村民而言是陌生的，和乡土社会长期历史积淀中形成的无须言说而能娴熟于心的社会运行规则相去甚远。这种陌生感必然令村民在与该体系打交道的过程中产生疑惑，特别是当村民意识到以自身的乡土知识根本无法洞悉该抽象体系运行规则时。在这种情况之下，一旦执行或代理该抽象体系的专业人士出现了品行问题（在契约撰写中颠倒事实，不能公平地记录工分），遭受利益损失的村民个体便能感受到来自现代社会制度的风险，并产生不安全感和信任危机。当信任的建立出现了时间和空间的缺场，面对一个完全不能知晓的运行体系，重建信任的首要条件在于洞悉该体系的完整信息，这就要求掌握现代知识文化和技能。因此，出于现代性社会情景下个体社会存在的本体性安全需求和信任危机，村民产生了对“读书”、对培养出自己的“文化

① 安东尼·吉登斯：《现代性的后果》，第73页，南京，译林出版社，2011年。

人”的动机需求，他们意识到通过现代学校教育的手段可以学习那些与本土生活经验没有必然联系的抽象体系和专业知识，实现社会参与，最终获得个体和家庭利益的保障以及新的社会信任关系的建立。

曾经流行于甲左的“没文化吃亏”故事，反映了老一辈甲左人渴望并相信教育能够带来自身被动处境改变的观念。从访谈获得的数据看，当时这种教育观在村内得到了广泛的传播，影响了潘国儒、潘国仕等最初一批甲左学生的学习动机，也支撑了潘学联、潘国相、潘学超、潘学缝、潘学川等后一批甲左人的求学信念。这些故事进一步解释了当现代学校教育作为外来文化进入甲左村寨的最初几个发展阶段，为什么没有遭到村民的抵制和漠视，反而是村民主动参与办学并且多次举全村之力建设甲左小学。现代学校作为社会整合工具，对于闭塞偏远的少数民族村寨而言，是他们与抽象体系建立关联的重要途径，在当时的社会情况下通常也是唯一的途径。

（二）扎根于村寨的学校

20 世纪 60 年代之前，甲左村出现的各种兴教举动，虽然是受政府自上而下的政治整合举措的影响，但村寨对举办现代教育一直持欢迎态度，特别是潘世锦开班招生之前甲左小学以多种形式“出现”在村寨，旁证了甲左人当初对现代学校教育的积极性。从传统向现代社会转型初期的村民在适应现代性的过程中，因本体性安全需求驱动产生的质朴而本能的教育动机，恰好和现代学校肩负的促进乡土社会从传统向现代转型这一社会目标相一致。学校在村寨的确立，成为乡土社会现代性生成的重要组成部分[①]。

甲左小学进入起步和稳定阶段的近30年的历史时期，村寨支持学校的行动无处不在。从最初村民筹集粮食租借民房作为小学的流动校舍，到集体商定在二、三组聚居点附近拿出一块农田作为校址，组织村民上山砍树，参照吊脚楼样式盖了第一栋有四间教室的木房子，以及20世纪80年代前期另一栋木头房和石头房先后修建，等等，莫不是村民集体努力的成果。1995年甲左小学获得希望工程项目修建新教学楼，也是村里的男女老少集体修路以便运输建材的车辆可以直达村里[②]。当国家自上而下开展村一级的建校运动时，甲左村民们以自下而上的行动为现代学校扎根乡土创造了条件。

此外，20世纪70年代末几位外地派来的教师纷纷离开甲左小学之后，在长期没有外地教师愿意到这个山区学校任教的情况下，本地教师潘学联、潘国勇、潘国仕等人全面支撑了学校的正常运作。特别是潘学联等几位民办教师，在薪酬极低的情况下坚守教学岗位，并因此而承受了巨大的工作和生活压力。有长达20年的民办教师经历的潘学联说，民办教师阶段是他人生中最为痛苦的时期。这种痛苦一方面源自在家庭生产和教学工作之间的冲突，令他无法两头兼顾；另一方面是一个月几十元的民办教师工资基本不够养家糊口，导致家里的经济状况一日不如一日，最终成为全村有名的困难户。

民办教师，主要是指受聘于农村全日制普通中小学校，履行教师

---

① 王铭铭：《教育空间的现代性与民间观念——闽台三村初等教育的历史轨迹》，《社会学研究》，1999年第6期。

② 张加云：《爱心来自鹏城 希望播撒水乡——深圳援助三都水族自治县发展教育事业纪实》，《山区开发》，1999年第2期。

职责，但没有正式教师编制的教师，其典型特征是“不吃皇粮”，工资来源主要靠国家补助一部分，学校所在集体支付一部分。“文化大革命”期间，国家大力推进农村基础教育的普及，农村中小学校的数量和规模迅速膨胀，而师资大量匮乏，于是，一大批有初中或者高中文化水平的毕业生或者稍有文化的村民被吸收补充到教师队伍中。1977 年，我国小学民办教师总量到达历史顶峰，491 万人，占全国中小学教师总数的 52%[①]。他们没有受过正规的师范教育，学历水平相对较低，文化素质相对较差，但在特定历史时期，他们为促进农村基础教育的发展做出了巨大贡献。甲左小学如果没有民办教师的无私奉献，它在这个小山村估计很难生存并保持运转。尤其是在 20 世纪 80 年代，当仅有的两名公办教师经常被抽调去支援其他乡村小学之后，民办教师便是甲左小学唯一可靠的顶梁柱。

当然，现代教育空间嵌入村寨的过程也并非毫无摩擦，在访谈中，潘世锦提到个别组的村民为了不交大队摊派的教育费，当着他的面把收费字条吞到肚子里。此外，其他受访者提到甲左小学第一栋木房建成之后，晚上有村民来偷瓦；小学征地一事让学校教师和村民闹出了一些不愉快；个别村民路过学校时扔石头砸坏教室窗户玻璃的事情也曾发生。最近几年，村校矛盾集中在村民对甲左小学厕所臭味的抱怨以及在水源问题上的冲突。

总的来说，甲左小学在起步和稳定发展阶段中的诸多实例说明了这么一个事实：当国家力量还无法强有力、全方位地支持这所现代学校的运行和发展时，村寨自下而上的力量保护并培育了现代教育在甲

① 车丽娜、徐继存：《民办教师及其对乡村社会的影响》，《教育研究与实验》，2014年第5期。

左村的扎根和成长，学校在村寨的确立与最初的发展，是自上而下与自下而上的两种力量互动下的结果，而后者的作用在某些情况下甚至要大于前者。特殊的社会和自然条件，让甲左村民作为日常生活中的行动者，从一开始便有着积极改变村寨、改变自身的自觉的传统。

（三）学校现代空间的确立

甲左小学自出现的那一刻开始，这所现代学校本身和本土社会没有太多关联，老师是外来的，课本使用的是全国统一的汉语课本汉语拼音也因为着实和本土文化相距甚远而显得古怪，潘世锦老师在不甚明白的情况下只能“瞎编”教给学生。然而，甲左小学真正和本土社区拉开距离是在 20 世纪 90 年代中期进入正规化办学阶段之后，学校获得了越来越多的政府办学经费和资源配置支持，国家的色彩渐浓，来自上级教育主管部门的教育政策制度监督和管理力度逐步加强。于是，在学校内部，出现了本土力量不断弱化退出而现代性不断确立和强势的现象，学校和村寨之间的互动关系从当初学校对乡土力量的依托，逐步转变为相对割裂和远离。虽然自下而上的本土力量在困难时期全力支撑了学校的生存和扎根，但学校最终以规范化的打造与村寨乡土社会保持了适当的空间距离。

传统力量的后退，从水语和水服等文化元素在学校中的地位退缩可作管窥。甲左的水族村民把水语和水服视为现存体现本民族文化传统的最为主要的象征符号。在田野访谈中，我们问及有什么文化特征可以代表水族时，得到的答案里基本上都提到了水语和水服。水语方面，甲左小学在发展的起步和稳固阶段曾以水语为主要教学用语，它顺利帮助学生完成从母语生活环境向汉语言学习环境的逐步过渡。作为民族文化的象征，在学校里使用本民族语言，也有利于培养民族学生的文化自豪感和认同感①。然而，到了甲左小学后期发展阶段，学校办学日益规范和制度化，水语在学校中的地位不断式微。1998 年，从师范院校毕业的潘学军、潘学杰、潘学川等新生代本地教师来到学校之后，第一项新举措就是全面推行汉语教学，要求除了一二年级外，其他年级一律用汉语教学，并且明确反对潘学联等老教师基于水语发音方式而形成的沿用了多年的“唱读”教学法。这给潘学联、潘国仕等本地老教师的教学带来了很大的挑战，潘学联说：“受过去水族文化的影响，水族的文化它就是唱，就是跟唱歌一样，就是唱读。有时候老人要给小孩讲道理，有些地方也是唱着讲。唱读它是没有感情的，它表达不出（汉语）那个感情来呀，它对水话能表达出来，对汉文字表达不出来。以前（我）上学的时候也唱读。现在，坏的毛病改不了了，它形成了固定（的习惯）。……我说我读错了，希望同学们不要跟着我（唱读），我改变不了了。”潘学联把唱读视为“坏毛病”，并告诉同学们自己“错了”，暗示了水语以及相关的水语教学方式在学校中被日益边缘化的现状。

传统文化在学校中的退却反映在学生的水服穿着方面。甲左村民习惯称水服为长衣，称现代服装为短衣，原因是水服一般都长及膝盖。随着村寨的日益对外开放，从 20 世纪 80 年代开始，甲左穿传统服装的年轻人越来越少，特别是男性，我们在 2000 年后多次访问甲左，很少能看见青少年男性穿着水服长衣，倒是老人和部分中年妇女仍然保

① 滕星：《文化变迁与双语教育》，北京，教育科学出版社，2001年。

持穿水服的习惯。根据村民的解释，现在不穿水服原因有多种，例如水服加工工艺复杂，布料太厚重，夏天容易出汗，而现代服装便宜、时髦、款式多等。但如果从村民个体不穿水服的时间截点上看，很多男性开始不穿水服的时间往往是在上学阶段。潘学军的回答很有代表性，他说：

好像也是四年级过后，也就是我们到尧吕去（上小学五六年级）的时候就开始不穿了，在学校彻底不穿了，回家还穿。因为去那边（尧吕小学），就是环境的问题，那个地方穿的跟我们不一样。尧吕不是水族村，他们讲汉话，（我们）得跟他们一样的，所以尽量跟他们穿那种好的（现代衣服）出去，不穿那个土布了。回家的时候还穿（水服），特别是去坡上要柴的时候。因为那个布比较抵（结实）呀。而且去坝上赶场买的那些（现代）衣服要放好，去干活就不穿，如果你穿那个衣服去做活路了，那你去读书就不得穿了。

在当时的小学生潘学军看来，在学校，尤其是在汉族的学校里穿水族服装是一件不合时宜的事情，不利于他融入学校的文化群体之中，而且现代服装是“好的”衣服，要留着在学校穿，在家干农活的时候舍不得穿。潘学均在和江上初中住校的时候也有类似经历，他说，“好像是读初中吧就不穿（水服）了，初中吧。当时夏天就是一件衬衫，穿脏了，看到有太阳天，就赶快拿去洗，洗干了马上穿到身上到教室里面去。我们在家就是自己种的棉花自己织的布，拿给别人帮染，染好了就自己做衣服。当时我们全部是穿那种纯的土布衣服，我们穿的鞋裤子衣服全部是自己整，但是读到初中好像就不穿了”。

如果说尧吕、和江等地的学校对民族服装的排斥和它所处汉文化环境有关，那么随着时间的推移，我们发现，这种排斥现象慢慢也在甲左小学中出现。1997—2003 年在甲左小学上学的潘玉说，“我比较喜欢（水服），我希望那些（水族）文化啊礼仪啊能永远传承下去，我不希望改。可是以前（上小学的时候）我们在学校不能穿那些民族的衣服啊，以前也没有谁穿，自己一个人穿也太显眼了。因为读小学的时候，我妈就说你们读书了，在学校没有穿这种（水服）的”。显然，在潘玉这一代，甲左小学里穿水服已经变成一个“太显眼”的事实。而我们在甲左小学的调研中也发现，全校学生中偶尔能看到穿水服的也就是一两个女生。

水语和水服在甲左小学日渐边缘化的现象，说明传统文化在学校内部的生存空间日渐狭小。哪怕这是一所坐落于传统社区环境中的学校，学校与本土文化之间距离不断扩大的事实仍然无法避免，家长和村寨介入学校生活的能力越来越弱[①]。虽然不断有学者指出，教育作为上层建筑是国家向公民灌输主流文化意识形态，实现社会整合的工具，但是教育功能不止于此，它应当实现国家整合与个人生存、传统文化发展等多种教育目标的有机结合。然而在过去 50 多年所实施的教育恰恰是过于强调国家层面的整合目标，而忽视了来自乡土、家庭和个人层面的需求[②]。原因之一在于国家在设计、制定和实施教育政策时，未

① 李书磊：《村落中的“国家”——文化变迁中的乡村学校》，第13页，杭州，浙江人民出版社，1999年。

② 滕星、关凯：《民族教育：愿望与现实之间的差距》，《中国民族报》，2006年11月17日。

能针对个体间、民族间以及社会群体间的差异持“承认”的政治立场，未能给予不同文化背景的受教育者充分尊重，未能赋予他们积极的自我价值感和自我表达的机会。[①] 正是国家目标的侧重和“不承认”政治，导致了传统文化最终在现代学校空间内的不断削弱和退出现象。

与传统文化不断退缩的同时，是学校空间内脱域的现代性的不断确立。在少数民族农村地区，学校课程和隐形课程中传授超地方性知识是一个公认的事实。这些知识脱离了学生的日常生活，实现了与一个更为遥远的抽象社会的联结。潘学联校长讲了在这个没有电脑、没有互联网的村寨小学给学生讲解《我家踏上信息高速公路》一课时遇到的挑战。为了让学生理解什么是信息高速公路，潘学联只好用现实生活中他能想到的各种实物作为比喻，帮助学生在想象中理解什么是信息高速公路。他对学生说，从村寨去和江的路是山路，从和江到县城的路是简易公路，从县城到州政府所在地都匀市的是高速路。高速路车开得最快，最省时间，就好像信息高速路在传递信息上比一般的方式要快很多。他又拿打电话和写信作比较，“写信呢，要七八天才能到，现在呢，我们就打手机，嗯，就几秒钟就通了。我们写信，那是一般的公路。我们打手机，那就是高速公路”，他这么跟学生解释。

我们在以前的田野调查中看到一份乡镇统考的语文试卷，有这么一道题目：请从下面四个选项中选出一个和其他三个不同类的选项：①足球；②网球；③篮球；④皮球。很多学生选择了网球，原因是相对于其他三个选项，他们从来没见过也不知道网球是什么。学生在当地

---

① 郭世宝：《重观移民时代的世界全面教育：终身教育的全球挑战和机遇》，《比较教育研究》，2016年第6期。

社区生活中无法获得足够经验来理解现代教育所传播的超地方知识，潘学联等教师在讲课时困难重重。本地教师在20世纪80年代还可以借助本民族语言辅助教学，根据地方生产和传统文化习俗的需要让教学活动尽量适应本土化需求，现在，随着甲左小学的日益正规化，这些已被归类为"违反制度"而被禁止或不提倡。

一项针对城乡学生时空观的研究发现，现代学校通过各种制度设计，以现代的"钟表时间意识"与"抽象化空间意识"的植入，来替代乡土的"生物时间意识"与"情境化空间意识"，实现了学生从具象的乡土时空观到抽象的现代时空观的转变[①]。研究者在甲左小学也观察到了类似现象。甲左小学的上课和作息时间在历史发展的不同阶段经历了从乡土性到现代性的变化过程。在前期办学阶段，学校的时间管理制度充满了弹性，例如有：半天上课，半天休息；上午两节课，下午三节课；上午三节课，下午两节课；上下午都三节课；等等。"时间不固定，下雨、赶场等就不上课了"（潘学凯访谈），"过端就停课再补上……有时候上半天课，特别是农忙季节"（潘学恒访谈），"春季上课时间长一点，冬季上课时间短一点"（潘学联访谈）。上下课的具体时间也不固定，学生到早了就早上课，遇到农忙就先忙完田里的活，把上课时间往后推迟等情况也时有发生。这个阶段的时间制度基本上是钟表时间和乡土的"生物时间"相结合，根据民族节日、农村生活、农时安排和季节变化而富有弹性。在学校进入正规化办学阶段之后，时间开始严格按照国家统一标准实行。每天上午从八点的早读开始，

① 高水红：《乡村学校教育变迁与时空意识的变革》，《北京大学教育评论》，2012年第4期。

上三节课并做一次课间操，下午从两点开始，上三节课（见表 2–7）。时间单位被精确到分钟。周一到周五每个时间段内的活动内容都已预先确定，按照每个学期开学制定的总时间计划进度加以严格执行。学校空间内的时间运行完全实行了脱域，并且和一定的规训惩戒制度紧紧联系在一起，以便学生和教师可以更好地遵守该时间管理制度下建立起来的教学秩序。例如，迟到的学生要罚站，教师上课出勤率和绩效工资的分配挂钩等。

表2–7　甲左小学学期课程总表

星期／内容		星期一							星期二							星期三							星期四							星期五						
		学	一	二	三	四	五	六	学	一	二	三	四	五	六	学	一	二	三	四	五	六	学	一	二	三	四	五	六	学	一	二	三	四	五	六
上午	早读	健康	数学	语文	语文	数学	数学	数学	数学	语文	数学	语文	语文	语文	语文	语言	语文	语文	数学	数学	数学	数学	数学	数学	数学	语文	语文	语文	语文	语文	语文	语文	数学	语文	语文	语文
	1	健康	数学	语文	语文	数学	数学	数学	数学	语文	数学	语文	语文	语文	语文	语文	语文	语文	数学	数学	数学	数学	数学	数学	数学	语文	语文	语文	语文	语言	语文	语文	数学	语文	语文	语文
	早操	9：15—9：25																																		
	2	数学	语文	语文	数学	语文	语文	语文	拼音	数学	数学	语文	语文	英语	数学	数学	语文	语文	数学	数学	语文	语文	拼音	数学	数学	语文	语文	语文	语文	健康	语文	语文	语文	语文	数学	数学
	3		语文	数学	品社	科学	语文	语文		数学	语文	数学	数学	数学	数学		数学	数学	语文	语文	语文	语文		语文	语文	数学	数学	数学	数学		数学	数学	语文	数学	数学	科学
中午休息11：10—13：50																																				
下午	4	拼音	美术	品生	英语	音乐	美术	科学	美术	语文	品生	品社	科学	美术	音乐	语言	音乐	语文	科学	品社	品社	美术	健康	音乐	品生	科学	体育	科学	品社	美术	体育	体育	美术	英语	品社	美术
	5	美术	体育	音乐	音乐	品社	英语	体育	语言	品生	体育	美术	体育	音乐	英语	拼音	品生	音乐	音乐	英语	科学	品社	拼音	实践	体育	英语	音乐	实践	体育	语言	品生	实践	体育	美术	民常	音乐
	6		班会	班会	实践	实践	体育	民常		美术	美术	班会	班会	体育	实践		民常	民常	体育	美术	班会	班会		体育	美术	民常	民常	音乐	写字		劳技	劳技	劳技	劳技	劳技	劳技

在“生物时间”让位于“钟表时间”的同时，“情境化空间”也进一步让位于“抽象空间”。1995 年现代新教学楼修建、2004—2005 年

学校围墙和学校厕所修建，都将学校作为一个抽象的空间与情景化的乡土社会空间进行了区隔。在校园内部，学生和教师的言行举止需要准守一定的规范，师生关系、教师关系也都有既有的规则需要遵循，学生进入教师办公室需要敲门、教师不能在办公室或者教室抽烟。那些在周末回城里居住、周一至周五在学校上班的支教老师的空间流动性，也进一步让学校教育脱离于乡土情境，处于无根的抽象化空间中[①]。就学校的空间特性而言，当研究者身处甲左小学时，已经很难将这所民族村寨小学与其他农村小学进行区分，一旦隐去其地理位置坐标，这所小学的时空特色与其他小学无异。

从更为广泛的空间视野看，发生在甲左小学的传统文化退缩和现代性确立现象和村寨从传统走向现代的总体趋势是顺应的，和外部世界的现代化变迁也是一致的，因此，这种现象虽然引起了本民族精英人士的警惕和持文化多样性立场的学者们的批判，但在现实情景中，并没有引发村民内部太多的反对声音。现代初等教育作为年轻一代必然的社会化方式，已经内化到村民的观念和日常生活实践中。村寨现代性形成的表现之一，正是在于现代学校已经被村民理所当然地视为村寨的一部分。因此，当最近几年教育局有意整合优质教育资源，调整学校布局，提出将甲左小学四到六年级合并到和江中心校的提议，遭到了村民的强烈反对。

不过，学校作为现代性确立的重要组成部分，对村寨现代性的孕育作用远不止于在学校内部对传统文化和本土力量的逐步排斥。特别

---

① 高水红：《乡村学校教育变迁与时空意识的变革》，《北京大学教育评论》，2012年第4期。

是像甲左小学这样设立在民族村寨里的现代小学，是国家推动传统社区实现现代性变迁的重要工具：学校一方面扎根于面对面社区共同体的社会生活，成为村寨社会再生产和文化传承的正式场合，另一方面又以传播超地方的普遍性知识，促使社会化中的主体分离于传统社会的地方性知识体系之外，进一步生成具有现代性自我的个体等手段，实现了更为彻底的村寨与现代社会的空间联结，以及与现代社会抽象体系的整体结合[①]。只是，扎根于乡土空间的现代学校的这种现代性培育过程具有其独特性和复杂性，需要研究者在具体的社会情境下加以分析和理解。我们将在后面章节中对这一过程进行更为具体的阐述。

结束语

从官方史提到1936年或1939年甲左小学初建校，到口述史中1966年潘世锦老师开班招生，再到今天，甲左小学经历了半个多世纪的曲折发展，它的历史是中国众多民族村寨现代初等教育发展道路的一个缩影，其总体发展路径是学校教育从乡村集体力量的支撑让渡到乡村集体和国家力量合作，再转变为国家力量的全力举办。尤其是进入21世纪后甲左小学的一系列举措，喻示着教育空间的地方色彩减淡，国家色彩增浓。从另一方面来看，这种变化趋势和甲左村从传统向现代的社会进程是相呼应的，学校作为村寨现代性的组成部分，体现了这种变迁，也促进了这种变迁。

---

① 王铭铭：《教育空间的现代性与民间观念——闽台三村初等教育的历史轨迹》，《社会学研究》，1999年第6期。

在这个变迁过程中，自下而上的草根力量的行动积极支持并促进了现代初等学校在村寨内部的扎根和发展。甲左老一辈的村民不仅认可和接纳了现代学校这一外来事物，而且希望学校教育能够帮助他们摆脱“没文化吃亏”的被动处境。处于从传统社会向现代社会的过渡初期阶段的村民，以行动者的自发自觉，共同支持了甲左小学作为现代教育空间在村寨内部的嵌入与发展。学校成为国家自上而下的力量延伸，也是甲左人自下而上的主动选择，作为两种力量交互作用的结果，它体现了甲左人在社会转型的冲击下，对于改变自身状况的积极性和主动性。

学校作为现代性空间不能作为脱离于特定社会背景的制度来加以研究，学校不仅是教育的场所，也是村民积极参与意义建构的政治性场所[①]。学校作为现代化和地方化的连接点，即需要扎根于地方，又不能完全同化于地方，即抽离于地方，又不能完全离开与地方的合作与共存。在微观社会生活层面的这种学校和村寨之间的合作、抽离和整合的复杂性并非是宏观理论可以全面解释的。在后面的两个章节中，我们将通过甲左村受教育者中的一个典型个体的生活史和受教育者群体共同的社会生活实践这两个视角来进一步探索村寨变迁的路径，尝试通过这些行动者在日常生活中的实践来分析村寨变迁，以期呈现一个更为丰富的教育与社会变迁的行动者视角。

---

① 王铭铭：《教育空间的现代性与民间观念——闽台三村初等教育的历史轨迹》，《社会学研究》，1999年第6期。

第三章　村寨教师身份认同建构——潘学联生活史

在第二章中，我们描述了村寨现代教育的发展历程，并以甲左小学在村寨的扎根、依存和抽离的互动关系分析了现代学校推动村寨从传统走向现代的方式。本章对论述做进一步的延伸。我们将聚焦于村民中一位特殊的人物——在甲左小学任教30多年，从民办教师起步，后转为公办教师并担任了校长的潘学联。本章以他的生活史为分析焦点，探索受学校教育现代性塑造的个体，如何在生命历程中，通过自我认同和社会身份的不断建构，在变迁的社会环境中实现了对命运的把握和对社会制约的超越，最终实现了自我的价值追求和对社会的弹性适应。

在《现代性与自我认同》一书中，吉登斯论证了现代性和个体之间的关系，提出，现代性渗透到了个体生活，与个体生活和自我产生形成一种直接的交织。在这种交织中，个体努力在新的社会现实下进行生命历程规划，追求自我实现和自我把握以超越制度制约，对抗外来的制度和风险压力，这些行为又为现代性延伸进入个体生活提供了空间，呈现了在现代社会个体和社会变迁之间的相生相克的复杂关系。[①]然而，这种所谓的“相生相克”的复杂关系，需要通过个体日常生活中的各种行动加以分析，例如，行动者举手投足的背后所隐藏的世界观和具体思想，他们运用的解释能力，在某一情景解决某一问题时惯常的思想和行为反应[②]，以及他们在重大生命时刻的选择和表现等。因此，生活史是进行这种分析的必要而合适的研究方法。

生活史研究，又称生命历程研究，提倡将研究对象放在“一定时空中的生活”（lives in time and space）来进行解读和观察，对生命历程中所发生的重大事件及其发生时间和次序进行分析，去思考这些重大事件有着什么样的社会结构意义，对研究对象的生活和命运产生了什么样的作用，以此洞见社会历史、宏观的结构和社会关系是如何完成空间的转换，进入到私人生活并产生制约和控制。反过来，生活史研究同样也要求关注生活中普通个体的具体经历、行动和抉择，探求这些个体如何通过能动性（agency）[③]的发挥，积极与变迁的社会、制度和文化进行互动，积极参与社会的变革[④]。

---

① 王铭铭：《安东尼·吉登斯现代社会论丛译序》，安东尼·吉登斯著，李康、李猛译：《社会的构成》，第15—19页，北京，生活·读书·新知三联书店，1998年。

② 玛丽·杜里–柏拉(M.Dubar–Bellat)、阿涅斯·冯·让丹(A.Van Zanten)：《学校社会学》，第80页，上海，华东师范大学出版社，2001年。

③ 该词在中文里又被译为行动作用、能动者以及主体等多种形式。

④ 李强、邓建伟、晓筝：《社会变迁与个人发展：生命历程研究的范式与方法》，《社会学研究》，1999年第6期。

本章先简要介绍潘学联的人生轨迹，然后以“身份建构”为主题，探讨人生最初阶段的学校教育如何塑造了潘学联对身份认同的价值选择，这种自我的身份认同追求又如何在他的民办教师阶段经历了与社会环境的制约与磨合，最终实现教师身份的确立。本章最后围绕潘学联的生活史，透视身份建构背后所蕴藏的学校以及教育的知识政治和文化立场，讨论了教育在形塑个体认同的同时，如何赋予个体另一种力量，通过身份的反建构来挑战教育制度，以具有能动性的知识人身份参与了对文化、对教育、对社会的再建构。

一、潘学联生活史

2012 年 6 月的一个清晨，潘学联像往常一样，从家里出发，沿着那条再熟悉不过的山间小路步行到甲左小学。这条山路陪伴了他三十多年的执教生涯，而他的人生也如同脚下的这条山路一样，坑坑洼洼、起伏不平，其中的酸甜苦辣令他在回忆起往事时常常陷入沉思，心绪难平。

在所有的采访对象中，潘学联令人印象深刻。他年近 60。考察甲左的教育，他是一个不可忽略的重要人物。他是最早一批在甲左小学接受了启蒙教育的学生，又是当时村内少有的能够完成高中学业的高才生。他 18 岁到甲左小学任教，有 18 年的民办教师生涯，后又担任 18 年的甲左小学校长。他亲历了甲左小学的发展，也亲历了近几十年村寨的变迁。他的生命历程和甲左小学、和村寨紧紧联系在一起，而教育是其中贯穿始末的主题元素。

（一）求学生涯

潘学联于1959年出生于甲左的一户普通人家，是家中的长子，有三个妹妹和一个弟弟。1966年，潘世锦到甲左小学开学招生，吸引了第一批的本地学生，七岁的潘学联便是其中之一。他于1966—1968年在甲左小学完成了一年级和二年级的学习。

1966年正是“文革”第一年，甲左虽然地处偏远地区，但特殊的时代仍然对潘学联的求学产生了各种影响。小学一、二年级的学生生活，潘学联脑海里印象最深刻的是学习毛主席语录。

甲左虽然位置偏僻，交通不便，但这并未阻碍政治触角的渗入。对于潘学联而言，从他进入学校的第一天开始，他的人生实际上便开始和一个更为广阔的外部世界发生了种种关联。

由于甲左小学只开设一至二年级，小学三年级的时候，潘学联和其他七位同学不得不去三合镇的牛场小学上学。牛场小学距离甲左的直线距离是七公里，但中间隔着层层叠叠的高山，路途遥远，为此，潘学联和他的同村伙伴们在学校寄宿。牛场小学上到五年级上学期后，潘学联又转学去尧吕小学上完小学最后一个学期。原本八个同村小伙伴，只剩下了他和潘国相。

在牛场小学，潘学联遇到了一位叫贾三都的老师。这位老师给潘学联带来了人生中第一次的“异文化冲击”。

贾老师穿的水胶鞋啊，那个水胶鞋我们从来没看见过。下雨天他能不湿（脚），我们感觉很奇怪。我们就问我们贾老师。贾老师说这个是防水的，水透不进来。我们感觉很奇怪，天下还有这种鞋啊，真是太好了。很羡慕啊！

由于牛场小学的学生全部都是水族，日常沟通交流以水话为主，因此，潘学联没有遭遇到太大的文化适应困难，“生活还比较适应”，“开始（学习）环境各方面都不适应，半个学期后，我们可以说是上等生了”。

如果说，贾三都老师的水胶鞋勾起了孩子们对外来新鲜事物的好奇，这种心理体验是轻松愉快的，并不引发心理危机或行为适应困难，但转学到尧吕小学之后，情况发生了变化。尧吕小学的学生和老师中汉族占主要比例，像潘学联这样从大山深处水族村寨里出来寄宿读书的学生，一个班级也就七八个。潘学联第一次深刻体验到了自己和汉族学生之间的明显不同，这种差异包括语言障碍，生活习惯不同以及经济条件上的悬殊。

开始接触汉族的时候，老师上课我们根本(听)不懂。从书上他念的，我们不懂。他讲口语话[①]，我们就更不懂了。……生活上，一般汉族（学生）生活上比较好。我们去（尧吕小学）那边，人家吃饭，早饭晚饭，生活没有问题。而我们呢，生活比较贫穷，我们带红薯，还有玉米，吃辣椒。如果他们（汉族同学）熟悉我们，他会叫我们去他们家吃饭，比我们吃得好得多。我们感到内心不自然。过一年以后，我们回家，人家（汉族同学）也想跟我们来家玩。我们都很内疚，回避他们。因为我们都很贫穷。稍微长大了以后，也仍然挺害羞。……语言不一样，穿着、服装也不一样。那时候也没有开始穿（汉族服装），还在穿妈妈

① 当地的汉语方言，和贵州普通话比较接近。

缝的那些（水族）便衣，跟我们同读书的（同学）根本不一样。觉得很别扭，别扭得很。感觉人家为什么都穿的是这个。

文化劣势的处境，让潘学联在压抑、封闭中度过了在尧吕的半个学期，在他升学到和江中学读初中后，这种因差异而产生的自卑心理仍然存在，造成了日后偏于内向的性格。不过，弱势的处境似乎也给他提供了学习动力，因为无论是尧吕小学还是和江中学，潘学联都清楚地看到，成绩好的学生才能获得老师的关注和同学的尊重，改变劣势处境，唯一的出路是努力读书，成为班上成绩最好的学生。

1971 年，潘学联小学毕业，进入和江中学就读初中和高中。在 1971 年的政治环境下，一个农村学生的政治身份和家庭社会背景显然比学习成绩更能决定他是否能顺利升学。于是，在开学前的某个下午，潘学联拿着一张政审表格，从家里出发，走路去牛场找管事的人在表格上盖公章。没想到负责盖章的公社干部携带公章外出开会去了。于是，12 岁的潘学联一不做二不休，决定先不回家，去开会的地方找到这个拿着公章的人，“我从晚上走到天亮才到土安，走了一个晚上。（因为）那个带公章的那个人到土安去开会了，哈哈。……那次要公章，（我）走了一晚上的路。第二天我回来的时候，我在路边，当时不是有很多那个木头，枕木上睡了一个小时才（有力气）继续走的”。

他说，在小时候的求学生涯里，“我最难忘那次（盖公章）”。是什么原因令他有如此执着的求学念头？这和上一章提到的潘学联爷爷借人钱反被讹的事件有关。因没文化而吃了哑巴亏，让潘家决定培养一个“懂文化”的人。这种培养文化人的决心被贯彻到了父亲对潘学联的培养上，他成为当时全村唯一的两名小学毕业后可以继续读中学的小孩。

潘学联的中学生活异常节俭，学习也异常努力。当然，艰苦的学习生活也不乏一些苦中作乐的小插曲。例如，蕨粑[①]换大米的趣事：

我们到下面（和江中学）呢就是这样，经常一碗大麦稀饭就吃了。我印象最深的是我到和江中学读书的时候我妈妈做蕨粑，用这种蕨粑送我去和江中学读书。当时这个充粮食糊口还是够的。那个秦水清（同学）是（家）在坝子上的。他说“诶，这个是什么东西啊”，他拿一斤米来找我要（蕨粑）。我很高兴，我说，“这个是最不好吃的嘛”。他说“那我也要”。我不送他，从内心觉得这样对不起他。他说“我要”，他拿来几斤米，最后我才要他一斤米。现在他在教育局上班，他时不时遇上我一次，一提到这件事，我们都捧腹大笑。

就在潘学联上初三第一学期时，父亲去世，作为家里的长子，他辍学半年，在家务农，帮助母亲照顾年幼的弟弟妹妹，陪伴母亲一同应对父亲去世之后的艰难局面，但求学的念头并未就此打消。半年之后，潘学联又回到了和江中学，并顺利考上高中。

父亲去世，弟弟妹妹年龄尚小，家里缺乏劳动力，潘学联的母亲不再支持儿子上学。对这个经常周末不回家帮助务农的儿子，她总是不停埋怨：“（你）要来家，你在学校干啥，星期六星期天你在学校干

---

① 蕨粑是一种蕨类植物的富含淀粉的根茎捣碎制成的食物，当地人称之为蕨粑。这种蕨类植物通常生长在海拔1000多米以上的高山林地。在粮食匮乏的年代，是甲左村寨充饥果腹的主要食物来源。

啥？”母亲只有一个简单的想法——急迫地希望儿子可以回家帮她减轻繁重的劳动负担。对于儿子的未来出路之类她并没有太多别的想法。这也为潘学联日后家庭矛盾的出现和激化埋下了根源。

接受了学校教育熏陶之后的潘学联，对外部的世界有了更多的了解，对那种与甲左村截然不同的生活方式也产生了向往，他对自己的未来的想法和母亲完全不一样，衷心希望自己能够通过读书获得与父辈既然不同的人生道路。“知识可以改变命运，当时我坚信这个信念。”“有文化出去了，这样可以改变我们贫穷的命运啦，（当时）我就这样想啦。”他说。

1977年国家恢复高考，潘学联正好高中毕业。立志高远的他，在考大专和考中专的抉择中，并没有像同村的潘国相那样选择比较容易考的中专，而毅然决定报考大专。他觉得自己成绩不错，可以拼搏一下。全班的七十多位同学中，只有三位同学报考大专，对于自己的这种冒险行为，潘学联决定瞒着所有人，包括自己的母亲，“我一个人自己悄悄去报名，为了自己的理想，当时我有一股冲天的志气啊”。凭着这种“冲天的志气”，他勤奋苦读，“特别是夜深人静的时候，他们睡觉了，我常常到路灯下看书嘛。我们中学有一个过道，那个厕所的过道，有个灯。我常常在灯下看书啊”，“我来家要米的时候也带着资料，背着我妈妈，跑去那个山洞（看书）。我带着政治书去，然后到山上去背，不让我妈妈她知道嘛”。

据统计，1977年全国参加高考的考生有573.1万人，27.3万人被录取，录取率为4.8%[①]，竞争极为激烈。遗憾的是，潘学联在这场竞争中败落。高考失败给潘学联带来了难以想象的打击。一方面，那些最终得知他贸然去考大专的人不断讥笑他“想吃天鹅肉”，另一方面，家境也决定了他不可能再有第二次参加高考的机会，他的人生计划宣告失败，用他的话说，“理想突然变成了泡影”。

回忆起当年高考失利的经历，潘学联至今仍然非常感慨：

考试失败以后我特别痛苦，特别内疚。……我睡了一天一夜，然后一两天都不想吃饭。自己想得特别多，想这样，想那样——你看考不取啦，不得读书了等一些气话，想前想后，很自责，反思自己找不到方法复习，不从过去就抓紧（打好）基础，开始读高中时为什么不抓紧，现在还有什么用啊——总之很痛苦。……我有一两个月都不跟他们在一起吃饭。认识的人，都不敢跟他们交流，也不露面，天天在家，劳动，要（砍）柴啊。到山上要（砍）柴就坐到那里，想啊，痛苦啊，也流过一些眼泪，就这样。

高考失败似乎成为他不可原谅自己的败笔，每每在人生遭遇挫折的时候，他也总会习惯性地认为，如果那次考试顺利考上，自己就不会陷于当下的困境。高考失利是他人生中的重要转折点，让他走上了一条自己不曾设想过的道路，因此他称之为“人生中最大的一件事情”。

---

① 张亚群：《人才选拔制度的历史转折——高考恢复30年省思》，《东南学术》，2007年第4期。

即便高考失败，多年的学校教育经历，超地方知识的传授和抽离面对面社区的社会化方式在潘学联身上则是成效显著的，从他对“知识改变命运”信念的形成，到毅然选择参加高考的行动，再到高考失利之后对自己的深刻反思、总结和审视，都鲜明体现了这个高中毕业的年轻人，和包括他母亲在内的那些生活于甲左的老人们，已经有了本质的区别，一个现代性的自我在潘学联的内心萌芽并成长。

（二）民办教师生涯

高考失利后的潘学联回到甲左村，作为村里绝无仅有的高中毕业生，顺利成为甲左小学的一名民办教师，从此开始了在甲左小学 30 多年的教师生涯。他将自己的执教生涯分为三个阶段：最初心思未定的迷茫阶段、民办教师的冲突阶段以及公办教师和校长的安定阶段。

1. 心思未定的迷茫阶段

1977 年的甲左小学，师资非常缺乏，潘学联被安排教一年级的数学和三年级的语文，工资是每个月 4—5 元。刚刚离开校园的他，尽管对学校、课堂和教学并不陌生，但面对的难题是如何完成从中学生到小学教师的角色转变，以及如何给一群小学生上课。在迷茫中，潘学联只好用想当然的方式进行教学。好在当时全国教育百废待兴，偏于一隅的甲左小学，对于教学质量和任课教师没有太多要求。

影响潘学联教学状态的另一个原因是，在甲左小学教书的最初几年，他仍然未能摆脱高考失败所带来的阴影和不甘，他的心不在学校里。即便家庭条件不允许他再次去考大学，他仍然觉得自己至少应该去参加个招干考试什么的，去当个村干部，用这种变通的途径实现未能完

成的心愿。很快,这种心思被同村好友潘学文[①]知道了。潘学联回忆起当年潘学文对他的开导:

他(潘学文)说(高考没考上)这是正常的,不要痛苦。你当教师也可以领工资嘛,同时(家里的)劳动也过得去,他这样开导我。……这个教师你还是坚持下来。做一行干一行,你还是坚持民办教师,他说。如果你朝三暮四,你当民办教师,还去考干部,如果考不得,回来人家还要笑,你还要受到打击。你就坚持下来,做一行,专一行。等其他机会再参加。我认为有道理,就坚持下来了。

在潘学文的安慰和鼓励下,潘学联逐渐放弃了参加考试的念头,加上当时家庭条件确实困难,他"慢慢地把心放在教育上","落心在教育事业上了"。

20世纪80年代初期,政府号召各地全日制农村小学举办农民夜校,学校老师利用晚上的时间为农民传授一些基本的文化和科技知识。甲左小学也派老师到尧吕中心校学习如何办夜校。潘学联第一次坐在教室里观摩其他老师上课,这给了他很大的启发,他终于知道,"原来课是可以这么上的"。回到学校后,潘学联模仿这门课的做法,在讲课中有意识地增加学生们的参与,加入自己对课本内容的进一步解读等,一个毫无经验的年轻人就这样慢慢摸索着提高自己的教学水平和教学能力。

---

① 潘学文最后考上了中师,毕业后当了老师。

2. 民办教师的冲突阶段

到甲左小学任教的第二年，潘学联和外村的一个水族姑娘结婚了。婚后第二年，第一个小孩出生。1983 年，三口之家从大家庭分家自立门户，小家庭的农活和家务便全部落在了他和妻子身上。虽然分了家，但年老的母亲仍然需要潘学联照顾。潘学联肩上的担子越来越重，生活压力逐渐增加，各方面的矛盾冲突也开始展现。

尤其是到了 20 世纪 80 年代中后期，随着甲左小学的发展，教学工作需要有更多的时间和精力投入。工作需求和家庭需求之间的矛盾冲突日渐激烈：

从我内心讲，既然我们已经上了这条船，人家的班级成绩搞上去，我的班，我所教的学生，如果你不抓，不是贻误子弟吗？你抓了以后，那个家庭要怎么顾及啊？为了顾及两头，我经常就半夜起来备课。农忙的时候，我就半夜备课。不是农忙的时候，下课我就在（学校）这里批改作业。农忙时候的作业批改，我有一个布袋，我装那个（作业）。经常带学生的作业回家里边（批改）。

家人，特别是妻子和母亲，对潘学联身为民办教师的这份职业极不满意。一个月三四十元的民办教师工资，在当时基本不够用来养家糊口，潘学联又因为教书疏忽了自家的农活，家里经济条件日渐恶化：

那几年我经常讲谎话，我跟我家人说我现在的学校还有很多事情，我要在学校，晚上我才来到家。家里边的田地，今天我种不了，你（家人）种了多少就多少，经常这样。家里边生活就逐步逐步地困难了。困难以后咧，跟家人就（有）矛盾了。一（有）矛盾了，年复一年，三年、四年。跟家庭吵了一大架，来到学校呢，就是脸在笑，心在痛。你说你想不做这个（教师）工作啦，但是已经做到这个地步了。这个已经做到这个地步了。你想做，家里生活确实困难。我穿的裤子啊，（当时）还是补疤裤啊，哦，这些都是补丁，带补丁的。他们都笑我，寨子上有的人在笑我，这个教书匠不行哦，还穿着补疤裤。

潘学联形容那段时间“令人不堪回首”、“有苦难言”、“最大的痛苦”，他对自己的生活处境“一忍再忍”，对民办教师这份收入菲薄的工作“一直在坚持”。他和家人的矛盾不断升级，最后引发了“烧书事件”：

当时（因为）我看书多了，耽误在家做事。他们趁我来学校的时候，悄悄把书烧掉。我来家，我找（书）来看，（书）不有啦、不有啦！我问了以后，她们不应我，然后我在火炉边上还看到一些灰，我就知道啦。就这样，我没有发脾气。我只有心酸和在外面哭，睡着哭，就这样。她毕竟是我们的老人，她还没有知道我们（看书）的目的是什么。她没有知道，我讲也没有用。她说那个教师你当了这么多年，工资还是那样。她就这样一句话就完了。

那一段（日子），我一边看书，一边完成学校的工作，一边受家人的责备，然后我的资料又被烧了，所以，我的精神受到一定的打击。我自己很累，很累，我食不甜（甘）味，夜不安枕，越想就越恨。但是我又反省过来，哎呀，人生就这样度过，每一个人的成功都是经过多么的折腾，反反复复的。然后呢，我们要在这里摔倒了，我们要起来，再起来，摔倒了，再摔倒，再想办法起来，就这样了。我重新整理自己的身心，专心工作，就这样。

烧书事件的发生，让潘学联内心对教师工作产生了动摇。带着纠结的心情，烧书事件后的那年夏天，他经熟人介绍来到了三都县都江镇的小脑矿山。在矿山，潘学联白天从矿渣堆里捡出可用的矿石，卖给矿山。晚上则跟一个矿工进矿拉矿车，一晚上 100 元钱，相当于他两个月的工资。打工两个月给潘学联带来了 3000 元左右的收入，这对于当时的潘学联是一大笔收入。

那一年我过春节的时候，我很轰轰烈烈的，家人也挺高兴的。平常过节，人家买得二三十斤肉，我们家只买几斤。那年我们（也）可以买二三十斤肉了哇。亲戚来的时候，大家都（说）“哎哟，今年你家过节可以的啦”！

这笔钱让潘学联体验到了收入增长给家庭带来的快乐。他给老母亲买了件新衣服。爱人也在那里说，“你看，你去打工你就得钱了”，“你去矿山，你去矿山，不去教书了”。家人都希望他辞去学校的教师工作，加入打工者的队伍。

潘学联的内心也并不是没有动摇过。家庭的贫困，家人对教师工作的不支持，加上民办教师多年了还没有机会转为正式的公办教师，这些都是压在他心头的沉重事实。可是，外出打工和自己内心向往的那种生活方式相距甚远。他甚至担心如果选择打工，过不了几年他就会变成一个文盲。而对于教书,潘学联坦言这些年下来,他还是喜欢的。

(对于教书)我不感觉厌倦。因为我去矿山,我也很后悔。我想,如果我不教书了,不能面对天真的、活泼的小朋友,还有很多,嗯,每天都有新的故事。那(如果)从此以后我不教书了,我就无法把这些方面挖掘出来了。……即使像我们(当民办教师)够糊口就可以了,但是我们精神很好嘛,我们受到人家、受社会的公认。是这样,我认为是这样。

在金钱和物质面前,潘学联觉得知识和精神更具有长久的价值。与此同时,体验过矿工生活的他,非常明白打工不仅艰辛,也不是一个稳定的收入来源。权衡利弊之后,他认为如果想收入不错,又稳定,最好的出路还是学校里的教师工作,只不过他需要尽快将自己的民办教师身份转为公办教师。“这个(教书),前程还是光明的吧”,经过一番思想斗争的潘学联,最后还是决心继续留在教师的队伍里。

在整个20世纪80年代,在国家政策和文件的指导下,全国各地陆续开展了对民办教师队伍的整顿工作,主要的策略被归纳为“关、招、转、辞、退”五字方针。[①]1992年1月,国家教委颁发的《全国教育事业十年规划和“八五”计划要点》指出,“八五”期间,要继续实施民办教师转公办的政策。同年8月,《关于进一步改善和加强民办教师

① 何东昌主编:《当代中国教育》(下),第376、377页,北京,当代中国出版社,1996年。

工作若干问题的意见》发布，五字方针被再次强调。在整顿民办教师队伍政策的推进下，1993 年，全国民办教师的总数由 1978 年的 464.5 万下降到 215.5 万，占全国中小学教师总数的比例由 1978 年的 55.2% 下降到 24.3%；其中，小学民办教师下降到 192.9 万人，中学民办教师教师下降到 22.6 万人，共减少了 248.9 万名民办教师[①]。

正是在这样的时代背景下，1992 年左右，从县里开会回来的潘国仕老师带回来了民办教师“民转公”的有关政策信息。潘学联也暗下决心以实现“民转公”为奋斗目标。他的生活仿佛又回到了当年复习高考的状态。他先是报名中师函授培训，前前后后修读了十多门课程，参加了十多次的考试，获得了中函文凭，然后又参加“民转公”考试，1995 年 12 月，终于顺利由民办教师转正为公办教师。

这段“民转公”的日子对潘学联来讲，显得异常漫长。家庭矛盾由争吵升级成更为严重的冷战，婚姻关系濒临解体。潘学联为了缓和家里对他的不满，在备考和教学之余，挤出时间投入家里的劳动生产上。

（当时）我回家帮家里边买了三支电筒。他们（其他老师）是一放学就回家啦。我就放学以后，我就五点钟到田里边。她，你的大嫂就拉牛在那里等我。……你大嫂包一些凉饭到田埂送我吃啦。牛、犁、那些犁田的工具，她都扛到那个田边。她把水引到田里边，关好田阙，然后等我。她一个妇女不会犁，不会犁田。……我犁到五点钟、六点钟、七点半钟，（天）就黑了。（天）黑了，我还没犁完。到十点钟犁完了，

① 《中国教育事业统计年鉴（1993）》,北京，人民教育出版社，1994年。

我还要再耙一道，到差不多十一点钟才完，深夜十一点钟。……我拿电筒，一支电筒照亮在这边田角，另一支电筒在那边，还有另一支在我手里。我就犁田了。在农忙季节，大概一年最少也要有十天就这么辛苦。

压在潘学联头上的各种压力，在 1996 年全部迎刃而解。1995 年 12 月他从民办教师转为正式的公办教师，1996 年开始享受正式教师的工资待遇。这一年，潘学联 37 岁，在甲左小学已经有近 20 年的教龄。

（三）公办教师和校长生涯

随着“民转公”的成功，潘学联的家庭关系有很大改善。他说妻子十多年来是在积怨中度过，主要根源还是家庭经济收入上不去，一旦转正为公办教师，工资上涨，妻子自然就释怀了，长期的冷战宣告结束。他不必像以前那样在农活和教学之间左右为难，也不需要为工作找借口。随着工资的提高，潘学联还攒钱给家里修了一栋新房子。

在学校工作方面，“民转公”之后，上级随即下文任命他为校长。对此，潘学联认为，“我这个（人）文化是不高的，我文化素质比较低，但是我有一颗责任心”，他多次用“兢兢业业”来形容自己一直以来的工作态度。这是他得到任命的主要原因。

潘学联任校长之后的十多年时间，在甲左小学的基础建设、教学质量提升和管理制度建设等方面做出了一些成绩。上任校长的那一年，恰逢深圳市的“心连心”活动向三都水族自治县援建希望工程项目[①]，甲左小学在潘学联和潘国仕等人的争取之下，获得了希望工程项目款用于新建一栋教学楼。在这个教学楼项目施工的过程中，从征地、修路到校舍完工，各个环节都能见到这位年轻校长在亲力亲为。此后甲左小学不少的基础设施建设，也总是能够看到他在施工现场的忙碌身影。例如，2004 年，鉴于学生们一直在使用简易厕所，甲左小学决定为学生修建一座分男女蹲位的厕所。他回忆道：

我们造这个厕所没有钱。学校出 20 块钱一天给潘中近让他上山拉木料。我就和他一起拉马去对面山拉。(学校里)光我一个人跟他去啊，把那个木料从那边山运过来。光我去，走那个山路，还拉了一匹马去驮（木料）。结果那匹马滚下坡了呀，差不多死了。那个潘中近说，如果我的马死了，我不要你赔的，你要赔这个钱也不会赔得起的。这个马，滚了两丈多远（滚）下山来呀。

从新教学楼落成、操场修葺、厕所修建到学校围墙的完工，在潘学联任甲左小学的第 10 个年头，这所学校从外观上看起来已经和全国大多数乡村小学没有太大区别。

学校的教学质量和管理制度建设要远比基础设施建设复杂而棘手。20 世纪 90 年代中后期，中国农村教育改革逐步向村级小学深入，素

① 张加云：《爱心来自鹏城 希望播撒水乡——深圳援助三都水族自治县发展教育事业纪实》，《山区开发》，1999年第2期。

质教育理念得到提倡，农村小学规范化办学是大势所趋。潘学联谈起自己参加刚工作的时候教数学课，只知道让学生数手指头。“我们就通过手，一二三四五六七八，还少一个九，少这里到八个。我就这样上，所以学生都不懂。”其他几位本地老教师的情况也基本如此，这些老教师在汉语拼音、发音和数学教学等方面和正规师范毕业生，水平差距较大。

例如，上语文课时，受传统水歌的影响，潘学联等本地老教师不知不觉养成了“唱读”的方式来朗读课文。“唱读”的方法因贴近水族的本土文化，学生们很容易接受，读起课文来朗朗上口。但是，采用唱读的方式，句子里每个字的发音都按照一个腔调被刻意拉长，没有轻重缓急和抑扬顿挫，句子里的标点符号、语气、声调和节奏等被忽略，重音、轻音、升调、降调、平舌、卷舌等汉语发音的独特规律均得不到体现。这种“唱读”方式不利于学生对汉语的进一步掌握，也不利于学生理解课文作者在字里行间所欲表达的思想和情感。[①]纠正学生的“唱读”，首先要改掉教师自己的“唱读”习惯，这对于从教十几年来一直在使用这种方法朗读课文的潘学联等老教师而言是个极大的挑战。于是，潘学联希望包括自己在内的老教师尽量不去教授小学一、二年级的语文课程。然而学校师资紧缺，优质师资需要安排到高年级任教，本地水平较差的老教师只能教授一、二年级，如此一来，又必然影响学生在学业起步阶段的学习基础。对于这种难以解决的矛盾，潘学联

① 郎锦华：《语文教学中应注意的“唱读”问题》，《语言文字周报》，2009年10月14日。

作为校长很是左右为难。

尽管潘学联的文化基础和专业训练方面不如师范学校毕业的“正规军”，但是他的教学工作态度认真，肯下功夫，不断在工作中总结出自己的特有的一套教学方法：“认真钻研教材，然后呢看看那些《教育报》啊，《贵州教育》啊，看人家是怎么（做的），所以慢慢地更改自己的教学方法。”他说，在甲左小学教书要“一边是看教参书，一边是因地制宜……现在比如我上课，这一课它要求学生达到什么目的，然后采取什么（教学）方法，根据教材书上或者教案书上的要求，再结合我们本地的（情况），因地制宜。如果你一味地按教材和参考书，教条地把它们搬到课堂来，我们学生呢就不适应，接受不了。我们就根据我们这个本地的情况教，第一步，你应该把学生最不容易懂的、最抽象的东西把它改为具体的事例，用我们生活中常见的东西来比喻以后他们才知道”。

考虑到学生学习基础比较差，放学之后也没有多少家长会督促和辅导自己的孩子写作业，因此，潘学联的另一个教学经验是让学生在课堂上多练习，对不容易掌握的生词，在课堂上要多次重复，重点是关注那些差生，如果他们通过当堂练习掌握了这些知识，其他同学自然都已经娴熟于心了。担任甲左小学校长一职，对潘学联的教学产生了压力，同时也形成了动力。他认为，身为校长，如果自己的课都教不好，在同事中间就很难树立起来威信。

影响甲左小学教学质量提升的关键在于师资缺乏，流动性大。甲左小学教师队伍最少的时候只有 6 人，最多的时候也不过 11 个，除了支教教师之外，稳定的教师人数一般就六七人。随着科目设置的增多以及学生数量的增长，光批改作业一项教师负担就很重。在田野调查中，我们发现语文作业中的很多错别字并没有得到纠正和勘误，有些作业甚至完全没有批改，只是简单写了个“阅”。对此，潘学联表示想不出有什么可以解决问题的办法。他说：

是啊，（这些问题）客观存在，我们无法改变。你看我们石崇菊老师，她一个人上两个班的数学，一个班就有 40 多人。她没日没夜地批改作业，中午太累了，不休息也在这里批改。所以呢，教师的分配倾斜不当。有的学校学生少，老师多。这里呢，谁都不愿意来。

学校在教师数量已然不足的情况下，营养餐、校园安全等非教学专项工作现在越来越多，也都压在教师身上，占去了教师一部分的时间和精力，也影响了教学质量的提升。

除了基建和教学质量之外，潘学联校长的第三项任务是进行学校管理制度建设。

1998 年，教育局给甲左小学分配来了潘学杰、潘学军和潘学川三位年轻的师范毕业生。这三位血气方刚、充满热情的年轻人，给甲左小学的教学和管理工作带来了很多新想法，潘学联也乐于让这些年轻人推动学校的管理制度建设。很快，结合县里的教育改革举措，一系列的考勤制度、值日制度、教学小组制度、备课制度、校园安全制度等纷纷出台。

例如，实行教师的绩效工资制：

那个绩效工资呢，教学质量啊，占 50%，那个你负责完成的主项工作，也占 50%。（比如）分配我是管卫生的啊，你是财经的啊，你是体育的啊，你是图书管理的啊，你是远程教育的啊。这些老师，如果各主项工作你都完成的出色，那你的绩效工资就高了。教学质量 50%。剩下各种方面各占 50%，各占一定比例，然后加起来得到 100% 的就可以领走全部的工资。如果你还有病假啊，特殊假啊，如果你生病啦，或者是家里老人过世啊，你这些假是特殊假，产假啊，还有婚假啊这些也是特殊假。特殊假也算是你的绩效表现，虽然不扣你的工资，但是绩效工资那天你就不得了。必须是全勤才有，还有分配你的主项工作必须出色完成。就这样，管理越来越规范啦。

绩效工资改革大大促进了教师对教学质量的重视，也推进了他们对其他专项工作的积极性，原来的老教师们因为农活、婚丧节日延误教学的现象也得到了遏制。此类制度和质量建设被潘学联认为是他担任校长的最大成就，制度“更加的细化，明确责任，奖惩分明”，他说。他认为制度化建设是近年学校发展的重要转折点，他切身体会到甲左小学在这种制度建设下产生的巨大转变，“现在制度更加严明啦”。

不过，有些管理制度，按照上级的文件和要求制定出来之后，不一定能够得到很好的落实和执行。对此，潘学联颇感遗憾：“我总结我（担任校长这十几年工作）的时候，我制定的制度有的地方呢是虎头蛇尾。比如，我们制定的制度是严格的，但是在执行中遇到困难，我们就妥弃（妥协放弃）了。某些方面呢，我们也鞭长莫及，那就算了，过去就过去了吧。就这样，多多少少给学校造成很多不利影响，这是我的遗憾。特别是对制定的制度执行不到位。我很遗憾。”

总体上，在潘学联担任校长的 18 年间，甲左小学发生了巨大的变化。潘学联总体上对于学校在自己手中所取得的发展还是比较自豪的。“你看，如果我们现在的老师，大家都兢兢业业做好（教学）质量，我相信教学质量一定会一年比一年好，教学质量会有好的局势。”他说。

根据潘学联的生活史叙述，我们对他生命轨迹、重要事件进行了概要整理，形成下表：

表3–1　潘学联生命历程简表

时间	生活轨迹
1959年	出生
1966—1968年	甲左小学，一年级到二年级
1968—1970年	牛场小学，三年级到四年级
1971年	尧吕小学，五年级下学期
1971—1977年	和江中学，初中和高中
1977年	报考大专失利
1977年	在甲左小学任民办教师
1978年	结婚
1979年	第一个小孩出生
1981年	分家
1990年	烧书事件
1991年	暑假去矿山打工
1992年	开始“民转公”考试
1995年	正式转为公办教师
1996年	任甲左小学校长
2000年	修水泥操场
2004年	修厕所
2005年	修校园围墙
2013年	不再担任校长，准备退休

在访谈最后，潘学联对自己的人生进行了如下评价：

我这个（人）文化（程度）是不高的，我文化素质比较低，但是我有一颗责任心。像我们这样小小的人物，我们生来在这个山区，就一个人嘛，无论奉献的多少，这是我们的奉献啦。我们心里很踏实，做到了的，心里踏实，做不到的那就让历史遗忘。我自己呢，和年轻的老师共同奋斗，团结他们。有些我们做不到的地方呢，我要建议新的校长把我们这个地方的教育事业，沿着正规的方向前进。

特殊的时代背景，独特的生命历程，养成了潘学联谦虚、内向、自律、坚韧的性格。他不太善于用汉语表达自己，经常反省自己的不足，总是站在别人的立场进行思考。他对自己的人生，有遗憾，有痛苦，有自豪，有无奈，但也很释怀。他说他的生活离不开文化、离不开的知识，文化知识就像他脚下的土地和身体里的水族血统一样，伴随着他的每一天。

关于潘学联，如果把镜头拉远，放到更大的历史和社会的时空背景中，大体可以这么总结他的生命轨迹：

1959 年出生于少数民族贫困山村，小学到高中的求学十年正是“文化大革命”的十年，20 世纪 70 年代末高中毕业后回村担任小学民办教师，正值中国民办教师队伍膨胀的高峰，此后赶上了 20 世纪 80 年代的农村经济体制改革，亲历民办教师收入微薄带来的生活窘迫，也体验到了打工的艰辛。20 世纪 90 年代前后遇上国家整顿民办教师队伍，努力利用“民转公”时机跻身公办教师行列。担任村小校长之后，承办了希望工程建设项目，随着农村教育改革的深入，参与了素质教育的践行。2000 年后又赶上绩效工资改革、免费午餐计划以及其他教育改革新举措。可以说，他见证了中国近半个世纪以来农村基础教育的各种变化，亲身参与了甲左小学的教育发展。潘学联的人生经历是中国千千万万农村教师的一个缩影，更是少数民族小学教师的一个典型，他的生命历程被深深打上了中国社会近半个世纪的历史、政治和文化变迁的时代烙印。

二、身份认同的概念

任何一个社会的个体，在其日常社会生活的接触中，均存在对身体的定位过程。个体的这种定位，既定位于日常生活流中，又定位于整个生命历程中，还定位于制度性时间的绵延和脱域性的空间延展结构化中，个体因此而获得复合多维的各种特定社会身份以及该身份所赋予的置于社会关系之中的社会角色，并与在场或缺场的他人之间建立互动。[①] 因此，对社会个体的生活史进行分析时，身份和角色的定位往往是其中的核心现象。本研究中，潘学联从农家子弟到学生、民办教师到公办教师再到校长，身份是贯穿其人生轨迹的重要因素，因此也是分析潘学联生命历程不可忽略的关键要素。

"身份", 英文为Identity, 该词在中文里又被译为"认同"以及"身份认同"等。在众多研究文献中,这三个中文词汇经常被相互替代使用,是研究个体和社会关系的核心，为众多人文社会学科所关注，其呈现的研究内容也相当繁多。各种身份认同概念相互之间或有重叠，或交织，缺乏统一的使用标准。甚至有学者指出identity本身被翻译成"认同"就属不妥，认同表示对外在事物的认可，而identity更多是表示个

① 安东尼·吉登斯著，李康、李猛译：《社会的构成》，第44—45页，北京，生活·读书·新知三联书店，1998年。

体与他人之间相互区别的特性；例如 culture identity 是文化特性，self-identification 是自我确认，被译为文化认同和自我认同，令人不知所云。[①]

考虑到本研究的具体情况，有必要就通常被混用的“身份”、“身份认同”和“认同”之间，进行适当区别，厘清关系，形成本研究的可操作性定义，以免对下文的阐述和理解造成困扰。

戈夫曼基于日常生活的观察，对“身份”一词有明确诠释，它被定义为处于某种地位系统或地位模式中的一种位置，通过交互的纽带以及任职者所必须履行的权利和责任，同单位中的其他地位保持关系；角色是占据该社会身份的人依据该身份所应遵守的规范进行的行动，其行为即为角色执行或者角色行为。[②] 身份常被用来解释人的某种归属，可指向他人、群体、社会和组织机构等，具有明显的社会属性，具有一定的客观性和被赋性。它是对个体所拥有的在社会关系中的位置及地位的标识和称谓。[③]

但身份同时又有其主观维度，也就是“认同”。客观的社会“身份”支配属性对于个体并不必然地具备意义，除非个体对这种身份赋予的意义和价值给予认识，产生“身份意识”，并由此而影响自己的社会行动和与他人的交往。因此，它还需要一个主观的内化和接纳过程，这个心理过程的“认同”，它强调了“身份”的心理属性面向。实际上，identity 最初的词源里就有确认同一性的意思，并进一步演化为对某一

① 河清：《文化个性和文化“认同”》，《读书》，1999年第9期。

② 戈夫曼著，徐江敏译：《日常接触》，第71页，北京，华夏出版社，1990年。

③ 张淑华、李海莹、刘芳：《身份认同研究综述》，《心理研究》，2012年第5期。

特性和意义的确认。[1] 而中文“认同”一词，在字面上也有“认其为同”之意涵，强调了心理层面对社会赋予的体验。认同研究，最初从哲学领域对“我是谁”命题的思辨，被引入到心理学领域作为社会心理分析的术语，也是因为认同与自我意识等心理现象有密切联系。例如，埃里克森（Eric Erikson）将认同与人格发展相联系，认为人格发展的每个阶段，都是通过认同危机的积极解决来定义的。[2] 从心理学视角看，认同是一种复杂的心理结构，是自我概念的重要方面，是个体对群体共同性和差异性的认知和对自我身份的觉察及其相关的情感体验，例如自尊、安全感、归属感等。

20世纪中叶以来，众多的理论家都在努力寻求对个人、行为和社会结构与社会关系之间的关系的理解，自我和身份认同被视为理解上述关系的核心概念。斯特赖克强调了文化和结构对认同和身份的制约，而麦考尔和西蒙斯则在个体建构认同的过程中，强调了能动性和自由度，所有的符号论者都趋向于把自我看成是活动情景中解释人们的行为背后的关键性力量，将身份及其角色作为连接个体和社会结构的关键概念。[3] 特别是随着民权运动的兴起，不同群体对群体身份及其权利的诉求也让认同成为社会学、人类学、政治学等领域研究者所聚焦的对象。

从社会建构的角度讲，身份认同是社会建构下的产物，标示了个

---

① 钱超英：《身份概念与身份意识》，《深圳大学学报》，2000年第2期。

② 戴维·波普诺：《社会学》，第151页，北京，中国人民大学出版社，1999年。

③ 乔纳森·特纳：《社会学理论的结构（下）》，第48页，北京，华夏出版社，2001年。

体在某些群体的成员资格及其意义，是个体的社会存在的过程。身份认同侧重强调了耐尔森·富特 (Nelson Foote) 所指出的“对某一特定身份或一系列身份的占有和承诺 (appropriation of and commitment to)”，是客观性和主观性相互构建的过程；或者斯特劳斯所认为的认同是一种个体和社会互动的事实，是由自我、个人的社会位置和他人的评价、个人的经历的和生活历程构成。① 这种定义为本研究形成“身份认同”的可操作性定义的形成提供了很好的指导。

因此，从人类学的学科视角出发，本研究决定采用“身份认同”的概念称谓，以便兼顾个体在社会结构和社会关系中所拥有的某种位置以及附着于该位置上的权利、责任和承诺，同时也强调了个体作为能动性行动者在自我层面对于这种客观赋予的接纳以及对其的反向建构作用。同时，本研究在行文中，间或单独使用“身份”来强调身份认同的社会属性，以及“认同”来强调身份认同的心理属性。本研究所使用的“身份认同”特指个体在社会生活情境下对地位和身份对于自我的价值意义的理解和建构过程，它体现了个体和社会的关系，它不仅是一个心理过程，也是一个社会过程，是个体在基于个体生活经历和社会互动，对自我进行不断的修正和重构。

20 世纪末兴起的承认政治（politics of recognition）对身份认同作

① 王莹：《身份认同与身份建构研究评析》，《河南师范大学学报》，2008年第1期。

为其核心概念进行了进一步的诠释。[1]在承认政治语境下，认同一词表示一个人对于他是谁，以及他作为人的本质特征的理解，包括个人特殊性、自我决定能力、才能和生活方式等；而身份则用来指称在制度化的文化价值模式作用下形成的人们在参与过程中的地位；也就是说身份是标签，自我的认同才是本质。从这个角度上看，本研究对“身份认同”概念以及“身份”和“认同”的理解和运用，和承认政治理论是不谋而合的。

根据不同研究成果对身份认同的论述，可以总结出这么几点认识：首先，身份认同是一个多面向的概念。身份认同作为研究个体和社会、个体和他人，以及个体和自我之间关系的复杂现象，在不同时空、不同场景具有不同的表现，而其本身的内涵也是动态变化的。其次，当研究者面对的是个体的身份认同研究时，那么，日常生活交往和行动过程中，社会身份赋予、心理的自我身份认同以及在交往过程中与重要他人的互动方式和角色执行，在其身份认同构建的过程中，无时无刻不在相互影响，相互交织之中。最后，个人的身份是多重的，身份认同也是多重的，相互之间或有交叉或有冲突，并可能导致身份认同危机，因此，对个体的多重身份的认同管理策略也是身份认同研究的不可忽略的问题。以上这些是身份认同研究的焦点，也是富有挑战性的难点。而一个完整而立体的身份认同研究需要综合各个学科的研究

① 查尔斯·泰勒：《承认的政治（上）》，《天涯》，1997年第6期；龚培渝、颜德如：《认同与身份：承认政治理论的两种模式及其争论》，《中共长春市委党校学报》，2008年第6期。

理论和研究方法来进行全面的分析，这也决定了身份认同研究的综合性和跨学科性。

对身份认同的探讨和阐释是人类学研究的传统，作为人和社会之互动关系的连接点，它是解答“个体存在意义”基本命题的关键所在。在本研究的潘学联个案中，其生命历程介于多重角色的矛盾以及社会身份定位冲突之中，“身份认同”的建构是主线，也是脉络，它贯穿并反映了生命历程中个体与外部社会、个人命运和宏大社会主题之间的互动与关联。透过“身份认同”探究微观层面的个体行为及其动机的本质，为洞悉教育、个体和社会变迁三者之间的作用关系，提供很好的研究视角。

潘学联作为社会文化和地域的双重边缘化群体的成员，身处转型期社会的城市化、现代化以及全球化的多重影响之下，其身份认同建构过程一直是处于传统和现代、基层社会和国家、乡村和城市、农民和非农民、在场和不在场等多种张力的场景之下完成的。其过程富有流变性，也更具复杂性，充满着从贬抑到憧憬，从迷失到挫败，从失落到寻觅，从危机到确立的曲折跌宕，显示了大社会大时代背景下小人物在命运中的积极抗争。

三、学校教育对身份认同的形塑

个体早期的生活环境和教育经历构成了生命轨迹的起点，其中，教育经历对人的身份认同的改变发挥着关键性的制约作用，随着孩子们在学校里度过他们的大半儿童和青少年时代，学校在不断地影响着学生们做什么、不做什么，影响着学生们对自我认同的倾向和价值取向，学校以一种消极或者积极的方式建构着学生们的身份认同。[①] 从潘学联的生活史来看，他的早期的家庭历史记忆、异文化的学校教育经历以及高考等人生重大事件，对他的身份认同构成产生了基础性的影响。

前文提到，“没文化吃亏”想法，构成潘学联最初的求学动机，也影响了他对教育和知识重要性的本土认识。当然，在父辈们的眼里，所谓的“文化”，其内涵大体是指认字、计算、读数和讲汉话等适应现代社会日常生活的工具性知识。而进入到学校现代空间的潘学联，接受了现代教育体系内的知识、价值观和意识形态的现代性塑造。这种塑造首先是在文化差异和比较的基础之上促成的对自我的意识和反思。

有关现代性和自我的问题，有研究者指出，没有充分的自我意识，便不存在身份认同问题，生命便成为自然天性的释放，没有主体的自我体悟与构建，对社会传统是一种没有反思性的延续，而现代性自我的确立恰恰相反，它强调了个体对生活的自我选择和自我设计，因此在认同问题上，现代性需要自我意识的觉醒和个性的发现，实现这种觉醒和个性发现的客观条件是置身于差异的语境或文化背景，在差异面前个体才可能开始反思自己的特性，以特殊处境下的冲动和追求，调动理智，协调差异，实现差异共存、共生的合理性。[②]

潘学联进入到学校教育的环境，特别是在以汉族为主体的尧吕小学与和江中学，正是从无自我意识的乡土空间进入到现代空间。他所

---

① 迈克尔·W.阿尔普著，王占奎译：《教育能够改变社会吗？》，上海，华东师范大学出版社，2013年。

② 韩震：《现代性与认同问题的思考》，《学习与探索》，2004年第6期。

接触到的是一个处处体现着国家意识形态和主流群体价值规范的空间，他所遭遇到的异文化冲击，已远远超出了当初在牛场小学看到贾三都老师的橡胶防水鞋时的惊奇和兴奋。例如，尧吕小学汉族同学和老师们的服装、语言和生活条件与水族有着显著的不同。在潘学联眼里，他们代表了一个经济更为富有、文化更加先进、生活方式更为城市化的异文化群体，这让潘学联第一次对自己的家境以及水族身份有了自觉意识。他不好意思让汉族同学到甲左村自己家里玩耍，对自己住校吃的食物不如汉族学生好感到不好意思，他说，虽然汉族服装在他看来好奇怪，但对自己穿着母亲手工缝制的水族服装开始感到“别扭得很”;同学取笑水族妇女戴头巾不讲卫生时，他更是“感觉心里很不好”;对自己的民族身份觉得“挺害羞”，产生了自卑感。特别是在和江中学读初中的时候，他只能周末回家，身边的水族同学很少，他无法和自己熟悉的母文化环境保持密切的日常接触，又尚未掌握融入陌生文化圈子的有效策略。“害羞”和“内疚”等心理阻止了他的跨文化交往，他去那些经济条件比自己好的同学家里，“感到内心不自然”，怕人家发现自己家境贫穷，心里始终有“内疚”感，加上一开始上课听也不懂老师讲课，学习上也遇到了困难，被边缘化的处境在所难免。随着文化碰撞和文化冲击，他在自我意识、价值观以及行为方式等一系列构成身份认同的重要因素方面悄然发生了变化。

传播超地方知识的现代学校，作为孕育现代性的工具，是以个体为本位，以理性主义、个体主体性发展、个体自由为核心价值取向的。[①]

① 吴全华：《教育现代性的反思性论纲》，《现代教育论丛》，2003年第2期。

学校不遗余力地致力于现代化的人的生产，努力让受教育者脱离乡土社会的传统束缚，生成与现代社会角色相适合的价值观、反思能力和批判态度，将个体塑造成一个具有现代性自我的能动的行动者。学校所倡导的主流社会生活方式和价值观念通过隐形课程传授，引起了潘学联对这种截然不同于甲左村的新的身份和生活方式的向往。对他而言，新的身份和生活方式优越而美好。他迫切希望自己不仅仅可以通过努力学习成为父辈所期望的“文化人”，同时还可以通过读书和学习来改变既有的命运安排，“知识可以改变命运，当时我坚信这个信念”，这一信念在他读书期间产生了巨大影响。

潘学联在和江中学读书的时候发现，同村来的同班同学潘国相，因为学习成绩好，汉族学生和老师对他很有好感，家长还鼓励自己的小孩跟学习成绩好的学生交往，邀请潘国相到家里吃饭等。“努力读书”帮助潘国相在学习领域进入到了学校群体的中心位置。这给当时正在经历“被边缘化”的压抑和自卑的潘学联以极大启发。

“知识改变命运”信念的形成也是个体在社会交往中产生社会参与感的内在需求。社会参与需求和自我概念的建立以及自尊和自信的获得有重要关联，主要形成于社会交往和学习的过程，学校和社会是形成参与需求的主要场所。学校不仅要传授学生参与社会的技能和知识，在价值取向上也努力培养学生形成造福社会、建设祖国的理想，鼓励确立积极人生目标，学好知识以备将来投身于各项社会事业。[①] 这种社

① 张爱卿：《论人类行为的动机——一种新的动机理论构理》，《华东师范大学学报》，1996年第1期。

会参与需求的培育，让学生产生了对进入主流社会圈子和社会核心生活的本能向往，符合了国家培养社会合格公民的客观需要。

在尊重知识、崇尚学习、鼓励远大理想的校园文化环境中，无论是"成业"优势的显性影响还是"知识"优势的潜在影响，都让潘学联不断看到"知识"重要性的凸显，并产生了有关"知识改变命运"的坚定信念。他认识到，接受教育、学习"知识"不仅仅能让自己变成甲左父辈所寄望的"不吃亏"的文化人，教育和知识的更强大力量在于改变自己的处境，摆脱农民身份和贫穷的乡村生活。因此，潘学联从"有文化不吃亏"到"知识改变命运"的信念转换,在很大程度上，是学校教育过程中社会和自我双重建构的结果，是个体对现代性自我的内化，它体现了潘学联在学校社会化的"第二次成长"。

当然,这里的"知识",并不是潘学联所熟悉和擅长的"本土知识",而是来自主流社会所定义的脱域的、普遍的、权力的知识，是潘学联需要努力学习和适应才能获得的陌生世界的知识。当学校将宰制群体所认可和接纳的知识列为"合法知识"或者"官方知识"，学校定义并传播这种"合法知识"的过程其实是一种承认政治的过程，它让来自宰制群体的受教育者的社会优势地位得到保证，而让那些其他群体的成员必须努力学习和拥有这种"合法知识"以便获得相应权力和价值的承认。[①]

在促进现代性孕育方面，将个体培养成具有现代性自我意识的行

① 迈克尔·W.阿尔普著，王占奎译：《教育能够改变社会吗？》，上海，华东师范大学出版社，2013年。

动者是学校教育的重要功能。学校教育以个体为本位，赋予受教育者以理性主义、个体主体性发展和个体自由等核心价值观，让受教育者脱离乡土社会的传统束缚，生成与现代社会角色相适合的价值观、反思能力和批判态度。这些理性而独立的个体，更加愿意尝试在苛刻的物质束缚的条件下采取理性决策和主动行动来实现生活现状和个体命运的转变，尽管这种行动的结果本身并不可预测。[①]

潘学联作为众多经过现代学校教育所培育出来的“现代性”个体之一，不仅形成了对自身命运的反思，其“知识改变命运”的信仰也驱动他积极采取了一系列行动，其中最大的也是最为冒险的行动莫过于他以一股“冲天的志气”选择参加高考，试图抓住这个以知识为基础的公平竞争机会，换取对自己的命运的彻底改观。

我们不妨看一下当时的社会背景。1977 年之前的“文革”十年正是国家政治权力和意识形态过度扩张的十年，个人命运和阶级出身以及家庭政治地位紧紧绑在一起。在政治运动中，风雨飘摇中的个体没有太多可以把握命运的权利，个体社会价值的体现也被淹没在集体主义的洪流之中。在这种社会背景之下，1977 年国家公布重新恢复高考制度。对于广大年轻人而言，通过高考来证明自己的价值，改变无法为个人所掌控的命运，是潘学联等很多人的共同梦想。但是，就当年仅为 4% 的高考录取率来看，竞争是异常激烈的。潘学联全部的小学和中学教育，均是“文革”期间在偏远乡镇的学校获得，明显地在“合

---

① 安东尼·吉登斯：《现代性与自我认同》，第3—5页，北京，生活·读书·新知三联书店，1998年。

法知识”的竞争面前居于劣势地位。在看似“分数面前人人平等”的高考面前，优质教育资源的区域性分配差异，以及城乡之间、民族文化之间在“合法知识”面前的不平等，令众多像潘学联这样的少数民族农村考生实际上并未和竞争对手站在同一个起跑线上。

“知识改变命运”价值观的社会意义要远远大于它对个体的意义，正如恢复高考对于一个百废待兴的社会的意义要远远大于它为个体未来所带来的命运改变。潘学联高考失利的遭遇证明了这一点。“知识”改变的往往是那些有权定义何谓“合法知识”的群体的命运。尤其当社会向上流动资源有限时，“知识改变命运”的命题假设实际上已经被转化为“谁的知识，改变谁的命运”。

在此后潘学联30多年的职业生涯中，还能看到在人生最初阶段通过学校教育所形塑的“知识改变命运”观念并未因为高考失利而就此从潘学联的内心彻底消失。在他生命历程的其他重要转折点，仍然会看到潘学联对知识和文化的崇尚，从事与“知识”有关的工作成为他的人生目标，“知识”也成为他定义自我价值和身份认同的重要元素。

四、冲突中的身份认同建构

理想的现代教育模式是通过脱域机制排除原有社会背景因素影响，按照个人能力和成就筛选社会成员，分配社会机会，构建一个公平的社会阶层结构。但潜在的社会结构制约使这种“构建”无法实现真正的公平。个人完成学校的塑造重新回到社会，实现“再嵌入”社会，其实际获得的身份和社会地位，常常取决于个人所拥有的资本与自我期待和外部社会机遇之间进行的博弈，其结果有可能是对原有社会结构的“再生产”,也有可能是在个体行动者能动性作用下的“再结构化”,以及对自我身份认同的再次建构。

(一)民办教师身份认同的形成

身份认同的形成，需要有内在的社会需求，对自我意义的认知，还要有该身份下的社会行动的能力，以及对自己的处境和行为结果进行总结与反思。后者作为人类特有的能力，在吉登斯的结构化理论中被称为“反思性监控”①,它是宏观世界的社会结构和微观世界里的个体行动得以联结并产生结构化实践的前提。个体的这种能力又被动机理论称为自我调适机制②。通过该机制，个体对行动的结果进行分析，总结经验教训，为形成新的社会需求、确立新的身份目标提供参考，为驱动新的行动提供借鉴。

高考失利后成为甲左小学教师的潘学联，进入了身份认同重构的第二个重要阶段。现实生活的困境促使他再次反思自我的价值定义，寻找新的生活目标。

如果对“知识改变命运”这一让潘学联有“冲天的志气”去行动的“命运”概念进行剖析的话，我们会发现，“命运”的内核是对特定社会地位以及该地位所拥有的社会身份、权力和责任以及生活方式的既定安排。潘学联所期待的“改变命运”在于他企图和传统的、先赋的、固

---

① 安东尼·吉登斯，李康、李猛译：《社会的构成》，第36页，北京，生活·读书·新知三联书店，1998年。

② 张爱卿：《论人类行为的动机——一种新的动机理论构理》，《华东师范大学学报》，1996年第1期。

化在甲左人身上的农民身份的告别，去争取一种不同于父辈的社会地位和生活方式。这种“命运”转换的实现,需要来自外部社会特定权利、资源和地位的支撑，其实质是社会身份的转换。改变命运，是内心认同另一种社会身份的诠释。

由于父亲早年去世，家庭经济困难，身为长子的潘学联毕业第二年就结婚成家并有了小孩。通过考试离开乡村改变身份的路径，距离他的现实生活越来越远。在他的现实生活中，民办教师虽然不像公办教师那样拥有正式的“国家干部”身份，但显然是潘学联在当时的情况下不可多得的改变身份的唯一出路。他最终将“心慢慢落在教育上”。

20 世纪 70 年代末 80 年代初，同全国其他地方一样，甲左小学民办教师的工资极低，一年不到百元。据统计，当时贵州省城镇集体单位的平均工资为 591 元 / 年左右，国有单位的工资能达到 798 元 / 年。实行包产到户之前，民办教师在学校上课，生产队给记工分，相当于参加了集体劳动，对家庭总体收入的影响不大。“文革”结束后，农村实行了家庭联产承包责任制，工分制取消，民办教师的工资补贴由乡镇负责筹措发放。民办教师这一职业，反倒不如那些勤劳致富的农民收入高，在经济地位方面并不占据者优势，按照潘学联的说法是甚至都“不能糊口”。这个时候的潘学联却把“心慢慢落在教育上”，经济收入显然不是这一行动的主要动机。

民办教师是集体办学和人民公社时代的特殊产物，在民办教师资质的选择上，要求接受过一定年限的学校教育，不单是出于文化水平和教学质量上的考量，也是对任职人“知识”立场的筛选。知识是所有社会角色形成的先决条件，进入某一角色群体，就意味着接受该群体对知识的最高普遍价值。[1] 知识意味着能力，也意味着权力和立场。因此，国家在民办教师的职业身份建构中，虽然不能给予民办教师以正式的教师身份，却从一开始就强调了该职业应该具有“非乡土化”的“知识人”特质。特别是改革开放之后，随着国家对农村教师队伍管理不断加强，民办教师又进一步被列为国家编制内人员，其任命、管理由县教育委员会统一负责。民办教师成为拥有国家体制内身份的农民，其身上的“非乡土”色彩越来越浓。他们的社会地位虽然不如公办教师,待遇也无法和公办教师相媲美,但似乎又比农民要来得特殊。民办教师的这种职业特质，和潘学联对改变身份的内在需求应该是部分契合的，这是潘学联决定把“心慢慢落在教育上”的根本原因。

民办教师身份和潘学联通过学校教育所形塑的“知识”价值观，也有着更为天然的关联，对于潘学联维续先前的自我认同和身份追求具有重要意义。民办教师收入虽然不高，但比起纯粹的农民，它能让潘学联的内心继续拥有“改变身份”的梦想。然而，民办教师这种实际身份和制度性身份的错位现象，也给他后续的生活方式和人生规划带来了很大影响，引发了他阶段艰难而痛苦的身份冲突和认同重构。

（二）身份认同的冲突与危机

戈夫曼指出，身份作为对社会地位系统或者地位模式中的某种位置的占据，它需要交互的纽带以及任职者履行权利和责任的实践，这

① 弗洛里安·兹纳涅茨基：《知识人的社会角色》，第15、96页，南京，译林出版社，2000年。

种特定身份下的角色实践也称作角色执行，它是联结个体和社会结构的重要活动，也是身份认同得以持续建构和强化的重要环节。[①] 因此，角色执行作为身份认同建构的重要因素，往往显现了个体和社会、个体和群体之间是如何进行互动的。身份认同塑造了角色，而角色行为和角色反馈，反过来也会对身份认同产生影响，这是一个相互作用的过程。

“把心落在教育上”的潘学联，“民办教师”这一身份所附着的义务和责任以及行为规范在他的教师角色执行中一一展开。跟其他几位民办教师不同，崇尚知识、乐于学习、喜欢和书本打交道的他把更多的精力和时间投入到教学上，自觉提高自己的教学能力和教学水平，对于学校管理工作也总是积极主动地参与。

身份建构的结构主义观认为，个体通过对自己所处的环境的观察和认识，以及他对超越时空的更为宏观的或者不在场的社会规范和价值的理解，形成了他对自己的身份认同的价值期待，以及实现这种身份的意义和动机。如果该身份是参照了更大的社会领域所界定的规范、价值观和其他象征符号而建立起来的，那么个体就会依照公认的社会的规范和观念进行他的角色执行。在这一过程中，社会结构的制约作用是显而易见的。然而，在复杂的社会日常生活中，个体拥有多种身份和多种社会角色，个体对于其中的某一身份的权责担当越多，该身

① 戈夫曼著，徐江敏译：《日常接触》，第71页，北京，华夏出版社，1990年。

份在个体内心的身份显要序列中就居于越重要的位置。[①] 身份认同显要次序排列中位居首要的身份认同往往成为个体在生活中角色执行的主要内容。

回到潘学联的案例上，在民办教师的角色执行中，他隶属于一个脱域的全国“教师圈子”，接受国家层面对教师角色的价值期待和规范要求。潘学联在工作过程的角色执行中，也在逐渐地接纳这个教师的身份特质，并忠实地履行该角色的职责和义务，教师身份成为他所认同的首要身份，而农民身份则渐居次要位置。他多次用“兢兢业业”来形容自己当时的工作状态：“当民办教师，我也是兢兢业业”，“虽然我当民办教师也好，工资低也好，我都是比较兢兢业业”，“那既然我上课，我就兢兢业业啊，把本职工作做好”。

但是，由于民办教师的身份特殊性，导致该身份赋予了潘学联教师的责任和义务，却未能赋予配套的权益和待遇，这极大影响了潘学联“教师角色”的行为实践，也影响了他的身份认同构建。从制度安排上看，潘学联仍然是一位农民，他以教师身份为首要的角色执行内容，身份的实际地位和角色执行不对称，为矛盾和冲突的出现埋下了根源。

按照国家的制度设计，民办教师并不拥有合法化的教师地位和权益，社会身份依然是农民。在现实生活中，潘学联的家人，出于维持家庭生计的考虑对他的身份认同和角色期待是以“农民身份”为主，他们对潘学联的农民角色的价值判断大大高于民办教师角色，母亲希

① 乔纳森·特纳：《社会学理论的结构（下）》，第40—41页，北京，华夏出版社，2001年。

望身为长子的他能积极参与家庭经济生产，他的妻子也多次对潘学联的教师工作表示不满，并建议放弃这份工作，“她说你就不参加这个教师了，工资又低，干脆不看书了，来家跟我们一起干农活，那么家庭生活就会好起来了”。这显然和潘学联内心将教师列为身份认同的首要位置是不一致的。

专心于教师工作的潘学联，经常放学了还留在学校继续工作，或者干脆把学生作业带回家批改，在家也总是花大量时间看书，这些教师角色实践，一旦离开了学校空间，在家庭和村寨的场景中显然和他的农民身份以及家人对他的角色期待格格不入。潘学联所接受的教师身份是从属于现代社会关系下的身份定义，是基于他和教育组织机构之间的特定的权利和义务分配以及相应的承诺所确立起来的契约关系，约束着他的行为规范是脱域的社会规则在学校现代空间里的延展。在他的母亲和妻子看来，作为农民、作为家庭成员，他更应该遵守村寨社会传统所定义的在场的行为规范，也就是世代延续下来的固定不变的基于人地关系和血缘关系之上的权利和义务。对于她们而言，执行这种传统的社会规范，而不是抽象的来自外部社会的社会规范，不仅仅是家庭生计的需要，也是维护生活现状和面对面社区传统不被改变的本体性安全的本能。从未离开过村寨生活环境，也从未接受过现代学校空间形塑的母亲和妻子，基于自身的生活经验，显然认为传统的农民身份更加适合潘学联。只要秉守传统，生活就可以毫无意外地得以继续，是传统村寨维持秩序的主要原则。[1] 在这样的社会，创新和变

① 费孝通：《乡土中国 生育制度》，第51—52页，北京，北京大学出版社，1998年。

化显然是一种风险。因此，母亲和妻子与潘学联之间对于身份角色理解的不一致，在某种意义上，正是村寨传统的固守和外部社会现代性的介入之冲突的间接反映，体现了村寨从传统向现代变迁过程对个体生活的影响。

面对矛盾，潘学联最初采取的应对策略，用他的话来讲，主要是"哄"。他多次提及"常常用这个谎言来哄家(人),(比如)今天我有事了，我要在学校，就这样。常常用这种善意的谎言。(如果）家里边经常安排我的工作，安排农活，今晚你要做这样那样，我（就）常常打发（推掉)","(每当）我们学校有什么批改作业啊，备课啊，还有其他的事情做，那我就哄家庭，说谎话哦，说现在我（在学校）要做什么啊，来不了家啊"，"我时时仍需要善意的谎言打发家里的人，哄他们。我专门说，学校今天工作多了，你们不要希望我（回家）来帮你们"。采用"哄"或者说"谎言"，成为他逃避家庭矛盾、调和农民和教师角色冲突、维持教师身份认同的行为策略。

而在内心，他则使用选择性认知策略，对家人给予他的教师角色执行的消极反馈进行过滤和解释性建构。[①] 例如，对于家人的不支持的行为和态度，潘学联一再强调她们是"根本不懂文化的人，没有受过教育的人"，"跟她讲道理，因为她是文盲的，你跟她讲了，她也不懂"，"因为她们不懂文化，她们……恨我，我是理解的……所以，我一想到这些，我就不恨了，任其自然，就这样"。他还讲了一个老母亲关于"两

① 乔纳森·特纳：《社会学理论的结构（下）》，第43页，北京，华夏出版社，2001年。

基”的笑话。有一段时间，学校因为要完成基本实施九年义务教育和基本扫除青壮年文盲的达标任务，工作很忙，潘学联回家跟他母亲说：“现在学校两基工作，整很多资料要做，所以工作很忙嘛。我来家来得很慢，（农活）你们就做吧，（能）做了多少你们做多少。”他母亲反问他：“这个两鸡？我们家四五只鸡都有哦，就两只鸡有这样忙？”潘学联打心底认为，以家人的文化和认识水平，她们对于民办教师工作的不理解和不支持是自然的。

随着潘学联家庭矛盾的一再升级最终演化为“烧书事件”之后，潘学联的这些行动策略和心理调和机制已经应付不了他和家人之间的冲突。家人的“烧书”行为向他再次传递了放弃民办教师工作的强烈诉求。一般而言，在角色实践的过程中，通过重要他人的角色支持，个体获得对自我扮演该角色的合法性的认知，积极的角色支持有利于强化自我，固化认同。消极的角色支持，还不利于自我的强化，还会引发不同程度的心理压力，甚至导致焦虑和认同危机。[①]

烧书事件显然是一种强烈的角色不支持的表现，对他的教师身份认同产生巨大冲击，他认为当时是他人生中最为痛苦的时期，其程度甚至大于高考失利对他的打击。爱书如命的他对“烧书”极为愤恨，但又痛苦难言，他说，“我的精神也受到一定的打击。我自己很累，很累，我食不甜（甘）味，夜不安枕，越想就越恨”，“我只有心酸和在外面哭，睡着哭”。“烧书事件”导致他对教师身份的认同危机，他“睡不着觉，

---

① 弗洛里安·兹纳涅茨基：《知识人的社会角色》，第10—12页，南京，译林出版社，2000年。

这样想也不成，那样想也不成”。

如果说，身份认同是社会关系在个体身上的内化，那么，角色则是个体在身份认同的基础上，通过行动实践将自己的身份意识外化，通过该身份下的角色行为符合他人的角色期待来获得身份认同的强化。一方面，个体扮演了身份认同的“自我”，以便传递自己的身份信号；另一方面，通过实践中与他人的互动，他又观察并认知他人眼里的自我，成为互动场景中的“宾我”。“自我”和“宾我”的协调，对于建构个体的身份认同具有重要意义。“宾我”说明了身份认同不是单纯的个体意愿，不是单一理想自我的产物。身份认同建构包括对自我的认知，也包括对他人对自我的认知。当“宾我”和“主我”相调和时，个体的身份认同得到强化，个体容易获得自尊和个性的满足以及归属感、安全感和个体存在的社会意义等。[①] 如果“宾我”和“主我”不一致，出现错位甚至冲突，则个体的自尊被降低，随之的心理焦虑也会产生。

当家人眼中的“宾我”和自己“主我”之间的矛盾尚可控时，潘学联可以通过调整自己的角色行为来平衡，例如尽量通过一些善意的谎言来规避矛盾；当矛盾继续存在并很难避免之后，他进而会降低寻求角色支持的努力，例如通过选择性认知来说服自己放弃从母亲和妻子那里获得角色支持；然而，当矛盾进入激化状态，个体往往可能采用最后一种应对策略，就是开始怀疑自己固守的身份认同的合法性和合理性，转而希望寻得新的身份认同，以化解认同危机，迎合重要他

① 赵志裕、温静、谭俭邦：《社会认同的基本心理历程——香港回归中国的研究范例》，《社会学研究》，2005年第5期。

人的角色期待。[1]因此，“烧书事件”后，潘学联开始慎重思考是否要放弃民办教师身份的问题。那年暑假，他去小脑矿区度过了一个多月的打工生涯。

我们在前面虽然强调了外在客观力量对个体的身份认同建构的制约作用，但并不能以此就得出身份认同建构的片面的结构主义立场。身份建构是一个社会过程，但最终，这个社会过程取决于个体内心的调适。社会身份解决了“我属于谁”的问题，但身份认同建构最根本的任务是要回答“我是谁”的问题。后者显然是最基本的，也是最核心的，它是一切社会身份认同获得的心理基础，健康而稳固的身份认同往往需要建立在健康而积极的“自我”的基础之上。因此，潘学联虽然通过矿山打工行为对新的身份建构进行了尝试，但最终的选择仍然取决于内心对自我的价值和意义的认知，认同的实质乃是个体对所从属的特定社会群体的认知并且该群体身份对于其个人具有价值和情感意义。[2]

潘学联对于打工和教师这两种截然不同的身份的价值和情感意义是这么思考的:“我的思想也波折,但是呢,我又想回来（当民办教师）”，“（打工）将来我即使有钱了，但是呢，又没有知识了，那个对人的精神损失太大了”，“像我们（民办教师的工资收入）够糊口就可以了，但是我们精神很好嘛，我们受到人家，社会的公认。是这样，我认为

① 乔纳森·特纳：《社会学理论的结构（下）》，第43—45页，北京，华夏出版社，2001年。

② 王莹：《身份认同与身份建构研究评析》，《河南师范大学学报》，2008年第1期。

是这样”。在巨大的家庭压力面前，慎重斟酌之下的潘学联还是没有选择打工者这一身份。他提到了“知识”和“精神”的重要意义。他说，对于教学，他从来都不觉得厌倦，不觉得累。对民办教师的这份职业的坚守，关键是这份职业对他意味着实现自我的价值。“知识改变命运”的信仰以及将知识和文化作为现代人生活方式的重要组成，在参加工作十多年之后，依然是他的自我价值的内核。即使经历民办教师的艰辛，他也无法轻易抛弃内心这种被形塑的自我价值的期许。民办教师这一和知识、文化以及和精神生活层面有着密切联系的身份，显然在他心目中依然重要于其他身份。

民办教师阶段可以说是潘学联身份认同建构的极为重要的时期，在这个阶段，职业的特殊性导致他在角色执行中面临着多重压力，角色冲突在调和策略失效的情况下升级为家庭矛盾的爆发，甚至导致他对教师身份的认同危机。但也正是这种矛盾冲突过程中的内在自我和外部环境，包括重要他者之间的不断互动，使得身份认同在动态变化的过程中不断获得了建构和重构的可能。

身份认同建构是一个自我与社会、自我与他人的互动过程，尽管持结构主义观的学者强调了社会制约的建构力量，但在潘学联的案例中，可以看到，个体的自我不仅成为建构身份认同的核心要素，该要素所产生的影响力甚至远远超越了客观环境诸多外在压力的总和。由于具有反思能力的自我的存在，潘学联的身份认同建构便包含两个层面，一个层面来自社会结构中位置的赋予，是身份认同构建中的常规内容，在相同社会地位往往有其共享的内容，比如权责利的一致性等；另一层面，也是更重要的层面，是他将自我的价值和期待在社会身份认同上的一种附加，这是个体依据自己的认知能力与反思能力所建构的特殊层面。[①] 有学者把前者称为“社会化的身份认同”（situated identity），将后者称为“理想中的身份认同”（ideal identity）。因此，身份认同建构不仅是社会与个体的互动过程，还是一个充满了个性化的不断变化的复杂过程。

五、弹性的身份认同

1995年12月，潘学联通过“民转公”顺利转任公办教师，并开始任甲左小学校长一职。鉴于“民转公”对于他个人的重大意义，潘学联视此为职业生涯和生命历程的重要转折点。“民转公”让他摆脱了过去夹在农民和教师角色之间的两难局面，同时还给潘学联带来了三个方面的积极影响。首先，在制度和政策层面，他的教师身份终于和权益相匹配，身份认同获得了来自宏观制度层面的支持。其次，家庭矛盾消失，家庭成员作为重要他者也认可了他身为教师和校长的角色执行，这是来自家庭场景的角色支持。最后，也是最为重要的，是他内心对于身份认同和自我价值追求的期许得到了满足。

不过，教师身份的确立并不意味着认同建构过程的完成。虽然大多数传统研究倾向于对认同做一维的、单向的或者静态的分析，另一些认同研究则指出个体的认同建构过程的复杂性。一项针对农民工社会认同的定量分析发现，在现实生活中，农民工的社会认同是复杂、

---

① 乔纳森·特纳：《社会学理论的结构（下）》，第42页，北京，华夏出版社，2001年。

多维的，在同一个体身上也可能存在认同的相互矛盾与背离状况，且具有城乡二重性特征。[①]20世纪90年代兴起的跨国主义理论在观察移民的跨国流动中发现，这些跨国移民的认同也是混杂的，充满着内部张力，认同由各种各样的归属碎片构成，随着空间和时间的变化而变化，个体的身份认同可以不再和特定的文化、族群或乡土保持一对一的刻板关系，但也不是对原文化认同的彻底剥离，个体可以对自己的认同做加法而不是过去研究所认为的减法，新的认同可以通过社会活动被内化于个体的自我概念中，同时旧的认同也没必要弃绝。[②]这种认同的叠加，和特纳所说的身份认同的显要性排序，有其相同之处，均指出了认同的非单一性和多变性。认同建构是一个随着个体生命历程轨迹的不断变化而持续变化的过程。

潘学联的身份认同是社会建构下的产物，又是他在社会互动中对自我的认知，对于来自外界的身份建构制约，他不是处于简单的被动接受处境，而是基于自我价值和意义需求而采取了积极的行动。在这个过程中，个体发挥主观能动性，借助于观察、学习、反思和分析，在角色执行的实践中采取各种策略争取角色支持，化解认同危机，进行着各种矛盾的调和。如果说，身份认同是社会和自我的一种互动关系，那么能动性则是个体主动协调这种关系的能力，是认同建构中主体性的发挥，是个体对社会赋予的角色和身份意义进行的反思性建构并通

---

① 郭星华、李飞：《漂泊与寻根：农民工社会认同的二重性》，《人口研究》，2009年第6期。

② 丁月牙：《论跨国主义及其理论贡献》，《民族研究》，2012第3期。

过角色执行付诸实践。这种能动的反思和行动的同步过程，不断建构出新的个体身份特征，让社会结构通过空间延展得以进入个体的空间，经历了个体的再结构化，形成社会情景中的结构并对他者产生影响。[①]

我们不妨从潘学联转任正式教师之后，对教师角色的理解、实践以及他作为教师与村寨他人之间的互动关系等方面来对这种身份认同的反思性动态构建进行微观解读。

（一）本土化的教师角色解读

就在潘学联生活的三都县，有一位叫陆永康的水族乡村教师在21世纪初曾被作为乡村教师的典范进行宣传。《光明日报》、新华社等多家主流媒体都曾报道过他的先进事迹。陆永康是三都县羊福乡中心小学老师，出生九个月时，因小儿麻痹症导致双腿膝盖以下肌肉萎缩，只能用“跪着”的方式站立和行走。1968年，20岁的陆永康先被村里的孔荣小学聘为民办教师，后孔荣小学并入到羊福乡中心小学，他又在羊福乡中心校任教，有近36年的“跪”在讲台上上课的教师生涯。陆永康身残志坚、献身教育的精神获得了社会各界的好评，先后获得贵州省“五一”劳动奖章、全国优秀共产党员、全国师德标兵、贵州

① 安东尼·吉登斯著，李康、李猛译：《社会的构成》，北京，生活·读书·新知三联书店，1998年。

省优秀教师奖等表彰，2008年影片《水凤凰》还将他的事迹搬上了银幕。[1]

潘学联曾经参加过县教育局组织的学习陆永康先进事迹的报告会，对陆永康的事迹有所了解。实际上，同为水族乡村教师队伍中的一员，陆永康和潘学联的经历有很多相似之处。例如，他们都是在20岁左右作为水族村寨里屈指可数的文化青年被选聘为小学民办教师；他们有长达30多年在农村小学教龄；他们没有接受过正规的师范教育，当过很长时间的民办教师，又通过不懈努力转为公办教师并且都担任了小学校长的职务。陆永康虽然比潘学联年长十岁左右，但他们基本上经历了同样的教育政策和社会变迁，共同参与了水族村寨教育的发展。

批评话语分析代表人物费尔克拉夫（Fairclough）认为，话语受社会影响，同时也反过来对社会有构建作用；话语的背后是权力，话语秩序由权力关系建构，是社会秩序和社会文化实践在话语层面的反映；对话语的控制也是一种对权力的控制。[2] 从话语秩序来理解身份建构，可以有三个层次：社会或者国家的话语秩序，其对应于社会主流媒体对某群体身份的描述；机构的话语秩序，其对应于社会组织机构对某类别身份的描述；个人的话语秩序，即通过个体对其身份进行叙事建构。

---

① 以上参见周之江：《陆永康：跪着教书36载》，《人民日报海外版》，2006年3月27日；柳路、付小悦、张国圣：《忠诚“跪教”境界参天——记贵州省山村教师陆永康》，《光明日报》，2006年3月24日；《穿“船鞋”的乡村教师——记贵州省三都县羊福乡残疾教师陆永康》，新华社贵阳3月23日。

② 项蕴华：《身份建构研究综述》，《社会科学研究》，2009年第5期；胡雯：《费尔克拉夫话语分析观述评》，《牡丹江大学学报》，2009年第6期。

先看看国家话语是如何对水族教师陆永康进行身份建构的。《光明日报》刊登在2006年3月24日第一版的一篇社论是这样评价陆永康的：

陆永康告诉我们什么是光荣[①]

陆永康是大山的儿子。大山没有给予他伟岸的身躯，却赐予他伟大的灵魂。因为他，大山里始终回响着琅琅读书声，因为他，山里孩子们的生命之旅有了新的起点。他的名字镌刻在大山之上，也镌刻在中国教育的历史之上。

一个人的命运总会有许多变数，有时候是阳光灿烂，有时候是乌云密布。面对它们，如何选择即是人生的态度。在陆永康身上，我们看到很多的不幸与曲折，但他展现给我们的却是甘于奉献的崇高与敢于超越的勇气。“天将降大任于斯人也，必先苦其心志，劳其筋骨，饿其体肤，空乏其身。”这位令人肃然起敬的师者就在苦难中卓立于世。我们接近他、了解他，知之越深，仰之弥高。

陆永康的事业在于教育。作为一名扎根于最基层的教师，他深知知识的力量，他深知愚昧无知给一个民族的心灵所可能投下的阴影。由于自小失去行走能力，他只能以跪为行。于是，在36年里，他“跪”越崎岖山路、险恶沟壑，也“跪”越迷信和偏见，他用双膝支起了家乡人民对于教育的信念。他凭着执着和坚毅，在人们心里撒下了点燃

---

① 光明日报评论员：《陆永康告诉我们什么是光荣》，《光明日报》，2006年3月24日。

希望的星星之火。陆永康跪在课堂上，跪在去课堂的路上，所到之处留下的是一个乡村教师对于国家教育事业的一片赤诚之心。

陆永康是生活的强者。对于一个残疾之人，仅仅是简单的生活就足以构成难以跨越的障碍。然而，肢体的缺憾没有遏制他生活的信心，却反而激发了他生命的潜能和气魄。他的达观、自强与志气，依然使他那无法行走的岁月充满了朝气与活力。他从来就没有向生活屈服。他跪破了一双双用木板、篮球皮、废旧轮胎、铁丝做成的“鞋”，也跪掉了一个个令人望而生畏的困难。我们无法想象，在大山深处，一个瘦小的身躯，竟迸发出了如此炫目的生命之光！这是陆永康无与伦比的魅力。

通过图像和文字，我们感触到了陆永康的生活之路——简单、纯粹而又荆棘满布。我们的目光被他的故事所吸引，我们的心灵为他的精神所震撼。他几十年未曾行走，但在人们的眼里，他比谁都走得更为铿锵有力。他一路跪行下来，将事业和生活的责任也一起承受下来。他看上去如此羸弱，但又让人感觉到他无比强壮。

在人们匆匆的脚步里，陆永康的双膝留下了时代的最强音。在一些人忙忙碌碌、不知所终的迷茫中，陆永康显示了一位高尚者所具有的生活深度和精神高度。在他那里，我们分明感受到了一个奉献者所具有的富足。面对陆永康，我们无法不心生感佩，无法不追随他所高擎的精神旗帜。当前，全社会都在学习和实践以“八荣八耻”为主要内容的社会主义荣辱观，陆永康用他的行动告诉我们什么是光荣、怎样去赢得光荣。在全面建设小康社会的宏伟目标下，让我们向陆永康学习，每一个人都奋发努力、热心奉献，自觉担负起历史和时代赋予我们的责任。

这篇评论虽题为“陆永康告诉我们什么是光荣”，实际上反映的是主流意识形态在告诉我们什么是“光荣”。文中，诸如“奉献者”、“高尚者”、“生活的强者”，怀有“伟大的灵魂”和“赤诚之心”等关于陆永康的形象隐喻，体现了国家对理想中的农村教师身份的形象建构。另一篇新华网关于陆永康的报道，把陆永康形容为贵州山沟里的“保尔·柯察金”，深山里的“红烛”。[①] 这些国家话语，都力争将乡村教师，尤其是在贫困农村任教的教师塑造为乐于自我牺牲、不计回报、勇于奉献的教师形象。

国家主流媒体的话语对农村教师所经历的各种艰辛和磨难进行了渲染，但主旨在于树立服务贫困乡村的典型教师形象，强调的是教师的高尚师德和伟大情操。这种乡村教师形象的建构，以国家的“大我”来取代现实生活中的“小我”，以强调精神嘉奖来弥补社会对偏远民族地区教师物质支持的匮乏和资源分配的不均，以形象的伟岸来淡化乡村教师在现实生活中的艰难处境，以道德丰碑来合理化乡村教师的生活逆境。这些都是典型的国家在乡村教师形象建构中进行意识形态植入的做法。

那么，潘学联的话语又是如何建构这位和自己有诸多人生相似经历的同行呢？潘学联首先对陆永康的贡献表示了肯定，他说：

---

① 周潼潼、周之江：《贵州乡村教师陆永康“跪教”40年》，新华网贵州频道，2009年5月11日。

陆永康呢，他……是在一个边远的山区，也像甲左一样的那个边远的山区。当时那里呢，人才匮乏，没有人（老师）。你说，调一个老师去那里，哪个都不愿去的。可是，他懂一点文化，但是他呢，脚不方便。他前前后后教了几十年。这个村民，是因为他，才认识一点点文化。他呢，脚不方便，他跪在讲台上，教学几十年。他的这种精神是值得我们学习的。

他随后也提出了另一种的观点：

但是呢，你从另一方面，折射到生活上，折射出来，是因为他，没有这个……是……脚不方便了，体力劳动不得。为了糊口，这个村民呢，他只有教书可以糊口，从另一方面可以这样理解。他一个月才五六十元钱，人家那个身体好的，人家去劳动，一个月就不光是五六十元钱。他有两方面的原因。

潘学联形容陆永康的身体状况时，很谨慎地选择自己用词，避免用残疾、瘸子等字眼，显示了自己的修养和对同行的尊重。但他并不避讳陆永康因腿脚不方便只能从事教师这个不需要体力劳动的工作的残酷现实。

为了进一步阐释他的观点，他补充道：

首先，他这种精神（值得学习），如果没有他，一个村哦，如果没有他，后代是根本没有人去读那个初中。有他了以后，（培养）一批又一批（学生），多多少少要懂一点文化。所以他已经把他的这个精神啊，奉献给后代，奉献给一方。嗯，为师一方，造福一方。所以现在那个地区，所有读初中的，都是在他教以后，他们才得读初中。如果没有他，恐怕整个寨子，有一两千人，都只有几个人才（有机会）读初中。有了他，一年二三十个人读初中啊，这是他的成绩，为后代留下了一笔宝贵的财富。这是，我们应该向他学习的精神。

另一方面呢，陆永康老师啊，因为他是没有腿了嘛，所以呢，他只有教书，才能糊口。这是生活逼到他去做。是这样，我是这样思考。如果是别人，可能不做，（我的）意思是这样。因为他肢体不能劳动了，他就（只能）这样做。

和官方媒体对陆永康的全面颂扬不一样，潘学联一方面肯定了陆永康的教育贡献，另一方面也结合自己的生活体验中指出了一个非常现实的问题——从教是为生活和命运所迫，是谋生和糊口的一种手段，是条件限制下的唯一选择。这种观点实际上和陆永康在一次记者的采访中所说的话是比较接近的。陆永康说："我这个人命苦，生下来不久就遭这么大的罪。如果不教书，不做一点有用的事，我活着就没有什么意思了。"①

对陆永康事迹的评价，和潘学联自身的生活遭遇紧密相关，是基

① 柳路、付小悦、张国圣：《他放飞了大山的希望——记贵州省山村教师陆永康》(三)，《光明日报》，2006年3月28日。

于自身经历和社会现状的意义解读。他体会到，在那个特殊年代，在缺少发展机遇和生活选择的农村，担任乡村教师是农村青年除了当农民之外的唯一选择。但是，政策缺位以及资源不足等原因，让乡村教师的奉献和自我牺牲，在某种程度上也是一种被动的无奈。

潘学联评价陆永康事迹时，经过了一定的话语秩序的设计。他首先对陆永康事迹所传递的国家意识进行了肯定，然后悄然提出自己的本土话语，基于自己 30 多年的教师历程，对乡村教师的身份建构进行了补充：和农民身份一样，教师身份也是一种职业，是通过自己的劳动换取劳动报酬，奉献有时是生活环境所迫，对于贫困的村民而言，教师身份的首要意义是谋生。

（二）有关教育的话语

语言学家们在研究话语对身份的建构作用时，认为话语的生成是更广泛意义上的社会生活、社会关系、社会身份的生成过程的一部分；个体通过与自我身份相关的个人叙事，例如自传性的叙述，或者通过对具体语境中的具体事情的描述来理性地建构其身份。通过话语分析可以发现在某一语境中的身份建构过程。例如他们在叙述自己的生命历程时，特意强调了哪些事件、刻意忽略或避免了哪些事件，在不同语境下，身份内容中的不同侧面又是如何被强调等。[①]

从潘学联的生活史文本分析，他在话语建构中，强调了教师身份

① 项蕴华：《身份建构研究综述》，《社会科学研究》，2009年第5期；项蕴华：《简述Fairclough的语篇分析观》，《山东外语教学》，2004年第5期。

的谋生意义、工资和劳动付出的等价意义以及他对教育和教学等方面的地方性知识，体现了他的教师身份认同建构中的本土特色。

1.“教师是一份职业”

潘学联频繁使用了一个概念——“糊口”来形容教师职业作为谋生手段的本质意义。他说，民办教师的最主要弊端是“工资太低了”，“连糊口都不够”，而陆永康值得学习的精神是“他不怕工资低，他都坚持跪在讲台上”。他说自己当年任民办教师的时候，“我的工资才三四元钱一个月，然后，一上课完，我就回家耕地了，耕地，糊口了。所以呢，就没有时间管（学生）了，嗯，任其自然了”。而现在，身为公办教师和小学校长，“国家已经把工资发给你，够（糊口）了，你必须要管（学生）了”。又比如，对于其他民办教师教学质量不高的问题，他分析：“因为大家也是亦公亦农，他还要糊口养家。比如农民，特别（在）农忙季节，他就是一下课就要务农啦，就没有时间，没有充分精力来备课，造成了教学质量低下。”

“教师也是一种职业”是他对这种教师身份朴素认识的总结：

刚开始，我教书的时候，我说，老师也是社会上（的一份职业），你是种田，我是种地。他是打工，他是在工厂做工人，我是教书，为了糊口，是这样。开始是这样，（教书）是一种职业。哦，也是像那些工人一样，是一种职业。

他并没有刻意去强调国家意识形态所建构的农村教师的奉献和自我牺牲，在他看来，国家“发工资”、“够养家糊口”，自己领工资，是他自己劳动付出的所得。如果国家给了工资，教师就应该要奉献，奉献和工资之间存在交换关系，这是潘学联对“奉献”一词的地方性解释。“不能光问国家要钱，应该要有奉献”，他说，并用自己的经历作注解：

我今年已经有34年的工龄了。我可以说，有20年的时间，我都（每天）起早来学校，晚上（天）黑才从这里回家。我对工作问心无愧，我可以这样讲。20年前呢，确实，我是民办教师，嘶……（工作）一丢，课本一甩（潘学联把手中的课本啪地一甩），马上回家。回家就耙田，像这两天（农忙），就下田，耙田。现在呢，那个工资已经够家庭糊口了。我们买米回家，那个田呢，光你大嫂在家，种得好多就好多了（能种多少就种多少），也不用管了。所以呢，那个陆永康，嗯，即便我不学习陆永康老师，但是我的内心呐，决定应该对得起人家。国家发工资给我们，我们应该（回报）以一份奉献，尽我们的力量。我常常这样想。

潘学联不仅用“糊口”这一概念来解释了教师的职业本质，还对“奉献”精神进行了进一步的个性化解读——“国家发工资给我，我们应该（回报）以一份奉献。”这大概是这位经历过生活的窘迫、妻子差点因他微薄的工资而离婚的农村基层教师内心的真实体会。如果生活依旧贫困不堪，谈何奉献。因此，他说他并不准备学习陆永康，但他拿国家一份工资、尽自己一份力量，也对得起这份工作，对得起“人家”。这个人家，应该有两层意思，一是发工资给他的国家，一是他的学生。

2.“我有一颗责任心”

潘学联虽然对国家话语中的“奉献”有不同理解，但他对于教师职责的履行，一直是“尽心尽责”和“兢兢业业”。前任校长和同事潘国仕就曾经这样评价潘学联，“从我退休以后，学联搞（任）校长呢，比较可以的。他兢兢业业的，为甲左的教育事业做贡献。特别是几年来，我退休以后，学联以校为家，到晚上，放学以后改作业，我几次都看他兢兢业业搞（干）工作，到晚上快黑了才回家”。

潘学联自己也说，“我这个（人）文化是不高的，我文化素质比较低，但是我有一颗责任心”。他认为，教师是否尽心尽责地工作，和他最终能够获得什么荣誉，像陆永康那样得到各种嘉奖之间，其实并没有任何直接关系：“我认为一个人你尽心尽责，即使给你很高的荣誉也是（要尽心尽责）。如果你没有荣誉你就不干事了？不应该是这样吧。反正国家发工资已经够糊我们的口了，我们就积极的工作吧。我应该是这样吧。你要得荣誉你才做？不是这样吧！”他用了两次的“不是这样吧”来强调尽职尽责是教师工作的本分，是他对自己的一贯要求，和荣誉无关。

你可以问所有的学生，都说我有一定的责任心。当时我是民办教师，从 1977 年到 1997 年，将近 20 年。但是我的工作也就是像这样，我从来没有对工作上的纪律松懈，我从来不爱那样。虽然我当民办教师也好，工资低也好，我都是比较兢兢业业。从内心上，我是这样评价我自己的。

特别是政府上级（领导），特别是像辅导站啊，中心校啊，每个同事都理解我的为人和我的做事（态度）。他们都说我的责任心强。

由“责任心”延伸到教师角色的实践，潘学联认为，“教师的职业道德就是教书育人啊，工作兢兢业业啊”，“那既然我上课，我就兢兢业业啊，把本职工作做好”。“当民办教师，我也是兢兢业业，我转为公办教师呢，也没有多大的贡献，但是我更严格的要求自己。古话说：为政之德，常怀律己之心。就是更加严格要求自己”，“过去没有进高级（小学教师职称）的时候，我照样对上课也是比较尽心的。现在即使评上高级了，我也是不用扬鞭自奋蹄的。过去都一样的兢兢业业的”。

由己及人，他认为“兢兢业业”工作的教师是办好学校的关键。“如果我们现在的老师，大家都兢兢业业做好（教学）质量，我相信教学质量一定会一年比一年好，教学质量会有好的局势”，“我时时讲你们得那么多工资，应该对学校兢兢业业才对啊”。

显然，相对于“奉献”这一国家对教师身份的建构，潘学联更愿意把教师看成是一份需要尽心尽职的职业，一份需要责任心的工作，一位好教师，好校长，应当在业务上严格要求自己，兢兢业业，不去追求虚无的荣誉。而研究者认为，这恰恰才是乡村基层教师所真正应该提倡的职业态度。

3. “传授知识给学生”

潘学联也谈到了他对素质教育的理解，他说：“真正的教育观念，应该是教学生怎样处世为人，还有助人为乐。还有，自己料理自己的生活。练就自己的生活本领。嗯，还有呢，啧，安全啊，这些你都要注意。教育观念应该是全方位的”，“教育观念应该（是）把一个人，不光在知识上，应该是在为人处世（进行教育），还有教他们怎样生活啊。知识不能只是语文数学，这只是（其中的）一方面。教育观念应该是这样，大概是这样。”他用“大概是这样”这种不确定的语式，而不是他经常使用的“是这样”、“就这样”来作为结尾，流露了他对于这一自上而下的素质教育理念，在理解和把握上还不十分地自信。

他紧接着道出自己对教育的看法：“但是呢，像我们这里啊，语文数学太差了，应该先把这个知识的功底搞好，所以就这样”，“我的教育观念就是，应该培养他们（学生）懂语文数学，就可以了。至于为人处世呢，以后他们大了以后，他们慢慢知道，呵呵。因为我们这里，那个，学生，文化素质底蕴太差了，太差劣了，太差劣了。”潘学联将“太差劣了”一语重复了三遍，强调了他对学生文化基础薄弱的无奈。作为甲左小学的教师和校长，他所持的教育观更为本土化，认为乡村教师的首要职责，是根据学生现状，做好语文和数学基础科目的知识传授。“主要的目的还是传授知识给学生，这是最主要的。”他说。

4.“忧国不谋身”

潘学联被任命为小学校长之后，校长角色成为教师身份下的又一个新角色。教学、行政双肩挑，常常让潘学联顾此失彼。对于学校管理，潘学联用“忧国不谋身”来诠释他在家国情怀下的治校理念：“过去有一句古老话是怎么讲的？‘忧国不谋身’，是不是啊？’”潘学联特意用粉笔在办公室的水泥地板上，把这几个字写了出来，希望能引起我们的重视。[①] 潘学联经常在话语中引用古语诗词，但所有被引用过的古语中，唯独“忧国不谋身”这句话，他特意当着我们的面在水泥地上一笔一画地写了出来。“忧国不谋身”出自唐代诗人刘禹锡《学阮公体三首》，原诗为：“昔贤多使气，忧国不谋身。目览千载事，心交上古人。”“忧国不谋身”的意思是贤德之人忧虑的是国家大事，而不是个人利益。2011 年 3 月，时任国务院总理的温家宝同志在回答中外记者提问时，曾引用这句话：“我应该像一个战士一样，在自己的岗位上

① 学校办公室的地面发挥了一个非常特殊的功能。灰色而粗糙的水泥硬化地面，经常被潘学联和老师们用作临时黑板，他们在地上写写画画，给前来办公室问问题的学生做解答。

坚持到最后一天，做到忧国不谋身，恪尽职守。”[①] 温总理的引用让当时的许多中国人都记住了这句话。潘学联引用这句话，不知是因为受温总理的影响，还是因为这句话道出了他从教30多年来，一直尽心尽职、坚守岗位的内心感受。

图3–1 写在水泥地上的“忧国不谋身”

在“忧国不谋身”的理想情怀之后，潘学联也谈到了自己的现实工作状态：

我很想，把我们学校治理好，管理好，但是，我一边抓教学，和其他老师一样，然后一边你还要抓那些（管理工作）。所以呢，就抓不

① 《在十一届全国人大四次会议记者会上温家宝总理答中外记者问》，《人民日报》，2011年3月15日。

到了。学校(管理)存在一片狼藉。我内心确实很内疚。但是,没有办法,只有应付过去就可以了。主要的目的还是传授知识给学生，这是最主要的。

连像我这样，我分管安全，还得上一门语文主课。上面对我们教学任务完成得怎么样要检查，那你把精力应付在教学上，那管理上就管不了了。学生可能会在路上出现强行爬车、打架，还有饮食卫生等，出现生病啊，你作为分管安全的老师，也管不了了。所以鞭长莫及啊，只能抚髀长叹。

从“忧国不谋身”到“抚髀长叹”，潘学联既表达了自己想履行校长职责、管理好学校的美好愿望，同时又道出了农村基层的小学校长在现实中的无奈和顺应。这种制约，有来自办学条件、学生素质、教师配备方面的各种不利的客观因素，也有对他身为校长和教师，对自身能力和素质水平的自省。

5.“滥竽也要充数”

由此而引申到什么是一个好老师的话题时，潘学联说：“一个好老师，第一，要有正确的思想，第二，必须底蕴丰富，有知识功底。应该这样嘛。”所谓的知识功底，包括自身的文化素养、知识面以及相应的教学知识和方法等,其目的是服务于教师在课堂上的知识传授。对此，潘学联多次反省自己“文革”期间上学没有学到更多的知识，一些基本的汉语拼音都没有掌握好，数学基础不行，教学方法方式单调，作业没时间批改，对于新知识，例如电脑、网络等更是一知半解。在他的访谈和他的语文课堂上，我们也发现他偶尔会词不达意，逻辑不清，或者用错词、发错音、写错字等。

前文曾经提到潘学联给学生上《我家跨上了信息高速公路》这节课时所遇到的挑战。其实，潘学联自己对电脑的操作和运用也非常陌生，他坦言：

（学生）从来不知道（电脑）是什么东西。……我也讲不清。我们去培训的时候，教我去开（电脑），我会开机。还有打字，大概一分钟成一个字，我就会这样。但是现在已经忘掉完了。……这个培训啊，学了两天。就开机关机，还有一分钟可以打一个字，打了一句话。那个，我就玩了两天。玩了两天以后呢，我就来家。

对于网络、电子邮件、互联网等，潘学联虽然接受过培训，但仍然不清楚。在访谈的时候，他曾问我们，"电子邮箱是什么东西"，"什么叫作登录"等。这些问题招来了身边年轻同事的笑声。经过我们的讲解之后，潘学联仍然表示，"这个东西你讲我也是半知不解，嗯，像懂又不像懂。要得那个电脑（在旁边），你亲自讲，我就清楚了。你（现在）讲，我感觉很抽象"。遇到类似于《我家跨上了信息高速公路》这样的课，他说他只能是"乱上一通"，"我们基本上是蒙混过关，滥竽也要充数了"。自嘲的同时，他表示这是目前无法解决的现实困难，因为"我们没有条件，也无法"，"所以这个就成了恶性循环，连这个老师都不懂，你教那个学生，你看，我想怎么教就怎么教了"。

6. "这就是唾"

潘学联在教学方式方法上非常强调教学不能一味地照搬教学参考书学，要因地制宜，紧密联系学生的生活实际。在课堂上，为了有效讲解以城市现代文化为本位的授课内容，他经常取材农村现实生活的例子，使用学生日常生活可接触到的事物来帮助他们了解那些从未接触过的事物；为了让学生记住一些容易混淆的拼音，他把这些拼音编成水歌；对于抽象的词汇，他会用形象的肢体语言动作进行模拟和演示。

记得一次课堂上，潘学联在讲解“唾”字时，他先用“唾沫”来组词，然后走到窗口，朝窗外吐了一口唾沫，说：“这就是唾。”这看起来不失为一种直观教学法，通过具体的行为演示让学生瞬间明白了“唾”的意思。从学校空间内的行为规范角度去看，这显然是不适当的行为。但是，从潘学联的视角，这却是有效地服务教学内容的再正常不过的手段了。

以上潘学联对教师、对教育的一些观点阐释以及他在教学过程中的部分做法，生动展示了来自基层的乡村小学教师的。随着国家对农村中小学校管理的不断加强，潘学联的工作场景中充满了各种强制性的“规范”，诸如“正规化办学”、“提升教学质量”、“强化师资队伍管理”等随时得以听闻，让潘学联这样的本地教师不断处于一个压迫性的社会情景之下。过去甲左小学师资极为匮乏的时候，这些本地教师努力维持了学校的运转，但是他们在教学岗位上奋斗了十多年之后，他们身上的本土色彩却逐渐被认为是不合格的、不正规的，并被迫按照“上面”的要求进行改变和更新。他们在特定历史条件和社会背景下所形成的、固化在自己教学行为中的那些具有本土特色的教学风格，经常被教师中的“正规军”嘲笑。潘学联面对这种充满压迫性的社会情景，不断在话语中表达自己的无奈，提出独特见解，并在行为中有意无意地突破或违背“规范”，包括他频繁使用的口头禅“就这样”、“无法了”等，是他在制度“压迫性”情景下所能作出的最为温和的反抗。

在温和反抗的同时，潘学联并没有放弃积极的建构行动。通常研究者对村寨学校的研究，强调了国家的意识形态的建构和监控力量。但是，即便这些农村的小学使用同样的教科书，在风格相似的建筑里开展教学活动，墙上挂着类似的标语和口号，每一个村小教师，他的身份认同和角色执行都是独具个性的。在富有能动性的个体面前，制度的模式化有它的功能和效果，但无法完全取代个性。例如，通过对潘学联的话语秩序分析，可以看到，他一方面接受了国家制度和政策框架自上而下的制度安排，但又没有完全刻板地进行复制和照搬，而是基于常年的农村教学和生活实践经验加以个性化改造。他结合自己的生活经历和甲左小学的办学现实，对教师职业、教育功能、学校管理以及教师素养等提出了个人见解，在实践中进行教师角色的个性化扮演，甚至形成了一些虽不合乎官方知识立场却充分顺应了本土需求的做法。在他身上，“正统”的教育观、教师观和知识观被“现实”的教育观、教师观和知识观所替代，在国家意志和抽象体系通过学校现代空间实现向村寨延伸的过程中，身为教师和校长的潘学联，能动性地将自己的身份认同紧紧地扎根于村寨内部的现实，进行有选择性的建构。这种有选择性的充满了弹性的身份认同建构，在下面要论及的其他社会实践中得到了进一步的体现。

（三）村校关系中的身份弹性

不少农村小学喜欢任命民办教师或者是“民转公”教师担任校长，因为这类教师基本都是本村人，熟悉村寨的情况，更加善于处理村校关系。[1] 土生土长的教师，在传统和现代、内部社区和外部社会的关系中拥有特殊的位置：他们一方面是“国家干部”，是教育政策的代理人，另一方面又是村寨的一员，有乡土意识，愿意为本土文化发出声音；他们曾经是农民身份的教师，和乡土存在着固有的联系，现在，他们是教师身份的村民，离土不离乡，依然生活在村寨的社会关系网络之中。乡土特质，是潘学联这类教师无法抹去的色彩，也是他们建构身份认同的根基。这种复杂而特殊的社会位置，渗透到他们的角色实践中，从而构成独特的身份特征。

甲左村的本地教师和外来的支教教师有明显不同，相当于两类教师群体。外来教师吃住都在学校，周末坐车回家。学校放学后，校门一关，他们基本上就生活在和外界没有联系的小天地里。受访的村民对学校里的本地教师非常熟悉，但对外地教师不太能叫得出名字，顶多是见面打个招呼，有家长说，“她（他）们也不太跟我们来往”。

而潘学联不同，他在处理村校关系时，不时在教师和农民、内部人和外部人之间来回进行弹性的角色转换。例如，大约在2006年过年期间，村里发生了一个小女孩拿镰刀砍伤另外一个女孩的事件。事情发生在放假期间，地点是在其中一个女孩的家里，两人在一起烤糍粑时发生争执。由于这两个小女孩都是甲左小学的学生，受伤的女孩叫潘粉，在学前班，伤人的女孩叫潘秀，在读三年级，所以潘学联便介入了这件事情的处理。

---

① 张济州：《文化视野下的村落、学校与国家——一个地方社区基础教育变迁的历史人类学考察》，第144页，北京，教育科学出版社，2010年。

“那我呢，就到他们两家调查这件事嘛。调查了一个下午，把线索摸清了，真正的面目摸清了。摸清以后呢，我就到他们两家协调这件事。”拿镰刀伤人的潘秀，大脑的发育有点迟缓，潘秀的老师曾经跟潘学联反映过，但潘学联让老师顺其自然，没有放在心上。甲左是同姓家族村，潘秀和潘粉的父亲，是堂兄弟关系，又是住上下家的邻居。潘学联决定从外部社会的法理和村寨内部的亲情两个角度分别进行调节。

他先到受伤的潘粉家，“我说，嗯，现在呢，如果你们闹大了，因为她（潘秀）还有未成年人，未成年人，这是第一；第二，她有病，你们大家都知道。这即使是成年人，有神经病的人，她打（人）了，她不犯法。你是正常人，你应该不跟她争吵”。然后他又去了砍伤人的潘秀家，“我又讲，我们的姑娘（潘秀）又是（年龄）大，她那个（潘粉）是小；我们姑娘呢，又是失手抓镰刀砍这个孩子的头，已经流血了。（虽然）也没有什么严重，但是呢，也说严重一点，如果是那种（砍下去），那就死啦。这种呢，就是把一块皮呢砍开起来。就这样，它不进到骨头里边，就包包（扎）就可以了。我说是你家女生哦，是你的姑娘失手了，你最好呢，你要到他家承认错误”。

在潘学联的调节下，潘秀的家长带上两斤肉，跟着潘学联主动到潘粉家道歉。“两边家长都很客气的。受伤的那个家长呢，最懂理。他说我们都是兄弟，你的姑娘不知道就砍了，以后你就叫你的姑娘注意一点，不送镰刀和那些凶器给她带，你也经常教育（她）。”当然，两家见面最重要的是达成医疗费用的协议。“我吃饭以后我就回我的家了。后面呢，也没有什么了，我也不知道他（潘秀的家长）送钱不送，我也不知道。现在他们两家都是像以前一样和好，甚至还（更）亲密，就这样。”

由于潘学联是当地人，所以在调解的过程中，可以通过“我们的姑娘”这样的话语去拉近和涉事学生家长的关系，同时，也懂得用“带上两斤肉”到受伤女孩的家中吃饭喝酒来缓和气氛。而作为教师和校长，他又可以对事件作出“未成年人”、“有神经病的人打人不算犯法”等超出民规乡约范围的法律解释。在整个事件的处理过程中，他巧妙地利用了村寨的传统礼俗，又适时地引入了现代社会的法制，灵活自如地在村民、证明人、懂法律的文化人之间来回转换角色，扮演了传统和现代的中介，即维护了对传统礼俗的尊重，也让现代社会规范介入村民的生活。

处在传统向现代缓慢转型的村寨，内部社会关系已经不完全是纯粹的“熟人社会”，村民之间出现的矛盾以及对待矛盾的心态变得日益复杂。在处理这些复杂关系时，传统的礼俗不一定能够完全解决问题，但现代社会的治理规则又未必能全面取代乡规民约在传统社会里有效运作。新旧社会转型更替中的村寨，处理社会问题的根本诀窍还在于针对个别情景，了解规则、形成规则并运用规则，潘学联对此深有体会。

又如 2008 年，有两个女学生在放学回家路上发生口角，其中一名女生拿起石头将另一名女生的头皮敲破了。尽管受伤的女生伤情不重，医院检查结果表明并无大碍，但受伤一方的学生家长不愿意接受对方的道歉，索要 400 元赔偿。潘学联带着三位老师出面协调了两次未果，受伤一方便告到了派出所和镇政府。由于派出所认为学生受伤情况并不严重而拒绝介入，又将问题推回给了学校。潘学联不得不再次去学生家里去协调。在协调的过程中，潘学联先以“换位思考”来说服家长要考虑到两个小孩都有不对的地方，双方家长都有管教责任，然后又根据自己当时对双方家长心思的揣摩，说服双方达成了赔付150元的调解方案。

我就对他（受伤学生的家长）说，这个小娃有她的不是。如果你们两家过去有什么冤仇，有冤恨，那个是另一回事。你们都是这个寨子，两家的家长都没有任何的口头纠纷，现在是小娃她年纪小造成的。如果我们互相谅解，退让一步，他也送一点钱。你（家小娃）受伤了，你说哦，是小娃她自己也是不知道（不懂事）才引起的。你也应该知道现在你的小娃也不受什么严重的伤。我们相互也谅解一下。如果你谅解他一下，他那边也体谅你，也知道你原谅他。所以呢，重新和好，以后你们和睦相处。两边那个寨子嘛，没有什么，抬头不见低头见嘛。

潘学联告诉我们他经常会介入到村寨内部纠纷，特别是和学生有关的纠纷的调节。国家体制内干部和甲左村民的跨界身份，以及同时具备的脱域的超地方知识和村寨内部乡土知识等特征，都是他在处理这些纠纷中必可不少的要件。至于修路、选择赛马场地、土地征用、校点撤并等重大事件，当然更少不了他的参与。“今年那个他们决定赛马的场地，他们忘记，不通知我，我也去啦，就（去）关心一下这里面的事情。”他说，透出一种对身份认同的自信和担当。当初那个被村民笑称“穿补丁裤的老师”，如今是村寨公共事务的重要参与者。

六、身份认同建构与村寨变迁

从渴望知识改变命运、到寻求改变身份再到重构弹性身份，潘学联的身份认同建构过程，是一个生活于乡土社会中的个体从“欲望”转化为“需要”并形成“计划”的过程,是传统社会向现代转型的产物，也是社会现代性变迁的里程碑标志。[①]

潘学联的身份建构过程体现了具有能动性的个体根据自己的需求创造性地使用该时空系统下的规则和资源，对社会结构进行再生产的能力和可能性。[②]处于传统向现代转型的村寨给他带来了受教育机遇，学校教育对他的身份认同进行了最初的形塑，离开学校回归甲左村之后，面对来自环境的压力，他在日常生活中继续自己的身份重构，直至最终获得教师身份认同的确立。然而身份建构的历程并未就此终止，社会身份的确立也不完全是国家意识形态规范下的复制和定型，他以自身在学校空间和村寨乡土社会空间的灵活转换，充满弹性地扮演自己的身份角色，时而以本土化的立场影响着学校的发展，时而又以一个现代性的立场影响着村民们的生活，从而实现了一个在结构约束下的对结构的再结构化过程，使得弹性的身份得以产生和维持。

参与到自然环境中的个体，观念意识和实践是体现人的主体性的

① 费孝通：《乡土中国 生育制度》，第81页，北京，北京大学出版社，1998年。

② 安东尼·吉登斯著，李康、李猛译：《社会的构成》，第43页，北京，生活·读书·新知三联书店，1998年。

两极。[1]其中，自我意识是内维，连接着历史，立足于现实，拓殖了未来；实践是外维，扎根于村寨，受制于时空。潘学联生命历程中身份认同建构过程中，反思的自我意识和能动的社会实践是构建认同的两维，它们和外部社会的制约构成了互动的三角关系。潘学联的身份改变、冲突或弹性，是个体在一定时空制约下的实践策略，也是个体在时空重组中进行自我主体性建构的过程和结果。

（一）反思性的自我

人通过学习、认知、观察和反思能力，结合在时空中身体的经历，不断理解自我并生成自我。吉登斯认为，自我，不是既定结果的赋予，而是动态和静态结合的不断生成过程：在行动的过程产生的自我，是动态的，作为行动的结果的自我，又是静态的；自我的生成机制是人作为行动主体所特有的反思性和能动性作用下，达到他人的评断和对自我需求之间的平衡，这通常伴随着自我的不断被否定又不断获得重生。[2]

自我的形成又是一个情景化的过程。在从传统到现代急速变迁的社会，个体面临着各种社会形态从传统到现代的时空断裂。旧的文化秩序被破坏，新的文化秩序尚未建立，日常生活的世界的诸多社会特征被消解，或者被嵌入到了抽象体系之中，而由抽象体系所建构起来

① 成鹤鸣：《晚期现代性：反思的制度性与终结——解读吉登斯的〈现代性与自我认同〉》，《南京社会科学》，2000年第6期。

② 安东尼·吉登斯：《现代性与自我认同》，第52—53页，北京，生活·读书·新知三联书店，1998年。

的社会常规又是一种有距离的非个人化的信任和交往关系；认同的持续性和稳定性遭到破坏，不断威胁本体性安全，引发焦虑、恐惧和信任危机。认同的重构，是维持本体性安全的需求。这意味着个体要在空间的横轴上，建构我、我们和他们的关系，在时间的纵轴上，要实现对自我的过去、现在和将来的整合，以便在断裂的时空中重新寻求建立恒定的秩序和连接。吉登斯指出，"自我建构作为一种反思性的'项目'，是现代性的反思性的一个基本部分；个人必须在抽象体系所提供的策略和选择中找到他或她的身份认同"。[①]

潘学联生活的时代，正是甲左村从传统向现代急剧转型的阶段。民族村寨所面临的这种现代性变迁，比任何其他城乡地区都要来突然和急速。潘学联上学的20世纪70年代，国家通过基层政权的建立和各种社会运动，实现对社会基层的国家化控制。他在接受现代学校教育的过程中，深刻感受到了传统、封闭、百年不变的甲左村和城市的、现代的、开放的汉族社会之间存在的巨大差异，切身体验到传统社会和现代社会之间的空间和文化断裂所带来的"不自然"、"自卑"和"感觉不好"。

传统的乡土社会是一个熟人社会，是面对面的社群，在这个无须个体进行命运和生活方式选择的先我而在的社会中，人们因熟悉而获得信任，因熟悉而建立可靠性。"乡土社会是靠亲密和长期的共同生活来配合各个人的相互行为，社会的联系是长成的，是熟习的，到某种

---

① 安东尼·吉登斯：《现代性的后果》，第108、104—105页，南京，译林出版社，2011年。

程度使人感觉到是自动的。只有生于斯、死于斯的人群里才能培养这种亲密的群体。……空间的位置，在乡土社会中的确已不太成为阻碍人了解的因素了。人们生活在统一的小天地里，这小天地多少是孤立的，和别群人没有重要的接触。”[1]

和传统的中国乡土社会相反，现代社会是陌生人社会，而且“是无法用乡土社会的习俗来应付的”[2]。在传统社会中，人们的社会关系一般是建立在血缘、地缘、业缘的基础之上，而陌生人是处于血缘、地缘、业缘等关系之外的人，和传统社会共享乡规民约，墨守一套稳定的文化传统不同，陌生人是信守不同价值准则和文化传统的人。这种熟人和陌生人的社会之区别，既是滕尼斯笔下“共同体”和“社会”的区别，也是迪尔凯姆讲的“机械团结”和“有机团结”的区别。[3]

上学让潘学联成为村寨中较早的一批从传统空间进入到现代空间的村民之一。这种空间转换导致他和村寨社会共同体之间形成的长期而稳定的情感纽带产生断裂，而新的和陌生人之间的信任和亲密关系尚未形成，原有的形成于熟人社会的自我认同在多元且不确定的“陌生人”社会无法适应，引发了内心的焦虑、不安全感和信任危机。他在学校寄宿生活期间产生的“内疚”、“害羞”、“不自在”等心理反应，以及“老师上课他问我，我懂了也不敢讲”等表现，体现了面对现代

① 费孝通：《乡土中国 生育制度》，第44页，北京，北京大学出版社，1998年。

② 费孝通：《乡土中国 生育制度》，第11页，北京，北京大学出版社，1998年。

③ 龚长宇、郑杭生：《陌生人社会秩序的价值基础》，《科学社会主义》，2011年第1期。

社会个体所产生的信任的缺失和本体性安全水平的降低。[①] 这种处境激发了潘学联通重新反思自己在现代社会中的身份和地位问题。他对旧的自我的怀疑和对新的自我的向往，集中反映在高中教育阶段所形成的强烈的“知识改变命运”信念。这种反思性的自我建构给潘学联带来了机会，又意味着风险和挑战。

学校教育给潘学联带来的作用之一，是通过对超地方的统一的普遍性知识的传授，进一步实现个体和抽象社会体系的连接。现代社会通过学校教育日渐入侵农村个体的生活。这些知识并不是面对面共同体生活所必需的，却是融入脱域的现代生活所应有的。传统的乡土社会无论是空间还是时间格局上，语言就已足够传递人们在那里生活所需要的全部文化，学习也是“言传身教”式的情景化的学习，文字往往是“庙堂性”的。[②] 例如，水族的水书往往是为了祭祀需要，而不是日常社会生活的必需技能，仅为为数不多的“水书先生”所掌握。只有当乡土社会的这种亲密接触的空间性质发生了现代性的转换，无论是自内而外的还是自外而内的，无论是主动的还是被动的，以文字为代表的抽象知识体系才成为个体生活的需求。个体对抽象知识体系的学习和积累是现代社会生活的基本特征，它促进了个体日常社会生活内容和本质的转型，使得社会关系有可能从特定的场所束缚中解脱出

① 安东尼·吉登斯：《现代性与自我认同》，第39—61页，北京，生活·读书·新知三联书店，1998年。

② 费孝通：《乡土中国 生育制度》，第22—23页，北京，北京大学出版社，1998年。

来，跨越广阔的时空距离实现重新组合和结构化。[①]

学校生活的空间体验，使潘学联与生俱来的面对面社群的亲密关系出现断裂，而学校教育中的汉语言文字等抽象知识的学习和积累又让他和更为广阔的外部社会空间建立了关联。在他高中毕业回到村寨之后，学校教育期间所形成的现代社会空间下重构自我动机——试图寻找现代身份的意图并没有因为空间的转换而彻底消失，而是伴随着他的生命历程进入了民办教师的人生阶段。

20世纪80年代，随着中国社会的改革开放政策的推进，外部社会加快了迈向现代性的转型步伐，全球化浪潮也随之兴起，但固守传统的民族村寨和现代社会之间的空间断裂依旧存在。在这个大的社会背景下，在学生时代未能成功实现身份和命运改变的潘学联并没有停止对自我的持续构建。“自我认同并不仅仅是被给定的……它是个人依据其个人经历所形成的，作为反思性理解的自我。”包括在转换的场域中依据文化的变化而改变对“自我”的理解和认知。[②]经过了对高考失败原因的痛苦反思和自己身处的村寨现实和家庭境况的综合考量之后，他选择了民办教师的职业，教师身份认同居认同序列中的首要，成为构成自我的重要维度。这种身份建构既是自我在过去、现在和未来的时间的持续的反思性认知，也是与生活中的他者，包括脱域的他者眼中的“他我”对话的结果。

---

① 安东尼·吉登斯：《现代性与自我认同》，第2—3页，生活·读书·新知三联书店，1998年。

② 安东尼·吉登斯：《现代性与自我认同》，第59页，北京，生活·读书·新知三联书店，1998年。

民办教师作为一种特殊时期制度政策下的产物，其本身就蕴含着体制外履行教师身份职责和体制内合法化的教师权利无法赋予之间的矛盾，最终在社会行动上集中体现为潘学联的现代教师角色和传统农民角色之间的冲突。民办教师和国家教育机构之间形成的契约关系是脱域的抽象化社会关系，信任的给予不是熟人和熟人之间的口头承诺，而是契约双方的诚信，理性而不是传统社会的亲密关系支配了潘学联的活动——这一切显然都是来自现代社会的特征。①问题在于，现代教育制度对民办教师的特殊安排，导致了这种抽象化的社会关系中的权利和义务的不对称，其实质是一种制度的失信，这种不对称不可避免地在嵌入乡土社会的过程中，给这种契约关系的执行者——潘学联遭遇到与传统社会结构的冲突时未能提供强有力的身份支持，特别是经济地位上的支持在传统和现代的博弈过程中，处于弱势地位的个体行动者成为社会转型代价的承受者。

潘学联称这段身为民办教师的时期为人生最痛苦时期之一。然而，角色实践为自我的持续建构提供了反馈，个体通过反思，努力超越所处社会的制约，创造性地使用该时空系统下的规则和资源。②为了实现农民角色与教师角色执行之间的和谐，弥合学校所代表的现代社会体系和村寨传统社区生活之间的冲突，潘学联积极地进行着策略性的计划，特别是“民转公”机遇将体制外身份转为体制内。这种“生活规

---

① 费孝通：《乡土中国 生育制度》，第74—75页，北京，北京大学出版社，1998年。

② 安东尼·吉登斯著，李康、李猛译：《社会的构成》，第43页，北京，生活·读书·新知三联书店，1998年。

划”，作为依据自我的个人经历而动员起来的、准备未来行动进程的手段，预设了生命历程安排时间的特定模式，意味着个体反思性地把未来拖入当前之中，以便从压迫的情景中解放出来，自我认同的反思建构依从于对未来的准备，同样也依从于对过去的解释。①

在公办教师阶段，随着教师身份的最终确立，潘学联仍然需要面对传统和现代之间的冲突，特别是官方的合法化知识和本土的地方性知识之间的冲突。在学校中，新教师和支教老师代表着符合国家统一规范要求的教师队伍，拥有“专业化知识”；而潘学联作为“民转公”教师，却有着浓厚的乡土特质和业已定型的本土化的教学技巧和教学方式。但是，丰富的生活经验促成了潘学联对教师、教育等形成自己的独特理解、认知和在行动中的把握。“在现代性的情境下，变化的自我作为联结个人改变和社会变迁的反思过程的一部分，被探索和建构。”②他在学校和村寨两个空间内自如转换，基于自己在生命历程的历练，建构了一个充满了弹性的自我。

（二）能动性的实践

在讨论了身份认同建构的自我维度之后，让我们进入到另一维——实践的讨论。能动性的日常生活实践是自我和社会建立关系的中介。吉登斯认为，个体的思想、目标通过实践得以付诸实施，自我在实践

① 安东尼·吉登斯：《现代性与自我认同》，第96—97页，北京，生活·读书·新知三联书店，1998年。

② 安东尼·吉登斯：《现代性与自我认同》，第35页，北京，生活·读书·新知三联书店，1998年。

中进行一系列心态、行为、生产及交往方式的重构和重组，最终实现自我融入日常生活，个体得以确立起主体性、统一性、连续性的自我认同。[①]因此，在现实生活中个体实践的深入程度决定了自我的主体性认知的水平程度，“实践在何种水平下深入客体世界，主体的认知就在何种水平下展开”。[②]

那么，如何理解能动性的实践对于身份建构的意义呢？能动的行动者是一个能知能动的个体，能理解自己的所为之事。[③]行动者的自我意识和认知能力为行动者的“能动”做好准备。韦伯认为，作为行动者的个体的特殊之处在于他不仅需要具有自由意志，还需要有对自己的行动的自我意识，即能够认知自己的行动的意义[④]。人类学家进一步把能动性理解为个体在文化认同的行动与转型中采取行动，将他们对文化的理解转换为公共的表现形式来影响文化，由此创造并再造了文化。[⑤]尤其是实践理论，特别强调了社会和个体之间的互反作用，认为一个社会或文化中的不同个体，具有不同的动机和意图，不同的权利

---

① 江琴：《焦虑的反思者——再读吉登斯的自我认同理论》，《江苏教育学院学报》，2012年第3期。

② 成鹤鸣：《晚期现代性：反思的制度性与终结——解读吉登斯的〈现代性与自我认同〉》，《南京社会科学》，2000年第6期。

③ 安东尼·吉登斯著，李康、李猛译：《社会的构成》，第36页，北京，生活·读书·新知三联书店，1998年。

④ 王小章：《现代性自我如何可能：齐美尔与韦伯的比较》，《社会学研究》，2004年第5期。

⑤ 康拉德·菲利普·科塔克著，周云水译：《文化人类学：欣赏文化差异》，第40页，北京，中国人民大学出版社，2012年。

和影响力；这些个体通过正常和特殊的行动与实践，设法影响和改变他们生活在其中的世界；文化体系塑造了个体体验及其响应外在事件的方式，但个体也会在社会运作和变迁中扮演主动角色，采取不同的方式，学习、诠释与操纵同一套规则——或许他们会强调更符合自身利益的规则。[①] 所以，不难看出，自我意识的存在是能动性行动的前提，而能动性的行动不仅设法影响和改造外在的世界，也会在与社会的互动中，对内在的自我提供反馈，由此完成认同的建构。二者在身份认同建构中形成互为中介关系。

我们不妨从日常生活中的实践和重大事件的抉择两个方面来讨论潘学联在行动中的能动性体现。首先，日常生活中的实践，主要体现为一定社会身份下的角色执行。角色执行和身份认同紧密相关。个体拥有多种身份，也拥有多种角色。各种不同身份认同的显要性次序决定了潘学联有目的性地进行角色执行。在教师角色和农民角色并存的民办教师阶段，教师身份认同的优先位置导致他将日常生活中的主要时间和精力花在了教学等相关事宜上。同时，为了避免角色冲突的升级，他采取了“哄”、选择性认知等多种手段来维持自己的身份认同建构；家庭矛盾冲突激化之后，他及时调整自己的角色行为，以满足家人对于他的农民身份的价值需求，挽救濒于破裂的婚姻；在“民转公”机会到来之后，他再次全力投入考试，通过身份转变来改变自己的不利处境，实现内心对身份认同建构的追求；“民转公”后教师身份正式确

---

① 康拉德·菲利普·科塔克著，周云水译：《文化人类学：欣赏文化差异》，第77—78页，北京，中国人民大学出版社，2012年。

立，尽管生活的环境没有发生变化，但潘学联在日常生活中不再从事农业劳动。客观上，这和工资待遇的提高有极大关系，但在主观意识上，和教师身份获得重要他者的支持有关，“那个田呢，光你大嫂在家，种得好多就好多了，也不管了”，“国家发工资给我们，我们应该以我们的奉献，尽我们的一份力量”。自我和实践之间的互反关系，一直在他的日常生活实践中不断循环，互为建构。

吉登斯将个人生命历程中那些需要做出重大角色和引发行动过程的时刻称为“富于命运特征时刻”（fateful moments）。[①] 他认为是传统社会关于“命运”的理解，尤其是“宿命论”对命运的理解，将个体的生活和宇宙中所发生的事件相关联，以一种顺从接受的观点，将人生的方向交由未来；而在现代社会，未来是开放性和选择性的，“风险”取代了命运成为核心概念。现代性带来了命运的“消失”，所有的行动和实践选择从理论上讲都是可以进行理性地风险计算的，尽管这种风险的计算可能永远都是不全面、不彻底的。例如，潘学联将高考视为“知识可以改变命运”的重要选择并为之努力，正是基于自己的过去、现状和未来所进行的风险评估，这种关乎“命运”的选择付诸行动之后，让高考成为一件“富有命运特征”的事件。[②] 然而，该事件的出乎意料的行动后果打断了潘学联对认同建构的预期，自我建构的统一性和持续性被中断，引发严重的心理压力之后，基于未来的风险性评估也就

① 安东尼·吉登斯：《现代性与自我认同》，第125—127页，北京，生活·读书·新知三联书店，1998年。

② 安东尼·吉登斯：《现代性与自我认同》，第129页，北京，生活·读书·新知三联书店，1998年。

再次被置于核心，“许多富有命运特征的时刻，实际上是强迫着个体去改变以及再重新调整目标”。[①] 于是，高考事件迫使潘学联基于自己的生活经历和现状，重新选择，继而才有“落心在教育事业上了”等一系列后续行动。富有命运特征的时刻和事件，不只是个体的能动性行动的重要体现，对于自我认同也具有重大意义，一旦做出重大的决策，那么随后的行动后果就会被用来重新塑造自我认同的反思性投射。[②]

生命历程中“富有命运特征”事件的发生，让自我基于历史、现在和未来的经验总结和风险评估逻辑以及由此所做出的反思性修正，促发了个体采取某种社会行动，“实践的格与主观的格在此意义上产生对应”。[③] 个体在实践中不仅生产了物质关系，也生产了个体和社会的关系，在这个关系建构过程中，身份认同得以再生产。因此，实践和反思性自我认知是身份认同建构重要的两维，它们让一个立体的个体得以生成，也让个体的社会存在产生意义。

（三）身份建构的时空性

个体行动者和社会变迁之间的关系是本研究关注的核心问题之一。通过在特定时空的社会情景下，以个体的生命历程加以分析，为该问

---

① 安东尼·吉登斯：《现代性与自我认同》，第149、152页，北京，生活·读书·新知三联书店，1998年。

② 安东尼·吉登斯：《现代性与自我认同》，第165页，北京，生活·读书·新知三联书店，1998年。

③ 成鹤鸣：《晚期现代性：反思的制度性与终结——解读吉登斯的〈现代性与自我认同〉》，《南京社会科学》，2000年第6期。

题的研究提供了“大社会、小叙事”的独特视角。本研究进一步发现，潘学联个案中，时间和空间不仅是生命历程的背景，也不仅提供了个体日常生活的框架，它们还直接参与了具体的身份建构进程。个体的自我和实践的两维，在现代性的时空抽离和延展中得以实现。时空要素提供了理解当下个体和社会关系的参照坐标，也展现了个体生活在现代性变迁中的实际状态，进而使微观个体世界之于宏观社会的意义得以理解。

1. 时间的抽离和控制

前现代文化都有各自的计算时间的不同方式。例如，水族的古老历法——水历就属于一种特殊的计算时间的方法。水历以农历九月为岁首,次年八月为岁末,九月又称为“端月”,人们在这个月庆祝“端节”,相当于汉族庆祝农历新年，春夏秋冬四季，在水历中被称为“胜、杈、旭、冻”；水族民间的各种民俗节日、农事节令、集市赶场、祭祀等活动，一般按照水历来进行推算;水族先人观天象，通过天体运行的规律，把握星位的变化和气象的关系，以利农耕，后来又将这些天象和人事相连，以星象测吉凶、行祭祀。[①]

这种传统历法中，时间的呈现总是和特定的空间地点联系在一起，依据自然环境的变化规律来加以区别。然而，随着机械钟等计时工具的出现，作为一种“虚化”的时间的统一尺度，钟表时间有自己的精确的统一的计时单位，实现了时间在社会组织中的一致性。这种时空

① 石国义：《水族村落家族文化》，第48—50页，贵阳，贵州民族出版社，2007年。

关系的转换和现代性的扩张是一致的：20 世纪，标准化的计时单位——公历或钟表时间在全球普及，生活在不同地方的人开始遵循着同样的计时体系，时间和具体空间产生了分离，在更为广泛的空间内实现连接。[①] 例如，今天的水族人保持了依照水历计算并安排节日庆典和祭祀的传统，但通常他们也会告诉你，今年的端节是在公历某个月份，举行赛马的日子具体是在公历的哪一天，这些日子提前几个月就已确定并广而告之，以备生活在不同地点的水族同胞为参加节庆做好准备。现代性让生活实践中的时间从其活动的场所空间中抽离，让制度化的时间在不同的社会空间延展并形成统一的秩序。

那么，时间从空间的分离对生活于其中的个体会产生什么样的影响呢？从潘学联的个案看，他所生活的甲左村寨，和很多其他地区的农村一样，从 20 世纪 70 年代末至 80 年代开始，进入了社会急剧转型轨道。在传统的面对面共同体，多数人在日常社会活动的时间坐标，基本上是和既定的行动地点以及行动自身的特性相关联。[②] 例如，一年四季的农活安排，春播秋收和所拥有的田地的地点以及不同季节的生物时间密切相关；什么时候开始什么样的劳动内容，有传统的历法可以参照，同时也要结合自然环境的变化规律。生活在面对面共同体的个人日常时间支配，服从于社会实践的需要，什么时候去播种、什么时候去收割，什么时间走亲访友或者聚会，什么时候去“赶场”购物等，

---

① 安东尼·吉登斯：《现代性的后果》，第15—17页，南京，译林出版社，2011年。

② 安东尼·吉登斯：《现代性与自我认同》，第18页，北京，生活·读书·新知三联书店，1998年。

都有既定的安排。

基于社会传统所形成的社会时间，甚至也制约着个体生命轨迹，包括关键事件和转折点出现的时间点，例如什么时候结婚，什么时候生孩子等，严格意义上的个体时间并不存在。生命每个阶段的重要事件的时间安排，受到社会文化内涵所规定的社会时间表的影响，社会时间表依据社会对不同年龄阶段社会成员完成特定社会期待的时间期望，标示了完成主要生活事件的恰当时间，社会成员参照社会时间表的指示参与并安排社会生活。[①] 例如，刚从高中毕业回家的潘学联，第二年便在家人的安排下结婚，婚后很快第一个小孩出生。这两件重大生活事件的时间安排符合了村寨社会时间表的要求，但如果从潘学联人生设计的时间安排考虑，实际上和他想要再次参加高考的想法相矛盾，导致他放弃再次参加高考的想法。对于村寨的社会时间表，某一事件在何时发生的意义远远大于事件本身[②]，它有利于维持村寨社会内部的延续和稳定。但对于具有现代性意识的事件行为主体而言，事件本身的个体意义可能要远远大于时间安排的社会意义。

现代学校的出现是村寨从传统走向现代变迁的重要标志。这不仅因为学校带来的新的知识和价值理念，还在于学校改变了村寨的时空状态。学校的时间按照国家进行学校管理的统一要求，有自己的一套特有的时间运行模式和规律，每个学期的时间表以星期为单位，每一

---

① 李强、邓建伟、晓筝：《社会变迁与个人发展：生命历程研究的范式与方法》，《社会学研究》，1999年第6期。

② 李强、邓建伟、晓筝：《社会变迁与个人发展：生命历程研究的范式与方法》，《社会学研究》，1999年第6期。

天活动内容的时间计算则精确到分钟，和环境的四季以及当地农业生产周期没有任何关系。实际上，在中国的任何地理位置上的学校，无论是农村还是城市，是西部还是东部，都在严格地遵守这种时间制度安排。也就是说，学校的时间制度和运行规则和学校所在的空间相分离，完全脱离了村寨空间的约束，与活动地点的位置无关。

“时间的虚化”是“空间的虚化”的前提，时间的一致性为社会组织实现一致性奠定了基础，并让时空重组成为可能[①]。一所学校在时间管理制度上的不断正规化，是加强规范化办学的重要手段。潘学联回忆他刚开始到甲左小学任教的时候，学校在时间管理上还比较随意，只要求教师必须每天到校，但是几点钟开始上课，取决于学生到校的情况。下课的时间也是看教师自觉，如果农活太重，没有精力上课，“那下课的时间呢，还没有到十一点钟就下课啦”。到2000年以后，时间开始和绩效工资挂钩，“缺少一节课，就扣多少钱。一个学期允许准两天假。如果你超过这个假期啦，那就是你付钱，你自己付钱”。时间的背后，承载着权力、资源和规范。当统一的虚化的时间和社会制度的空间延展相协调，也就为学校独立于村寨社会的束缚提供了条件，最终实现了学校自身空间现代性的确立。

学校时间的虚化通过教师和学生进入到个体的生活实践中。例如甲左村民实行一天两餐制，但学校的上下午作息安排让家长不得不改变这种生活习惯，实行三餐制。潘学联自从接受了民办教师的工作之后，开始按照学校时间来安排他日常生活中的社会实践，但是，时空分离

---

① 安东尼·吉登斯：《现代性的后果》，第16页，南京，译林出版社，2011年。

也带来了新的问题，现代社会时间和传统社会时间之间的错位，引起了个体生命时间构序的混乱，最终让潘学联不得不在时间分配上进行新的协调，以身份认同建构的弹性策略，实现在传统和现代时空之间的灵活转换，以便维持个体时间的自主性和灵活性。

2. 空间的延展和重构

如果说，时间是一种社会建构，意味着价值、规范和权力结构。[①] 那么这种说法同样也适用于空间。在前现代社会，空间就是地点，就是场所，是社会活动的物质环境在地理上的分布，任何一项社会活动的空间维度都受到了“在场”的支配，身体的“在场”是社会参与的前提。但现代性的降临让“缺场”等要素实现了空间从地点和场所分离出来；参与建构场所的不单是“在场”，那些缺席的远距离的要素不仅和场所发生着空间关系甚至决定着场所的性质；地图等虚化空间尺度的出现也让空间可以独立于任何特定的地点而存在。[②] 例如，甲左村在外打工者，虽然无法回家乡过节，但可以在预先约定的时间点，通过视频、电话、网络媒体和电视等渠道，实现对“端节”等节日的参与。时间的虚化——统一时间的使用——为空间的虚化提供了条件。

那么，潘学联的生活世界在时间重构的同时，是否也经历了空间的重构呢？答案是肯定的。鲍曼提出，在前现代社会，空间和时间是

---

① 芭芭拉·亚当著，金梦兰译：《时间与社会理论》，北京，北京师范大学出版社，2009年。

② 安东尼·吉登斯：《现代性的后果》，第15—17页，南京，译林出版社，2011年。

一体化的。[①] 传统的乡土社会在空间上是不流动的，以集体为单位的人和人之间没有频繁的空间转换和跨越，人口流动率低，社区之间的来往很少；乡土社会的生活富于地方性，个体的生活范围受地域的极大限制，地域和地域之间保持着彼此孤立的社会圈子；所有的空间就是生于斯、死于斯的那一块乡土。“空间的位置，在乡土社会中的确已不太成为阻碍人了解的因素了。人们生活在同一的小天地里，这小天地多少是孤立的，和别群人没有重要的接触。在时间上，每一代人在同一的周期中生老病死，一个公式。”[②] 在这种静止的乡村空间，就人和空间的关系而言，人被固定在特定的乡土之上，安土重迁，处于不流动状态；就人与时间的关系来说，人不需要太强的时间概念，处于“无事件境”之中，因为没有空间的转换，时间也就不重要了。[③] 时间成为历史所积累下来的记忆，成为生活中被反复重复的共同生活的习惯，“日出而作，日落而息”，深入骨髓，过着一种“忘时”的生活，甚至连刻意的记忆都是多余的。[④]

在时空一体化下的传统社会，决定空间距离的是血缘和地缘。例如，甲左村寨中的村民们，传统以来，生活区域基本不离开本村，生

---

① 刘拥华：《空间、权利与寻找政治——以鲍曼为中心的考察》，《人文杂志》，2014年第7期。

② 费孝通：《乡土中国 生育制度》，第9、44—45页，北京，北京大学出版社，1998年。

③ 刘拥华：《阅读秩序：空间语境下的乡土社会及其变迁》，《人文杂志》，2008年第4期。

④ 费孝通：《乡土中国 生育制度》，第21—22页，北京，北京大学出版社，1998年。

活内容离不开土地。村民所遇到的只是四季的轮换，而不是时代的变更，过着“不分秦汉，代代如是”的生活。[①]作为同姓家族村，社会关系等同于血缘关系，地缘关系则是血缘关系在地理上的投影，村寨成员的居所分布，依据血缘关系的亲疏在甲左村的几处山坡依山而居，每个聚居点的成员基本上来自同一个家族，相邻而居的多半都是血缘相近的亲戚。亲兄弟分家前生活在同一个老宅中，分家之后，有经济能力的就紧挨着老宅兴建新宅，没有经济能力的仍然在同一个老宅中分灶而炊、分桌而食而已。村寨中每个男性名字中的第一个字，取自族谱中的辈分排序。通过名字中的辈分排序，整个村寨成员之间的亲疏关系以及根据辈分而获得的社会身份和地位便得以清楚辨识。“长幼有序”在时空一体化的村寨，和个体时间——个体的生理年龄并无特定关系。

在其著名的“差序格局”理论中，费孝通指出，这种不流动的乡村空间，资源、责任和义务的分配原则是集血缘和地缘关系于一体的距离亲疏。个体和其他社会成员之间的关系按照“同心圆”形式建构，“好像把一块石头丢在水面上所发生的一圈圈推出去的波纹。每个人都是他社会影响所推出去的圈子的中心。被圈子的波纹所推及的就发生联系”。[②]同心圆的基础是以“己”为中心所构成的血缘关系以及由血缘关系投射的地缘关系，有具体的空间边界。社会范围从“己”往外推出去，最基本的是亲属关系，其次是朋友关系。社会范围大小往往

① 费孝通：《乡土中国 生育制度》，第51页，北京，北京大学出版社，1998年。
② 费孝通：《乡土中国 生育制度》，第26页，北京，北京大学出版社，1998年。

和居于同心圆中心的“己”的势力大小相关。社会关系由此及彼，具有很大的伸缩性和相对性。

但是，现代性的空间抽离对这种“差序格局”的“同心圆”式社会关系构成了挑战。首先，空间从物质的地理中抽离之后，个体获得权利和拥有资源的多寡，除了传统的“在场”的居于地缘和血缘的社会关系之外，也取决于“缺场”的现代社会关系跨越时空距离所赋予的身份和地位。空间转换往往意味着权力和资源的再分配。其次，社会关系的亲疏远近也不是必然地取决于地缘和血缘距离。例如，随着甲左村民空间流动的日益频繁，在非农忙季节，留守村寨的大部分是老人、小孩和中年妇女，外出务工的村民越来越多，地缘和血缘一体化的固有纽带被打破。一些在外打工挣到钱的家庭开始选择在村口路边修建房子，打破了原来择亲而居的空间格局。差序格局的“同心圆”关系，被一种更富动态的个体之间点对点关系所替代。原来根据差序格局而得以从同心圆的中心不断扩展出去的责任、义务、权利和资源分配，虽然并没有像鲍曼所说的彻底消失了，但是，在“点”为基础的网络关系结构中，是在单个个体与单个个体之间，突破空间和时间制约进行了重新连接和分配。原来村寨的权威人士或者说社会关系的中心来自血缘层级关系的顶端，也就是族老群体。但是，在点对点的网络关系中，身份取决于个体所拥有的资源和信息，居于权威位置的通常是已经脱离村寨在县城里工作的“国家干部”、村寨里的若干精英人士或者在外打工者中的活跃分子。他们不一定是血缘关系中辈分最高的长者，在地缘距离上也不一定是最近的，但往往是最有能力在村寨空间和外部社会之间成功实现空间重组，进而能够自由而灵活地转换身份。空间延展，给他们带来了选择和机遇，也带来了更丰富的信息资源、更多元的身份和地位。

空间的存在本体是人的实践的主体性构建。正是人类的空间实践打破了空间的物质和精神的对立分隔，产生了实践的空间性和空间的社会性。[①] 厄里从实在论科学观出发，认为空间是实体之间的一系列关系，这个实体由有特定地点占据者和使用者的个体所组成的。空间把个人经验结构化。这些自主的、独立的、有各自社会经验的个体，作为特定时空下的主体在场，具有空间的分布也受空间的限制。[②] 作为空间主体的人，在时空一体化的传统社会，建构社会关系的地缘和血缘基础决定了人地关系是空间存在的主要架构模式。在这种社会，潘学联和其他村民一样，个体身份往往被淹没在对集体身份的重视和强调中，个人的生活方式和社会实践和他人也并没有太多的不同之处，日复一日，年复一年，通过土地劳动来证明、实现自己的身份价值并获得回报。

然而，村寨变迁过程中的时空分离为潘学联带来了另一种社会关系的建构途径，让他可以脱离土地的束缚，通过其他方式来生成自己的社会身份和价值。接受了教师身份安排的潘学联，实际上等于接受

---

① 丁月牙：《个体空间：基于移民生活史的空间解读》，《民族研究》，2014第4期。

② 约翰·厄里：《社会关系、空间与时间》，见德雷克·格里高里、约翰·厄里编，谢礼圣、吕增奎译：《社会关系与空间结构》，第1页，北京，北京师范大学出版社，2011年。

了现代社会关系的空间重构。作为政府教育主管部门和学校所雇佣的专业人员，这种雇佣关系取代了原来的人地关系，社会关系从所生活和互动的地域空间中“脱域”，摆脱了社会关系中的地域性和血缘性，跨越了更为广阔的空间，接受了来自外部空间的社会关系重构。这种重构的社会关系的例子之一是潘学联在“民转公”之后，随着正式的教师身份的确立，和妻子之间的关系发生了本质上的改变。以前，妻子对于潘学联的角色期待参加家庭劳作，妻子欣然接受潘学联的新身份。一旦新的身份获得确立，长期困扰和折磨着潘学联的角色冲突自动得到解决。和时间一样，空间的分离让潘学联的身份认同从具体的互动地域中抽离，脱离了传统的社会角色期待的束缚，形成了现代社会中个体和社会关系的新模式——上文称之为“弹性”身份。它让现代组织跨越时空距离对社会关系进行规则化控制成为可能，促进了社会生活方式的转型。

通过时间和空间的重新组合，关于行动和经验的新的世界—历史框架得以形成。[①] 以抽象的时空关系取代具体的时空关系的时空重组过程，建构自我身份认同，在某种意义上是个体对新的社会关系的理性建构。身份意味着“权力”和“机会”，身份的赋予与确认也是实现空间治理和空间控制的手段。对身份认同建构，蕴含了个体在生活实践中对时间和空间的调控努力：个体通过与外部时空秩序的反思性地对

---

① 安东尼·吉登斯：《现代性的后果》，第18、19页，南京，译林出版社，2011年。

话，调和冲突，保护本体性安全，寻找合法化的时空坐标，不懈进行着合法化的身份和社会地位实现。这种日常生活中的行动和实践，虽然是对旧的社会时空秩序的脱离，又是在不断地创造性地生成新的时空秩序。潘学联所经历的身份矛盾和冲突，正是在普通个体身上所呈现的新旧秩序转换过程中的碰撞和阵痛。潘学联等人在跨越时空的身份建构中的努力，其结果不仅改变了自身，也推动了村寨社会空间的变化，推动了村寨社会关系的重组，让村寨成为现代社会时空延展的一部分。这也正是吉登斯所说的个体在结构化过程中的社会意义。下表是有关个体嵌入传统和现代时空中所面临的时空状态，它有助于我们对于生活于一定时空下的个体的生命历程的时空性形成更为直观的认识。

表3–2　生活于时空框架内的个体

时空框架		基于血缘和地域关系的共同体空间	基于国家—民族体系的外部社会空间
	个体	村寨空间	学校空间
传统时间	农业时间	传承	脱域/延展
现代时间	学校时间	抽离/控制	重组

因此，身份认同并不是被给定的某种结果，而是个体在反思性活动和实践中不断生成的。我认为，“生成”一词，实际上比构建更能体现认同形成过程的状态。它体现了身份认同是理性的结果，也是非理性的结果，是能动性的结果，而不是简单地被赋予和接纳。

（四）知识人的社会角色

在村寨中最先接受并进行了现代身份认同建构的个体，自觉或不自觉地成为推动内部社会变迁的力量。兹纳涅茨基指出，要动摇某一社会内部秩序的有效性，动摇社会内部所固有的常识性知识的真理性地位，必须在社会内部发展反对力量；而反对力量的形成通常以和外部社会进行文化接触为先决条件，用新的文化模式取代旧的文化模式，当然，大多数情况下他们会对来自外部社会的模式进行再创造，这种接纳和再创造的过程，知识扮演了重要角色。“知识可以成为社会斗争的武器”[①]，“在现代社会里知识即是权力”[②]。这里所指的知识，包含了构成社会秩序和文化规范基础的，人人都信仰的常识性知识，也包括社会成员扮演社会角色的专业性知识和技术性知识等。个体身份认同建构的过程，以及在该认同下进行的角色执行，是一个知识人对相关知识进行学习、反思和运用的过程。身份是关于地位和利益的建构，而角色是关于知识和权力的执行。

不少研究农村和民族村寨变迁的学者指出，学校象征着国家力量，是深入村落的国家机构，是代表外部社会对村寨传统社会内容实现现代性植入的有效机制。[③]然而，学校本身并不会改变村寨，教育的到来也不会对村寨的变迁产生直接的影响。学校对村寨的最深刻的影响

---

① 弗洛里安·兹纳涅茨基：《知识人的社会角色》，第42—43页，南京，译林出版社，2000年。

② 费孝通：《乡土中国 生育制度》，第86页，北京，北京大学出版社，1998年。

③ 李书磊：《村落中的国家——文化变迁中的乡村学校》，杭州，浙江人民出版社，1999年。

在于它代表国家所履行的培养知识人的功能。受教育者一旦进入学校，便和生于此、长于此的乡土社会实现了空间上分离。外部社会的文化模式和社会规范，以知识的形式，规定着学校这一“社会圈子”的运行内容，授予学生学习的技能和思考的习惯，培养特定立场的价值观、世界观和人生观，并激发了学生在文化差异中进行自我认知和反思。这些以个体的社会存在而感受着学校和村寨的空间转换的具有现代性特征的“知识人”——拥有现代知识的行动者，很容易成为兹纳涅茨基所谓的村寨内部的“反对力量”。像潘学联这样的个体，当他利用知识进行身份认同建构并接受了外部社会的身份（无论是文化身份、职业身份还是其他社会身份）赋予，最终确立了充满着弹性的身份认同和空间转换策略，他实际上扮演了社会变迁的“媒介”角色，让外部社会结构和社会关系得以跨越广阔的时空距离，借助于有知识的行动者个体，向村寨内部实现了延展。从这个意义上讲，接受过学校教育的个体，才是推动传统村寨向现代社会转变和融入的真正的驱动力。作为有知识的行动者，他们的行为被烙上了深刻的特定社会和时代的政治烙印。

与此同时，潘学联作为学校的教师和校长，对于村寨变迁，他的知识人的社会角色又有更为特殊的意义。兹纳涅茨基在对知识人的社会角色类型进行分类时，把教育者列为学者类别下的知识散播者，他们负责把理论知识传授给年轻一代。[①] 尤其是乡村社会，教师传播现代

① 弗洛里安·兹纳涅茨基：《知识人的社会角色》，第93页，南京，译林出版社，2000年。

知识，在培养未来社会合格成员的角色执行中肩负着多种功能。

首先，他们是知识的传播者和宣讲者。教师以学习指导者的身份告诉课堂上的学生，获取知识的合法有效渠道是书本、是课堂、是学校，而不是父辈们田间地头的言传身教；教师同时也经常以知识权威的角色，告诉学生什么知识是主流的，什么知识是重要的；什么知识是对的，什么知识是错的，什么知识是必须学习掌握和牢记的；教师作为课本的代言人，不断强调课本所传递的知识的合法性，试图让学生明白，课本等同于另一个更为广阔的外部世界，鼓励学生从课本知识里寻找到更为美好的未来。教师，在某些时刻还扮演着思想导师的角色，改变了学生对知识的态度、对世界的态度、对自我的态度，宣传知识改变命运。在传授知识的同时，教师也授予学生获取知识的技能——上学、学习、看书等。这样，学校和课本上所展现的知识很容易就垄断了学生在人生最初的社会化阶段的知识立场和认知方式。知识地位开始高于一切。课本和学校知识后面潜在的文化立场和价值判断，也因此顺利进入并宰制了学生的认知框架，让他们在知识建构过程中成为生活在农村的城里人，生活在传统社会里的现代人。

其次，教师是知识仪式化的执行者。例如，村寨中的民办教师，无论所讲授的知识是否和自己的乡土知识或者与自己的生活知识和环境相脱离，无论自身是否有能力理解和把握这些外来的知识，他始终确信这些课本知识存在着自身的合理性和科学性并愿意加以仪式化地执行。空间的脱域意味着知识的脱域。这种对知识的仪式感在一些特殊情况下，甚至能够脱离教育的知识传播功能而独立实现。例如，潘学联提起在 20 世纪 70 年代末 80 年代初期，在甲左小学还不是非常“正规化”办学期间，一些教师，包括他自己，都存在过“应付”和“乱教”

的情况。他们或者简单地照本宣科，或者按照自己的片面理解来教学生，教师本身并没有真正做到对所传授知识的完全把握和了解，但无碍他们去执行知识的宣讲这一仪式。在这些特殊的例子中，学生似乎也并不是一无所获，甚至不会因此而否定这位教师的价值他们学到的可能不是教师所教的知识的“正确与否”或者“有用与否”，参与教育的过程本身就代表着完成关于知识的仪式，参与仪式的重要性甚至超过了知识授予本身。因此，乡村教师的这些特殊案例从另一个侧面突出显示了教育的功能和价值不完全是通过对知识对学生的将来有用或者无用来做判定，政治和文化的功能始终存在，且在特定的场景下以知识的仪式化独自发挥作用，它们强调的是对知识的膜拜而不是思考知识的真实价值。“似乎有这样一类知识，某些社会群体仅从自身考虑赋予它价值，而不管这类知识是否有实际用途；这些社会群体必定影响巨大，因为在许多社会，把明显无用的知识传授给年轻人被认为是一项重要的功能。”①

最后，教师还是国家权力对学校知识实现宰制的中介。国家通过专家系统对意识形态进行再解释和普及，再通过考试考核和选拔体系来实现对教师个人知识的控制和宰制。这在教师的专业发展中得到很明显的体现。要成长成为一名合格的教师，需要通过一套严格的教育、培训、考核、选拔体系来完成对教师专业知识的理解和掌握，教师个体的本土知识和经验，却经常被置于边缘和次要的位置。专业化程度

① 兹纳涅茨基：《知识人的社会角色》，第57页，南京，译林出版社，2000年。

越高，专家系统对于教师个人知识的宰制也就越强。[①]潘学联所经历的“民转公”，就是一个鲜明的例子。从地方知识的视角，民办教师是“合格”的教师，他们熟悉本族语言和文化、更了解学生的学习特点，更善于将知识和学生的生活实际相联系，他们对家校关系的处理，也比外来的教师更得心应手。如果是在强调传授乡土知识为主的学校，他们应该是比外来教师更为合格。但是，在国家有关教师专业化指标下，他们显然是“不合格”的。为了让这些“不合格”的教师变成“合格”的教师，教育主管部门要求民办教师进行系统学习，去指定的教育机构那里接受官方培训，通过国家统一考试，以证明自己作为教师已经掌握了这些合法化的、科学的官方知识，最后才能成功转变为正式的教师。教育主管部门认为，经过这种“再教育”的过程之后的教师才是合格的教师。这种假设的背后，实际上是对教师个人知识的排斥和对制度化专家系统知识的推广和强化。

甚至教师本身也构成了学校空间中“隐性知识”或者说“缄默的知识”的一部分。教师通过自己的言行，在师生日常交往中，对学生产生潜在影响。把老师和学生结合成一个社会群体，无论个体进入到这一社会群体的初始动机是什么，只要作为群体成员，他就必定要接受该社会圈子的价值共识。[②]在学校的圈子里，尊重知识或者说崇尚知识，大概是不会受到任何怀疑的。但是，很少有人去质疑，他们所

---

① 齐学红：《走在回家的路上——学校生活中的个人知识》，第250页，北京，北京师范大学出版社，2005年。

② 兹纳涅茨基：《知识人的社会角色》，第96页，南京，译林出版社，2000年。

崇尚的知识究竟是什么知识，是绝对客观的吗？是绝对正确的吗？如果说教育的目的是为年轻人、儿童、青少年传授知识，为扮演一定的社会角色做准备，那么这种教育是希望学生将来成功扮演自己想扮演的是被圈定的社会角色？这种教育符合学生以及他们的村寨的未来发展吗？有立场的知识奠定了有立场的学校，以及有立场的教育。教师，作为知识代理人，代表着国家权力和外部社会将村寨统合到社会整体中的不懈努力。

不过，强调教师作为有知识的行动者，是国家对村寨成员进行社会控制的代理人，并不能就此得出结论，认为知识人是一个僵化的顺从者角色。即便他们在特定时空下的社会生活实践在大多数情况下是对既有结构的社会复制，但也正是因为人类认知能力的有限性和能动性，这种被复制的结构不可能和既有结构完全一致，会有意料之外的结果出现。此外，大多数有知识的行动者也并不因规训和控制而失去其自身的主体性。从某种意义上说，学校教育是具有两面性的事业。它虽然携带并灌输着有自身的文化立场和价值判断的知识，但同时也赋予了受教育者对知识进行不断汲取和反思的技能和态度。接受教育的过程一方面是实施控制的过程，但另一方面也是个体的主体性反思和能动性实践能力不断加强的过程——基于自身的生活经历、实践情景和行动动机，对知识立场和价值的不断再创造。前文所提到的潘学联在任教期间对教师职业的评价，对自身教学实践中一些做法的反省和坚持，以及他在校村关系和家庭关系中弹性身份的确立，无不反映了他不仅在传授、宣扬知识，也一直在对知识进行着解构和建构，形成属于他的地方性知识。

社会结构正是寓于行动者的知识中，没有这些知识，结构亦未能独立存在；结构可以进一步理解为那些能被转换的资源和规则，以记忆痕迹的形式存在于个体的知识中，内在于人的社会实践活动。社会系统，无论其多么宏大，都是在借助日常生活的惯例得到体现。对这种规则和资源的自觉意识，在日常接触中对惯例的自觉意识，正是人类认知能力的核心，是人作为能动者的显著特征。像潘学联这样的行动者，在日常生活的社会实践中，在学校和村寨的社会圈子中，以默契的方式来把握规则、调动资源、执行惯例，以较大的社会系统中的结构性特征为依据，通过自己所具有的反思性知识进行着能动性的实践。其实践结果，反馈到实践情境中，又成为下一步行动的条件，从而进行着社会结构的再生产以及社会系统跨越时空的延续，社会变迁亦由此产生。因此，变迁既不是一种完全无意识的进化过程，也不是被人类随心所欲的操作过程，而是历史偶然性与必然性、主体能动性与客观规律性的辩证统一。①

从个体视角来分析村寨变迁，其主要推动力来自村寨内部，来自生活于现代和传统空间转换中像潘学联这样的村民。他们是推动村寨从传统走向现代的重要参与者。他们通过自身生活方式的选择和身份认同的建构实践，让外部社会制度在日常生活中得以延展和持续，完成跨越时空的社会关系的控制与重组以及社会结构的再结构化。同时，拥有一定学习能力和社会知识的他们，又基于生活的体验、观察和总结，对过去和现在进行了反思性认知，对未来的潜在机遇和风险进行预测

① 安东尼·吉登斯著，李康、李猛译：《社会的构成》，第60—93页，北京，生活·读书·新知三联书店，1998年。

和防范，以此选择性地建构个体的生命轨迹。社会变迁从过去到未来的时间轴线和从外部到内部的空间轴线，在个体的生活历程中，得到了最为真切也最为直观的体现。正是无数个这样的个体的生命参与和实践，让社会变迁成为可能。

艾布拉姆斯（Abrams）提出社会是由个体在历史长河中建构而成，同时，个体也在历史的长河中被社会构建，这个持续的建构过程应该成为社会分析的关注焦点。而这个建构的过程是由各种历史事件构成的，一件事件就是一个生成的时点，在这个时点上，行动和结构相遇，人类能动作用与社会可能性相遇，因此，历史过程是在人类的能动性作用下的社会结构的过程。“历史和社会是有持续性的、或多或少是由目的性的个体行动创造的，而有目的性的个体行动又是由历史和社会塑造的。”[①]

对于民族村寨从传统向现代变迁的研究中，一直以来，有一种普遍的认识将传统和现代视为线性运动的两端，是一对方向相反的作用力，构成了村寨发展的矛盾和冲突。这种二元的观点，如果从个体和村寨变迁的关系视角来看，显然并不是事实的真相。以个体为中介的村寨变迁，不是一个从一端到另一端的线性发展过程，而是现代性不断进入到传统的社会空间，通过一个个的个体的认同重构以及与之相关联的生活方式的选择和生活角色的执行中得到结构化的再生成过程。因此，现代性不是对传统的背叛或者否定，而是通过时空抽离和延展，

---

① 彼得·什托姆普卡著，林聚任等译：《社会变迁的社会学》，第200页，北京，北京大学出版社，2007年。

对传统社会的再生。从这个意义上讲，没有任何一个传统社会的变迁是完全类似的；基于传统社会而产生的所谓现代社会，也不会是完全一致的；甚至，我们可以进一步论断，没有一个现代社会是不包含着传统的纯粹的现代社会。

结束语

本章聚焦于一位在甲左小学工作的本地教师潘学联，对他的生命历程展开生活史研究，以此展现被卷入村寨变迁历史进程的个体，是如何积极面对命运的安排并主动通过身份建构策略来获得把握命运进而参与改造村寨的过程。

通过对这位热爱教育、热爱知识、不屈不挠的甲左小学本地教师的生活史访谈，本章对他的生命历程中的几个重大事件及其社会背景进行了回顾，对于他在这些重大事件中的行为选择进行了分析，研究发现，从身份认同在学生时代的最初塑造，到民办教师阶段身份认同所引起的理想和现实的冲突，以及最后公办教师和校长阶段弹性身份认同的确立，潘学联在学校现代空间和村寨传统空间的转换中，以反思的自我意识和能动的社会实践作为构建和挑战身份认同的两维，形成了在一定时空制约下的实践策略。该策略是个体在空间重组中进行自我主体性建构的过程和结果，也是个体参与村寨空间重构的必要手段，特别是以村里的现代知识人这一特殊身份参与村寨重构。社会制约了人，而人又以行动，影响了社会的重构。时空要素提供了理解当下个体和社会关系的参照坐标，也展现了个体生活在现代性变迁中的实际状态以及参与推动变迁的意义。

第四章　“走出去”与村寨变迁

在第三章中，我们对一名村寨教师的身份认同建构过程进行了分析，从中发现接受了现代教育对身份认同最初形塑的个体如何在其生命历程中，以一种积极的、反思的自我和能动性的社会行动来建构自己的身份认同，并以弹性的策略和学校、和村寨之间进行本土和现代性的互构，以此参与并影响了村寨的变迁。在第四章，我们将继续沿用该思路，但是，将视野从村寨中的单个个体拓展到村寨中那些实现了城乡空间流动的群体身上，以他们跨越空间的社会行动来观察这些村民个体如何以一种更为彻底而有力的方式推动村寨变迁。

本章对一个非常重要的本土概念“走出去”进行分析，介绍了甲左人“走出去”现象形成的原因以及三种不同形式的“走出去”——“离乡离土”、“离乡不离土”和“离土不离乡”，分析了“走出去”概念的另一种延伸——出村道路的问题，以当地人视角获得对“走出去”的多种层次的理解；本章最后就“走出去”的甲左人和村寨之间的互动关系进行研究，提出以“跨城乡空间”框架来透视甲左村正在发生的变迁现象的本质。

一、研究概况

根据前面章节对甲左学校教育发展的口述史整理，可以看到，在20世纪50年代以前，甲左的现代学校教育几近空白。20世纪50年代之后，才有个别家庭把小孩送到周围村镇的小学上学，自1966年甲左小学开始正式招生授课，接受小学教育的甲左学龄儿童数量才猛然增长，但是能够完成中学教育的人数仍然非常有限。这种情况一直到了20世纪80年代中后期之后才又有较大改观。

20世纪70年代至90年代接受过初中以上教育水平的甲左人，是当下甲左村最有影响力的一批人。这些人中绝大部分（26位，约占75%）接受了本研究的访谈，其访谈文本成为本章研究分析的主要数据来源。此外，考虑到数据的完整性和视角的多样性，本研究还从2000年后毕业或在读的甲左大学生中选择了9位进行访谈，以作为新生代甲左精英的代表。表4-1对其中的主要受访者的教育经历和职业身份进行了汇总。同时，研究者对十多位不同年代出生的、因故从小学或者初中辍学后回家务农的村民进行了采访，力求从不同角度丰富研究者对特定事件和主题的理解。

总的来说，本研究希望通过对不同年代受访者的生命历程的访谈，从当地人的视角来解读20世纪70年代以来发生在这些甲左人身上的教育和生活经历，借此探讨教育和社会变迁之间的内在联系。

表4-1　主要受访者的教育经历及职业身份

编号	年龄（岁）	职业身份	教育情况
1	70	退休教师	1955—1957年，行赏小学（一至二年级） 1957—1961年，牛场小学(三至六年级) 1962—1965年，三都中学 1965—1968年，黔南民族师范（中专）
2	69	退休教师	1958—1962年，安塘小学（一至四年级） 1962—1964年，水龙小学（五至六年级） 1964—1967年，三都师范的初师（小学毕业直读）
3	66	退休教师	1958—1959年，行赏小学（一年级） 1959—1964年，牛场小学（二至五年级） 1964—1967年，三都中学（初中） 1967—1969年，三都中学（高中）
4	63	退休教师	1959—1960年，甲左小学（一年级） 1960—1961年，牛场小学（二年级） 1961—1963年，牛场小学（三至四年级） 1963—1965年，牛场小学（五至六年级） 1965—1968年，三都中学（初中） 1993年后，完成中专函授学习
5	63	乡镇退休干部	1957年、1960—1962年，在甲左上私塾 1963—1968年，牛场小学（二年级至五年级上学期，因文革而停学） 1970—1972年，恢复学校后就读于和江中学（因病辍学） 1974—1976年，都匀黔南农校，栽培专业
6	55	县政府干部	1966—1970年，甲左小学（一至四年级上学期） 1971年，牛场小学（四年级下学期至五年级上学期） 1972年，尧吕小学（五年级下学期） 1972—1975年，和江中学（初中） 1975—1977年，和江中学（高中） 1977—1980年，黔南农业专科学校（中专） 1985—1987年，贵州农学院（成人高考，大专）

续表

编号	年龄（岁）	职业身份	教育情况
7	53	小学教师，校长	1966—1968年，甲左小学（一年级至二年级） 1968—1970年，牛场小学（三年级至四年级） 1972年，尧吕小学（五年级下学期） 1972—1977年，和江中学（初中和高中）
8	52	乡镇干部	1969—1973年，甲左小学（一至四年级） 1973—1974年，尧吕小学（五年级） 1974—1977年，和江中学（初中三年） 1977—1979年，和江中学（高中两年） 工作后在贵州省委党校进修两年
9	52	务农	1971—1976年，甲左小学 1976—1979年，尧吕中学（初中）
10	51	务农	1971—1976年，甲左小学 1976—1979年，尧吕中学（初中） 1979—1982年，和江中学（高中）
11	50	中学教师	1971—1975年，甲左小学（一至四年级） 1975—1976年，尧吕小学（五年级） 1976—1979年，合江中学 1979—1981年，三都民中（高中重点班，两年制） 1981—1984年，贵定师范学校（中专） 工作后在黔南教育学院进修（大专）
12	48	县政府干部	1972—1977年，甲左小学（一到五年级） 1977—1980年，和江中学（初中） 1980—1983年，三都民中（高中） 1983—1985年，黔南民族农业学校（中专） 工作后在贵阳农学院进修一年 参加成人高考，黔南州地区教育学院（脱产学习）
13	44	县政府干部	1978—1983年，甲左小学 1983—1986年，和江中学（初中） 1986—1988年，初中毕业补习两年 1988—1991年，黔南州民族干部管理学校[①]（中专） 工作后修得大专文凭

① 简称黔南民干校，后更名为黔南民族行政管理学校，于2001年与其他几所学校合并成立黔南民族职业技术学院。

续表

编号	年龄（岁）	职业身份	教育情况
14	44	中学教师	1976—1980年，甲左小学（一至四年级） 1980—1981年，尧吕小学（五年级） 1981—1984年，三都民中（初中） 1984—1988年，三都师范（四年制） 1999—2001年，黔南师院（脱产进修） 2006—2010年，黔南师院中文系本科（成人高考）
15	43	小学教师	1977—1982年，甲左小学（一至五年级） 1982—1986年，和江中学（初中，初一辍学一年） 1986—1990年，三都师范（四年制，中专）
16	42	县政府干部	1978—1983年，甲左小学（一至五年级） 1983—1984年，尧吕小学（六年级） 1984—1989年，初中（补习两年） 1989—1992年，独山师范学校（普师班） 工作后多次进修，获得函授本科学位。
17	41	乡镇干部	1979—1983年，甲左小学（一至四年级） 1983—1985年，尧吕小学（五年级至六年级） 1985—1988年，和江中学（初中） 1988—1991年，黔南民干校（中专）
18	39	乡镇干部	1981—1987年，甲左小学 1987—1991年，和江中学（初中，初三补习一年） 1991—1995年，黔南民干校（中专）
19	37	小学教师	1984—1988年，甲左小学（一至四年级） 1988—1991年，尧吕小学（五至六年级，留级一年） 1991—1995年，和江中学（初中，初三留级一年） 1995—1998年，三都民族师范（中专）
20	36	乡镇干部	1990—1995年，甲左小学（一至五年级） 1995—1996年，和江小学（六年级） 1996—1999年，和江中学（初中） 1999—2002年，黔南农校（中专） 2002—2005年，黔南民族职业技术学院（大专）
21	36	乡镇干部	1985—1991年，和江小学 1991—1992年，和江中学（初一） 1992—1994年，三都二中（初二到初三） 1994—1997年，黔南民干校（中专）

续表

编号	年龄（岁）	职业身份	教育情况
22	35	乡镇干部	1986—1992年，甲左小学 1992—1995年，和江中学（初中）
23	35	小学教师	1986—1990年，甲左小学（一至四年级） 1990—1993年，尧吕小学（五至六年级，休学一年） 1993—1996年，三都民中（初中） 1996—1999年，三都民族师范（中专）
24	34	小学教师	1986—1990年，甲左小学（一至四年级） 1990—1992年，尧吕小学（五年级、六年级） 1992—1995年，和江中学（初中） 1995—1998年，三都师范（中专） 工作后进修大专文凭
25	34	乡镇干部	1985—1989年，甲左小学（一至四年级） 1989—1991年，塘州小学（五至六年级） 1991—1992年，中和中学（初一） 1992—1993年，和江中学（初二） 1993—1994年，三都民中（初三） 1994—1997年，黔南民干校（大专）
26	32	中学教师	1987—1991年，甲左小学一至四年级 1991—1992年，尧吕小学（五年级） 1992—1993年，和江小学（六年级） 1993—1996年，和江中学（初中） 1996—1999年，三都民族师范（中专）
27	31	个体户	1991—1996年，甲左小学（一至五年级） 1996—1997年，和江小学（五年级复读一年） 1997—2000年，和江中学（初中） 2000—2003年，都匀农校（中专）
28	31	中学教师	1988—1994年，和江小学 1994—2000年，三都民中（初中、高中） 2000—2003年，黔南民族师范专科学校（大专）

续表

编号	年龄（岁）	职业身份	教育情况
29	27	县政府干部	1993—1998年，甲左小学（一至五年级） 1998—1999年，和江小学（六年级） 1999—2002年，鹏城希望中学（初中） 2002—2005年，都匀一中（高中） 2005—2010年，贵州民族学院（本科）
30	27	乡镇干部	1994—2000年，甲左小学（一至五年级） 2000—2003年，和江中学（初中） 2003—2008年，贵定师范（5年制大专）
31	22	打工	1997—2003年，甲左小学（一至六年级） 2003—2006年，和江中学（初中） 2006—2009年，三都民中（高中）
32	22	大学生	1995—2002年，甲左小学（一年级留级一年） 2002—2005年，和江中学（初中） 2005—2008年，三都民中（高中 2008—2012年，黔南民族师范学院（本科）
33	22	大学生	1996—2002年，甲左小学 2002—2005年，和江中学（初中） 2005—2008年，三都民中（高中，后补习一年） 2009—2013年，黔南民族师范学院
34	22	大学生	1998—2004年，甲左小学 2004—2007年，和江中学（初中） 2007—2010年，三都民中（高中） 2010年起，黔南民族医学高等专科学校（大专）
35	20	大学生	2000—2004年，甲左小学（一到四年级） 2004—2006年，柳镇小学（五到六年级） 2006—2012年，鹏城中学（初中，高中） 2012年起，黔南民族师范学院（本科）

注：该“年龄”栏所列数据为受访者接受采访时的年龄。

二、“走出去”现象的产生

26位在20世纪50年代至90年代接受过初中以上教育的甲左人的访谈中，一个重要的本土概念——“走出去”频繁出现。特别是那些大中专学校毕业后在外工作的甲左人，“走出去”是他们生命历程的主题之一，这些受访者有着各种各样的走出甲左的故事，他们生命轨迹中一个非常重要的共同点是对“走出去”的各种努力和实践。随着田野调查的深入，我们发现，“走出去”并不只是这些在外工作的甲左人的特有概念，在家务农的村民、在外打工的青年以及甲左小学的本地教师，在访谈过程中，也或多或少以不同方式在谈论“走出去”。

“走出去”本土概念的浮现，除了因为所选择的大多数访谈对象本身就是“走出去”的典范，还在于“走出去”也是20世纪后半期存在于中国农村的一个普遍现象：社会急剧变迁将原本沉寂封闭的乡村唤醒，村民个体，特别是那些接受了现代学校教育、被授予超地方的普遍性知识并对现代社会生活方式有较多认同和向往的村民，开始自觉地对自身命运和发展机遇进行反思并付诸“走出去”的实践。由于“走出去”现象存在的时代性、典型性和普遍性，使它的出现成为本研究不可忽视的焦点。

在受访人中，潘国儒、潘国高、潘国相等几位出生于20世纪四五十年代的甲左人是村里屈指可数的较早一批“走出去”的人。例如，出生于1957年的潘国相，20世纪60年代后期开始辗转于甲左、牛场、尧吕等多个村子的小学求学，而后又成为当时村里仅有的两个完成初中和高中教育的学生，1977年恢复高考那年他考上黔南农业专科学校，毕业后在县农业局、政协等多个部门工作过。他是村子里早期“走出去”人物的典型。潘国相说：

因为大家都是在山上住的，我们甲左在边远山区，都是在农村，（大家）都很辛苦。如果（谁）出来了，参加工作了，劳动强度也就小了，大家都很羡慕！长辈们会说，“要像他们几个哥一样好好地读书，要出去挣口饭吃”，“帮人家做点事，自己有饭吃，这样多好，大家经常挤在家里吃一口饭干什么，想方法出去”。一些老人经常这样鼓励年轻人，离开村子到城里、到外面去，有出息就出去。意思就是不出去就是没有出息。（用这个）来衡量一个人，就是在鼓励小孩要好好地读书，到外面的世界去，就是这个意思。

出生于20世纪60年代末的潘国期对于“走出去”的意义有深刻的体会，他认为甲左人不仅热衷于走出甲左，而且还使出“浑身解数”、“一帮带一帮”地走出去。他说：

甲左的生活环境比较艰苦，劳动生产都很辛苦。像我们这个村那些走出去的人，他就会带他家里面的子女、大爷叔伯的孩子出去。他带（他们）出去以后，（他们）能读书就读出去了，然后他们又继续带家里面的人，一帮带一帮，都出去啦。带出去了的家庭的生活，还有其他方面就会比较好一点，所以家家都要出去了，那我们家不出去是不行的。你看，他家都出去了，我们家的子弟还在甲左，这样一比，（我们家）就全部是差的。所以我们这个寨子是这样，出来的人，一家有人出去了，就要带家里面的一帮人出去。可以说是（使出）浑身解数，他都要把他们弄出去。只怕你没有人能出来，能通过教育出来，就是要出来。出来不是一定要吃公家的饭，可以做其他的事。反正就是教育这一块，我们的想法就是尽量出来，带出来。

20 世纪 70 年代末出生的潘学谊则用他的个人选择表达了对“走出去”的追求。1999 年从师范毕业之后，他作为县里为甲左小学培养的定向生，必须回甲左工作。然而，“当时我完全就不想回甲左了，当时的想法是读书之后我要从这里出去。从这个地方走出去，改变命运，是这样想的，（所以）一心不想报考甲左”。① 回到甲左小学工作的三年后，潘学谊以出色的工作成绩调到和江镇的教育辅导站②。

在大部分受访者的访谈中，即便有些人并没有直接提到“走出去”这一核心概念，他们的生活轨迹也都带有“走出去”的特征，无论这种“走出去”是地理空间还是社会空间意义上的走出去。这些出生于不同年代的甲左人都有着对“走出去”的共同追求和相应行动。走出甲左成为激励年轻人努力读书的目标，是否有能力离开甲左成为村里评价一个人以及一个家庭成功与否的标准。

“走出去”的出现首先和甲左村偏远而贫困的生活条件有关。“可能是因为我们那个地方条件太苦了，人人都希望出去。”（潘学余访谈）

---

① 当时规定所有的毕业生要通过竞争上岗考试，才能走上工作岗位。

② 教育辅导站负责对下属农村小学的管理和业务指导工作。该教育辅导站于2009年并入和江中心校，其相关职能也相应并入中心校。

生活的艰苦，从客观角度上看，可以简单归结为地处高山、交通不便、土地贫瘠、人多地少、可收入来源单一等。在当事人的记忆中，这种生活的艰苦往往和他们的读书经历交织在一起，成为他们脑海深处难以忘怀的经历。潘学钊讲述了他上小学期间的遭遇：1983 年，他 13 岁，去尧吕小学上六年级。报名那天，个子矮小的他挑着被褥、米和箱子，在陡峭的山路上爬上爬下，一路磕碰，到达学校之后，箱子已经被生生磕掉了一个角。为了节省住校的费用，他在学校边上“自己去盖一个茅草房，像现在这个厕所这样，盖了以后自己住”。1984 年他去和江中学上初中，每周上学时顺路从甲左山上挑一担柴禾到和江镇上卖掉，作为自己这个星期的生活费，“我记得就是一挑的柴吧，从上面（甲左）挑下去也是比较恼火的，比较远，到和江的时候大概就是卖得七毛钱吧，七毛钱就是一个星期的费用了”。有时候他还给食堂卸煤挣劳务费，“大概是五六吨的那个煤，我们卸完就是五块钱，好辛苦啊”。

由于家里很穷，父母常常需要借米给在学校寄宿吃饭的潘学钊。本来应该星期天就返校的他，常常要等到周一早上家里借到米了，才能匆匆忙忙赶去上学。崎岖狭窄的山路上，两侧疯长的野草几乎淹没了他，挂着露水的叶子一路蹭着他的身子，“一到和江的时候，裤子衣服全部都要湿完。如果早上你赶课的话就是这样”。在整个初中，潘学钊发现他们这些来自甲左的学生无论是吃、住、穿都赶不上学校里的其他同学。他说：

初中三年，加上补习两年，五年的初中，我记得就买了三双那种三五、三七码的解放鞋，最后去读师范的时候还带去。在穿鞋子上都这么艰苦，衣服就更不用说了。这是在穿着上。吃的方面呢，我们就是带上玉米和米去蒸饭，还有就像（一周的）最后两天，没有米了，也没有玉米了，那就只能是麦子打成面粉，拿去蒸，就这样吃的。有很多都是这样的情况。

甲左村的生活贫困和交通不便给不同年代的甲左人都留下了深刻的印象。潘国世回忆起他在 20 世纪 60 年代求学时生活的窘迫：

来牛场（小学）读书，我家当时比较困难。带两斤米吃一个星期。那时候有星期六（上课），就两斤米吃到星期六。所以一放学以后我们就去挖红薯，到山坡上农民的地里面去挖红薯来吃，还有去捡那个麦子来充饥。那时候一顿饭只有二两米，拿杯子来盛着的不是拿碗来盛的，太辛苦了。那时候最恼火啦！……最深刻的（记忆）就是那个放学以后捡麦穗、挖红薯。那时住校的人多了，个个都到山坡上去找，天天要出去找吃的，每天都要出去找，不然肚子饿啊，呆不住。找野菜，还有蕨粑，蕨菜粑粑。

因为贫困，和潘国世一起去牛场小学上学的甲左学生，一开始有十多个人，最后只有他一个人坚持到小学毕业。特别是在 1961—1962 年的困难时期，由于天天挨饿，潘国世自己也差点从学校里辍学回家。

在牛场读书的时候。最后幸亏有我的老师支持我，杨昌辉老师支持我，不然我也回家不读书的啦！你说脸都浮肿了，还读什么书了，命都顾不上。六二年、六一年的时候，我们星期六来（回）家的时候，路上都有死人的，我们跨过去。是这样的，那时候我们来家都怕，路上都有死人。

即便到了 20 世纪 90 年代，贫困仍然是很多甲左家庭的现状。潘学谊回忆起 1993—1996 年在三都民中上学的日子，家庭的贫困让他不得不在家里和学校之间为了生活费来回奔波，他说：

到了民中，家里面那时候很苦啦。我像皮球一样在学校和家里之间被踢来踢去。在学校没有钱无法生活，跑回家。那时候连车费都没有，走路，从民中走路到甲左，要三个小时，而且是抄近路。我们是抄近路、爬坡啊回去，比较快。来到家里面，父母没有钱，去赶场（当地的集市）也没有什么可变卖的，什么也没有，然后只好又回学校去跟同学借。读中学那时候都是这样的经历过来的，生活还是比较苦。

潘学谊还特别提到了鞋子的故事：

有一次印象最深的。家里面（我）只有一双鞋，因为湿了，我在寝室里面拿灯泡来烤，烤干了第二天穿，都是这样。然后有一天那鞋实在干不了，我就穿了人字拖去上课。到那个教室去了，那个英语老师就骂，怎么穿拖鞋啊，把它扔掉。没办法只好扔掉，光着脚上课。那个时候心酸了，我不是不愿意穿鞋而是没有啊，老师也不问青红皂白就这样说……诶，那时候的经历现在想起来还是有点心酸的。

总的来说，在 2000 年之前，甲左村的贫困和交通不便让这些受教育者对自身的命运安排产生了反思，产生了离开村寨“走出去”的想法，而读书则成为实现“走出去”愿望的最好的、在当时往往也是唯一的路径。正如潘学谊在访谈中多次强调的，“当时的想法是，只有读书过后，我从这里出去，从这个地方走出去改变”。

三、教育与“走出去”

贫困和自我封闭的村寨环境是甲左人“走出去”想法产生的初因，是费孝通所言的乡土社会中自然产生的“欲望”,而从“欲望”变成“需要”并因之而形成“计划”的转化，则是社会变迁中的一个重要里程碑。[①] 因此，当“走出去”成为为一种生活信念在个体，的日常生活中加以执行时，学校教育所孕育的具有现代性自我的个体，在对自身的生存状况及生命意义进行深层追问和反思基础上，所形成的努力挣脱乡土和社会传统束缚的一种认识。它是传统向现代变迁过程中，异文化输入的结果，是传统与现代文化接触和冲突下的产物。

（一）“走出去”信念的成型

“走出去”作为文化接触的结果，是村民个体在不同生活模式的比较下对自我价值和生活方式的一种选择，而学校现代空间为这种文化的接触、输入和比较创造了条件。学校教育过程中的异文化接触和文化冲突，让甲左人有机会对自我和他人的处境展开对比和反思，在接

---

① 费孝通：《乡土中国 生育制度》，第81页，北京，北京大学出版社，1998年。

受超地方知识和现代价值观的学习过程中，一种有别于传统面对面社区所定义的自我价值和生活方式得以灌输。特别是，学校教育所孕育的具有现代性自我的个体，往往具有对自身的生存状况及生命意义进行深层追问和反思的能办，在此基础上有可能进一步形成努力挣脱乡土社会束缚的认识和计划。

20 世纪 50 年代至 80 年代的甲左村，整体上比较封闭，到 1995 年才与外界通车，1996 年才开始通电。当时有村民购置了一台电视机，成为轰动全村的一件大事。固定电话、手机等通信工具的出现是在 2000 年之后。外出打工的人数大量增多则是 2005 年以后。因此，学校在很长一段时期内成为甲左儿童接触异文化，特别是城市文化和汉文化的主要场所，教育成为孩子们获知外部世界的主要窗口。特别是在 20 世纪 90 年代以前，学校甚至可以说是孩子们接触异文化的唯一场所。早先那些去水龙、尧吕、牛场、和江等地上学的小孩，小小年纪便离开自己熟悉的母文化环境进入以汉族和布依族为主的学校寄宿求学，经历了不同程度的文化冲击，遭遇了各种文化劣势处境和语言适应困难。潘国相在牛场和尧吕小学完成四到五年级的学业，然后在和江中学完成中学学业，他说原先对自己的水族身份没有什么特殊意识，到了外面的学校之后这种意识才开始成型：

（在学校里）几个小孩一起玩。我家是住在高山上，他们在平坝上，平坝上是布依族。他们就骂我们，他们不叫我们水族，叫我们水家，“他们是水家，我们不跟他们玩”。我才知道他们区分我们水家。我原先觉得自己是水族，人家是布依族，没什么区别，上课一起上，考试分数拿一样的。

到了潘学钊等人入学的20世纪80年代，这种基于语言、身份、地域差异而产生的文化冲突现象依然存在。潘学钊1983年就读于尧吕小学六年级，1984年开始在和江中学读初中。当年的他发现不仅自己在生活水平上和其他同学差距悬殊，其水族身份也常常遭受歧视。他说：

一是生活比较苦，生活赶不上人家，这是我的感触。再一个在我脑海里的就是被他们布依族的一些同学啊，我们说的汉话被他们歧视。我们毕竟是少数民族，说话都不清楚，所以被他们歧视。然后就是一种地位上（的差异）吧，他们看到我们，就说我们是山上人，他们是平坝人，反正说我们不如他们嘛，说我们怎么苦啊，怎么不如他们啊。他们本来就住在下面比较好的地方，他们生活好了，肯定看不起我们，我们是农村，这种歧视比较大吧。再说我们少数民族说话也不利索。从地位上说，好像到了和江就像是到一个城市里面，当时我们也是羡慕。……察觉到这些以后呢，我就觉得非得要读书，把学习搞上来，这才是唯一的出路。要跑出来，要不然被人家歧视的时候，觉得心里很不舒服。是这样，真的是被欺负很恼火。

潘学钊的这段话语在当时在外读书的甲左学生中很有代表性。水族学生的不利处境主要源于民族差异、语言差异和城乡差异，这些差异导致了其他民族学生的歧视行为，让潘学钊“心里很不舒服”、“很恼火”，与此同时，他在甲左和和江的差异比较中体会到“到了和江就像是到一个城市里面”，内心对和江的现代生活方式很“羡慕”。在外部的压力和内心的向往两种力量共同作用下，促使他产生了把读书作为“唯一的出路”、一定“要跑出来”的强烈想法。

到了20世纪90年代,甲左村寨已经不像20世纪80年代那么闭塞,经济和生活状况较以前也有改善，但1998年在和江小学上六年级的潘学余仍然感受到了在校园中的异文化适应困难。他说：

不适应，说实话，我们（甲左）那边全部说水话，会说一点普通话,他们（和江小学）说快一点我都听不懂,很辛苦。当时进去（读书),语文在班上最差，倒数第几名那种，数学还好，当时有点偏科。开始,数学老师教什么我不懂，语文老师教我更不懂。数学嘛自己去看，自己加班看懂。但语文这东西我就学不来。我们班上就我们两个最差的,另外一个，他是根本不学习那种，他是倒数第一名，我是倒数第二名,语文是这样……开始进去的时候都是蒙的,有时候都想哭了,很想家人。当时在新的环境，有食堂，自己蒸饭，一个星期回老家（甲左）一次,带米回来（学校），老人就抄点辣椒油，给几块钱买早餐吃。开始进去还是不太适应，当时好几次都想哭了，都想回去，不愿意再呆了。……进和江（小学）之后,性格内向,很少说话。见到老师心里怕怕的,(主要靠）自己看书学习。

他的民族身份意识在学校现代空间中得到了凸显：“你看啊，我在老家甲左那里，全部是说水话的，然后进和江镇，只有我们村是水族,出去的话全部讲汉话，只有我们说水话。那时候还小，就感觉，哦,我是水族的。怎么是这样？”这一身份认同的自我反思唤醒了潘学余潜在的族群身份意识。学校中体验到的语言、生活水平和民族身份差异导致他在这个新环境中产生适应困难，他变得性格内向，很少说话,怕老师，时常想哭，想回家，内心积压了极大的焦虑。

总的来说，基于语言、生活水平和生活方式、民族身份以及城乡地域差异而产生的文化冲击是20世纪后半期在外求学的甲左学生的共同体验。面对这些冲突，多数水族学生选择了沉默和“悄悄地在一边”（潘国勇访谈）等消极应对策略，一些学生以努力学习等积极策略来改善处境，还有一些学生则选择用武力等激进方式来维护自己的尊严。在90年代初，随着小学升初中的普及，水族学生在和江的求学人数大大增多。人多势众，遇到歧视和挑衅的时候就容易演化为群体冲突事件。潘学坤和潘国极等人在访谈中都提到了当年和江中学水族学生打群架一事：

他们（布依族）还说“什么民族啊，水族就是乡下的民族”。街上那些人喝一点酒，然后就跑到学校闹事，就是找水族的学生打架。（水族）在和江街上也不敢说水话，说了他们要那个（挨打）。……我亲眼看好多次了，周末我从老家（甲左）跟他们一起过来（和江），街上那些人就在路边等着想收拾我们，有学校内的也有学校外的，还有和江街上附近那些布依（族）的学生。当时和江中学的学校围墙还没有搞，他们晚上都要来找人打架。（潘学坤访谈）

据潘学坤的回忆，这些水族同学约好周末结伴回家再一起返校，免得落单挨揍。甲左村是其他几个水族村寨去和江上学的必经之地，成为水族学生上学路上的集合点和中途休息的地方，在村里喝口水、吃点饭，也是常事。当时在和江中学工作的甲左人潘学文老师，为了防止学生打群架，有时还特意到半路上接学生返校。

对于水族学生因文化差异和文化冲突所引发各种内心焦虑和安全

感缺失，当时的学校并没有提供有效的心理疏导和压力缓解，十三四岁甚至更小年纪的学生自身也没有太多的经验和知识积极应对。不少受访者表示当年的自己在学校里非常胆小，不敢说话，上课不敢回答老师的问题，课间不敢和同学交流，也不好意思带同学回家等，内心或多或少都产生了自卑感。

我记得有一次写作文，我的作文写得在学校里得了第一名，一等奖，自己写的作文。当时学校就准备拿去作为示范，叫我去念。我就跑去躲，那时候他（语文老师）就批评我一顿。当时怕得很，那时候胆子很小。主要是因为我们很少出门，觉得很自卑，我这个人一直都很自卑的。觉得我们比不过人家，自己各方面都不如人家。（潘学通访谈）

当时家里面条件很苦，我觉得特别自卑……对，特别自卑，跟女同学坐一桌，他们都是高干子弟。他们吃的东西我们认为很好吃了，他们都觉得不好吃了，就倒掉，我们觉得很可惜。然后你也不能说什么。我就觉得社会太不公平了，我们想吃都吃不上，他们反而好东西剩了就倒掉浪费。这样，特别自卑，那时候。（潘学谊访谈）

就是看不起了，就是骂，“你们这些同学从农村来的，成绩差差的”，但是他骂（我们），我们也不会讲，就只有悄悄地在一边。（潘国勇访谈）

甲左这些受访者在校园生活中所经历的压力、自卑、焦虑，在经过内心的痛苦挣扎之后只能进行自我消化。在这个过程中，有些学生产生了厌学情绪，最终放弃学业，也有少部分学生将压力转换为学习上的动力，希望通过读书实现“走出去”的想法，例如潘国相、潘学通等人，就是在压力、自卑和焦虑中突破困境，努力读书，最终走出甲左。“有出息就出去……通过学习改变我们自己，找到未来”（潘国相），“没有教育你还是一个农民”（潘学通），“如果你离开知识、离开文化，你怎么走出去？……就是必须进取，通过考试改变环境，改变自己的环境，靠自己去改变”（潘学凯），“通过读书，你才能有个理想，有了理想你才会去努力”（潘学超），“我就觉得非得要读书，把学习搞上来，这才是唯一的出路”（潘学钊）。在访谈的文本中，这样的话语非常之多，它们共同反映了这些求学者当年在学校中面对文化冲突不约而同产生“走出去”信念。该信念的形成体现了个体期望突破基于血缘和地缘的社会关系所形成的对个体生活和命运的束缚，是具有现代性自我的个体通过对自我和生活方式反思下的产物。“走出去”表明个体在学校的社会化过程中形成了对外部社会抽象体系的认同，希望实现一直被束缚于乡土的物质身体的脱域，进而实现与现代社会的全面融入。这也正是学校培育个体的社会整合意义之所在。当然，学校教育对于立志走出甲左的受访者的另一层意义还在于，它还提供了“走出去”所需要的生活技能和常识乃至文凭等流动资本。

当下，甲左人“走出去”的机会日益增加，“走出去”的方式更为多元化，对“走出去”的理解也发生了悄然变化。在90后甲左学生身上，例如潘玉、潘梅、潘宏程等人，和前辈们走出甲左的热切心态相比，少了那种迫于环境的无奈和自卑，代之以充满自信的丰富想法。这些在2000年之后才离开甲左在外求学的年轻人，在日常生活中就能获得各种各样与外部世界接触的机会，加上自身家庭经济状况的不断改善，孩子们在校园里所感受到的异文化冲击程度已经远远降低，原先那些来自环境的压迫感、对自身处境的危机感以及文化冲突中的自卑感很难再在这些新生代的身上找到。他们更加关注“走出去”能给个体带来什么样的发展机遇，对未来有更丰富的计划和选择。这是“走出去”现象的代际差异。

（二）“走出去”的渠道

改革开放之前，甲左年轻人并没有太多的走出村寨的途径。新中国成立以后的农村经历了土地改革、合作化运动、“大跃进”、“人民公社”、“文革”等一系列政治运动，甲左村虽然偏于一隅，但也受到影响和冲击，村寨经济发展持续滞后，村民生活困难，加上地理环境的制约，村寨与外界的隔绝状态并未完全被打破。城乡差异加上水族和其他民族之间、山地和平坝之间的文化差异等，都让村民们走出甲左、进入城市的愿望变得遥不可及。虽然甲左村的贫困促发了一些村民改变生活、改变命运的愿望，但贫困本身便是实现这种想法的极大障碍。因此，在学校教育得到普及和发展之前，甲左村真正能够通过其他路径“走出去”的人寥寥无几。

在现实条件的多种制约之下，“走出去”不仅需要个体自身形成改变生活、改变命运的意识，还需要社会结构提供一定的机遇和路径。1958年之后，国家户籍制度不断严格。1958年中央颁布《户口登记条例》第十条规定，公民由农村迁往城市，必须持有城市劳动部门的录用证明，学校的录取证明或者城市户口登记机关的准予迁入证明，向常住地户口登记机关申请办理迁出手续。1958年2月国务院《关于制止农村人口盲目外流的指示的补充通知》以及1959年《关于立即停止招收新职工和固定临时工的通知》等政策的出台，继续加大对农村人口的流动限制。[①] 在严格的户籍制度下，改革开放之前的农村，常见的向城市流动的途径有四种：城市招工、农民顶班、青年参军和高考分配。其中，“学校的录取证明”和中专以及大专院校毕业之后的国家分配就业制度，成为国家政策允许的从农村到城市化流动的“官方”渠道。对于缺乏其他社会上升渠道的甲左，这种路径的存在也就变得更加重要。

及至20世纪八九十年代，农村人口向城市流动的政策限制逐渐放宽，流动的路径也日益多元化。推行“家庭联产承包责任制”之后，剩余劳动力问题促使了农村户籍管理制度的相应改革。《关于1984年农村工作的通知》指出农民脱离耕地经营，转入小工业和小集镇服务业是一个必然的历史性进步，决定从1984年开始在各省、自治区、直辖市选若干集镇进行试点。1985年中共中央国务院文件首次提出允许农民进城开店、设坊、兴办服务业，提供各种劳务，允许务工、经商、办服务业的农民自理口粮到集镇落户，这标志着实行了近30年的限制城乡人口流动的就业管理制度开始松动。[②] 但是，户籍制度仍然是改革开放后农村人口向城市转移的主要障碍，虽然1984年和1985年的户籍制度松动，但这时候的户籍政策还是仅仅允许农民在小的“集镇”定居，并不允许农民在各级城市里正式定居。即使到了今天，城乡有

---

① 李飞龙：《改革开放以前中国农村社会的人口流动(1949—1978)——基于国家和社会的视角分析》，《天府新论》，2011年第2期。

② 李强：《影响中国城乡流动人口的推力与拉力因素分析》，《中国社会科学》，2003年第1期；李飞龙：《改革开放以前中国农村社会的人口流动(1949—1978)——基于国家和社会的视角分析》，《天府新论》，2011年第2期。

别的户籍制度仍然没有发生根本性改变，“由户籍锁定的生活目标却是一道巨大的心理鸿沟，对于许多农民来说是不可逾越的”。①

这意味着，在八九十年代的甲左，教育仍然是村民“走出去”的不可或缺的、重要的“官方”渠道。教育体制设计的人才选拔路径给没有背景、没有社会资源的农村青年带来了机会，成为不可多得的实现社会流动的官方渠道。像潘国相以及之后的潘学文、潘学通、潘国期等一批走出甲左的典型代表，全部是教育和人才选拔的受益者。他们“走出去”路径的共同点是初中或者高中毕业之后，考上中专或者大专，然后分配到三都县的中小学校和各级政府部门就业，正如潘学凯所说的“考试改变环境，改变自己的环境”，以及潘学谊说的“只有读书，读书以后到外面去，才能摆脱自己的命运”。

四、“走出去”的三种类型

如果说，早期甲左人的“走出去”大多以教育为路径，那么，在进入2000年之后，随着社会的进一步开放和多元化发展，更多的“走出去”形式开始出现，除了教育这一官方渠道之外，“走出去”路径更加多元化和个性化。因此，我们从个体与空间——本土的面对面社区空间和外部世界的现代社会空间——的关系视角，将甲左村“走出去”现象归类为“离乡离土”、“离乡不离土”和“离土不离乡”三种类型。

---

① 李强：《影响中国城乡流动人口的推力与拉力因素分析》，《中国社会科学》，2003年第1期。

（一）“离乡离土”

“离乡离土”是甲左人“走出去”的主要方式，在村寨内部产生影响最大。所谓“离乡离土”，指的是一部分甲左人不仅在地理空间上离开了甲左村，而且从社会身份上也脱离了“村民”身份，实现了地理空间和社会空间的双重离去。离乡离土式的“走出去”基本上是以教育为社会流动路径，通过个人的努力学习，成为精英人才选拔制度下的幸运儿，从各类中专或大专院校毕业后获得一份国家体制内的正式工作。所以，这类“走出去”的实现途径实际上包括了两个阶段，首先是成功地“走出去”，即通过考试离开甲左，到县城或者更远的城市上学；其次，是成功地“走进去”，即从学校毕业后，获得一份体制内的工作以及相应的城市居民户口。

中国特殊的城乡二元户籍制度是产生离乡离土式“走出去”的天然土壤，国家通过教育向城市选拔优秀人才的制度设计是实现离乡离土式“走出去”的前提。用潘学缝的话说，“你考上学校，毕业就分配了，就有机会进入国家这个行业”。“国家这个行业”的本土话语表述，反映了潘学缝的一种潜在认识：体制内工作是有别于“农业”而独立存在的另一种体系，只有进入这个体系行列的个体才可以享受到国家提供的各种机会、工资待遇、相关福利和附加权益。“国家行业”话语体现了农村的被隔离感。

潘学缝同时提到的“毕业就分配”，特是指 20 世纪 90 年代以前在相当长时期内实行的中专和高等学校毕业生的国家包分配就业制度。作为社会主义教育制度建设的重要环节，建国初期国家全面承担了举办高等教育的费用并实行统一培养规划、统一分配使用的毕业生分配制度。“文革”期间，所培养的工农兵学员则采取从哪里来、到哪里去的分配形式。到了恢复高考制度后的最初几年，毕业生的计划分配原则基本上还在沿用。[①] 这种适用于计划经济体制的“统包统分”、“包当干部”的人才分配制度由于和人才市场需求相脱节，造成了一些领域人才积压严重而一些领域人才奇缺的不合理现象，不仅人力资源被浪费，毕业生的就业愿望和用人单位的实际需求也没有得到重视。然而，对于当年来自偏远山区和农村的学生，这种计划性的制度安排却有效地保障了他们在择业面前的机会均等，获得了和城市毕业生同等的就业待遇。因此，最初一批走出甲左的年轻人，如潘国相、潘学通、潘国期、潘学文等人，得益于毕业生包分配制度，基本上都得到了“国家行业”内的就业安排。

及至 80 年代中期，随着改革开放的逐步深入、教育制度改革的推进以及各行各业对人才需求的大量增长，1985 年《中共中央关于教育体制改革的决定》提出改革大学生的招生制度和毕业生分配制度，改变毕业生全部由国家包分配的做法，开始试点“供需见面”和“双向选择”的模式。[②] 至 1993 年,《中国教育改革和发展纲要》又进一步改革高等学校毕业生就业制度，实行少数毕业生由国家安排就业，多数由毕业生自主择业，使“自主择业”的进程得到推进。完全指令性计划的毕业生分配制度跟随着计划经济体制一起逐步退出了历史舞台。

---

① 马卫宁：《经济发展与毕业分配制度的改革》，《江苏高教》，1985年第1期。

② 黄宇：《大学生毕业分配就业制度改革中的问题与对策》，《有色金属高教研究》，1997年第4期。

到 90 年代末，学生毕业分配工作由“双轨”变为“并轨”，彻底走向市场化。

国家政策的这种变化，给甲左人“离乡离土”式的“走出去”带来了影响。像 90 年代后期以后毕业的中专或大学生，未能像那些前辈们，理所当然地获得一份国家企事业编制内的正式工作。潘学坤、潘学可、潘学谊等人开始需要通过就业考试竞争上岗。其中，潘学谊 1999 年从三都民族师范专科学校毕业之后，第一次参加县里的竞争上岗考试，没有上线，只好去浙江金华打工。他说 :“自己读了那么多年的书，没有找到自己的饭碗，有点遗憾。”好在 2001 年的竞争上岗考试让他获得了甲左小学的教职。尽管潘学谊并不想回到甲左，但在来之不易的就业机会面前，他最终放弃打工回甲左工作。

然而,“离乡离土”仍然是甲左村“走出去”的理想模式,是对“知识改变命运”最为完美的诠释，体现了教育的社会流动功能。它意味着个体在地理空间和社会身份上和乡土社会的彻底脱离，实现了从农民身份向国家干部身份的转变，喻示着个体成功获得融入城市现代生活的机会。可以这么理解，离乡离土的走出去方式，实际上是精英人才对农村的一种离去。

（二）“离土不离乡”

“离土不离乡”是另一种走出甲左的路径，指个体通过教育和就业获得了农民身份向国家干部身份的转变，但仍然工作或生活于甲左村这一乡土空间。潘学联、潘国勇、潘学军、潘国杰、潘学川等一批在甲左小学工作的本地教师是这种“走出去”的代表。

前面说到，“离土离乡”模式不仅需要成功地“走出去”，还需要成功地“走进去”，那么，“离土不离乡”的这些甲左人，虽然成功地实现了“走出去”和“走进去”，但出于某种原因，他们又以新的身份“走回来”——回到甲左。在某种程度上，部分村民并不把这种“离土不离乡”模式视为真正意义上的“走出去”，甚至认为这是一种“走出去”的失败，因为它未能实现在生活方式和生活空间上与现代社会的彻底融合。潘学谊在面临需要回甲左小学工作时的心理冲突体现了这一点，他说：“当时我完全就不想回甲左了，当时的想法是读书之后我要从这里出去。从这个地方走出去，改变命运，是这样想的，(所以)一心不想报考甲左。”

潘学军于1998年师范毕业后回到甲左小学教学，2001年被借调到和江小学任教后，就把家安在和江，后来他再次被上级部门调回甲左小学教书后，爱人和孩子都留在了和江。他每逢周末回家，骑摩托车往返于和江和甲左之间。同年回到甲左小学教书的潘国杰，工作后的第二年借调到和江中学一段时间，此后又到其他几个村小任教，也于2004年再次被调回到甲左小学。2001年到甲左小学任教的潘学谊，则在工作几年后调离甲左小学。1998年到甲左小学工作的潘学川，考虑到离家近，便于照顾家人，他倒是乐于接受这种工作安排。这几个年轻人在最初工作的几年，曾经在甲左小学掀起了一股创新和改革的热潮，然而几年之后，面对着甲左小学非教师之力就能加以扭转的办学现状，逐渐都有了调出甲左的想法，潘学川说，“不知后面的路怎么走，我也不知道，很渺茫”。和潘国世、潘国勇、潘学联等老的一批教师安心于“离土不离乡”不同，这些新教师显然还在期待着更为彻底的离乡离土式的“走出去”。

从村寨变迁的角度，这些不离开乡土社会，但在社会身份上实现了从农民向国家干部转变，在文化和生活方式上跨越了传统和现代鸿沟的甲左人，对于甲左村有着重要的社会意义。潘学川说，像他们这些离土不离乡的当地老师，在村校关系和村寨公共事务中发挥着特殊的作用。

假如我们学校有什么建设，我们也征求村里面的意见。或者村里面做什么事，也找我们老师来帮，我们都会帮。比如寨子上，人家家庭不和睦，叫我们去调解。人家也相信我们老师，然后我们去调解了，两边都是握手言和。2000年以前这种事情比较多，后面就不太有了。还有，村里面举行什么公益事业，我们老师也主动去。公益事业呢，比如号召群众修路啊，群众不愿意去，我们也跟村干部一起去做工作。我们当老师的不讨人恨，随便到哪一家都很欢迎。他们很相信老师，学生也相信老师，家长也相信老师。假如我们学校做什么事，我们都邀村里面来参加。什么晚会呀六一呀，还有学校征地呀那些，我们都会征求村里面的意见。

和“离土离乡”的甲左人相比，“离土不离乡”的甲左人在当地生活，全面参与了家乡的建设，同时也更加直接地把外来文化带入村寨。例如，潘国杰刚到甲左小学上班的时候，酷爱运动的他，还成功组织了一支篮球队并代表甲左村去和江镇参加了一次比赛，他让甲左的学生们和村里的年轻人第一次见识了篮球运动。有别于普通村民的身份特征和教育经历让他们成为村寨和外部世界之间的桥梁。和“离乡离土”的甲左人不同，他们就生活、工作在甲左村，更加紧密地介入村寨的日常生活，直接推动着甲左小学的发展，在村寨公共事务中扮演着不可或缺的角色，以自己的行动在推动着村寨的变迁。前面章节提到潘学联作为“离土不离乡”的甲左人，巧妙利用弹性身份策略在学校和村寨事务中发挥作用便是一个非常鲜明的例子。村寨里修校舍、修路、通电等公共事务的具体实施和执行，牵头的往往也是这些人。甲左小学和村寨之间建立紧密关系并能和谐相处，是这些“离土不离乡”的甲左人发挥作用的结果。

（三）“离乡不离土”

2000年之后，甲左村还出现了一种新的走出甲左的途径，那就是以外出打工为主要形式的“离乡不离土”的“走出去”。

关于早期村民外出务工，潘学联曾提到自己当年利用学校放暑假期间前往小脑矿山打工。潘小二在访谈中也提到1990年，14岁的他就已经跟着熟人去广西贵港的一间纺纱厂打工。不过，根据村民的回忆，甲左村在2000年之后外出打工人数才急剧增长，尤其是2005年以后，绝大多数青壮年劳动力都以不同方式外出务工。从整个贵州省农民外出务工的发展历史来看，80年代末，农村自发的外出务工现象开始在贵州农村陆续出现，1987年首次出现了政府组织农民外出务工的形式。1987—2006年，全省登记在案的外出务工人员累计有900万人次，其中跨省输出约为575万人次。从输出规模看，1992年前的贵州外出务工处于起步阶段，所涉及的人口规模较小，1993—1994年曾快速增长，1995年后，由于国家对劳动力流动开始进行管理，加上全国经济发展速度放缓，外出务工现象有所减弱，至2000年后开始再次增长，并于2003年进入了急速增长的阶段。2003年贵州外出务工农民共有435万人，占全省农村人口比重达 13.5%。[①] 甲左村出现外出打工现象基本和贵州省的这一历史发展趋势相吻合。

甲左村外出务工分两种形式，一种是短期或者说季节性务工；一种是长期在外务工。从事短期打工的主要是那些教育和文化程度比较低的中年人，他们一般选择在冬季甘蔗成熟季节，去广东、广西等地帮助当地人收割甘蔗。他们砍下甘蔗，打捆装车，按收割甘蔗的吨数拿工钱，这种工作可以一直干到次年的三月份。砍甘蔗让打工者一个榨季能挣 5000—8000 元不等，如果是两口子都去的话，工钱就是一万多元。这是一笔很可观的家庭收入来源，而且也不耽误地里的农活，因此很受村民的欢迎。

长期在外务工主要是年轻人，他们大多有初中以上教育程度，打工地点主要集中在长三角和珠三角一带的城市。这些打工者一般一年回家一次，有的已经在外面安家，三五年才回来一次。例如潘国威、潘国奎、潘国伟、潘国儒等人的子女，以及潘学恒的弟弟和妹妹、潘安的哥哥等，高中毕业后，长期在南京、北京、深圳、广州等地打工。这些打工者和前面两种方式“走出去”甲左的最大区别是，他们虽然短期离开了甲左，甚至长年生活在外地，但并没有改变自己的农民身份，因此，我们称之为“离乡不离土”的甲左人。

在田野调查期间，虽然是农忙季节，但大多数在外打工的年轻人并没有回来，我们侥幸见到其中的三位，潘国池、潘国极和潘国尾。据当地人介绍，这些年，初中毕业生全部都到外地打工去了，高中毕

---

① 洪明勇：《建设新农村与贵州三农问题研究》，北京，中国经济出版社，2008 年。

业生甚至大专生也因为在当地没有更好的就业机会，选择到沿海城市去工作。根据潘国相的初步估计，在已经结婚成家的成年人中，每年出去打短工的人数比例应该不少于90%，而年轻人则达到了99%。他说："现在在家多数是老人了，老人出不去了。还有要是老人（年纪）大了，家里要留一个人来照看老人。其他力气好的都到外面去打工，出去打不了长的打短工。"

总体上，甲左村这种"离乡不离土"的"走出去"，其规模和发展趋势上已经远远超过前面两种方式的"走出去"。这种情况的成因，除了打工自身的吸引力外，和农村劳动力非农转移的路径过窄，以及2000年以后大学毕业生就业压力逐年递增等有很大关系。就业竞争很容易让农村来的毕业生处于劣势地位，他们没有太多的社会资源可资利用，所就读的大学大多数也是层次较差的地方本科院校。这些因素综合在一起，进一步增加了农村学生在国家体制内顺利就业的难度。潘学超指出近年来县里实行毕业生竞争上岗的就业制度阻碍了甲左学子以读书就业为路径实现"走出去"：

甲左这些年当然培养的人也很多，从小学走出来的人也很多。但是，现在搞竞争上岗啊，也有很多的人竞争不上了，又去打工了。如果按（毕业生包）分配，当然（在外就业人数）还有多，可是，现在我们甲左还是当时我们出来的这些人，现在（出来的人）逐渐少去了，竞争上岗上不了就去打工。看到读了那么多年书，花了老人那么多钱，最后还是打工，家长有些念头就产生了，觉得读书没有多大用处，还是打工好嘛，这些方面也阻挡了（学生的）一些上进心。所以在甲左，可以说参加工作的人逐年减少。

换句话说，甲左村“离乡离土”的路径日益变窄，而打工经济的出现却让“离乡不离土”的路径日益拓宽。这种一窄一宽的路径变化让“离乡不离土”日渐普及。由于它涉及了近 90% 的村民，因此给甲左村的发展带来了最为根本的影响。例如，家庭经济收入条件的改善。潘国相说：

如果是到广东、广西去砍甘蔗，遇到甘蔗长得好的农场，三个到四个月，他们几个人，除了吃饭、开支以外，至少拿一万块钱左右。然后就回来撒秧、栽秧和收地里面的苞谷。现在（耕）地都少了，山上以前种的地，现在都种树了。只有一点田，但是那就够一家吃一年了。田还是以前的那些田，以前人口还少，地多，粮食却不够吃，以前老家经常缺粮，现在粮食够吃了，现在粮食吃不完了。以前，他仅仅在家种那个田，富不起来，没钱用，他种田解决吃饭的问题，用钱的地方还是没有解决。现在他自己到外面去打工，找一些闲钱。

打工也让甲左人增长了见识，促进了村寨思想观念的变化。潘学缝说：

具体就是搞那个退耕还林嘛，然后到农闲的时候就去外面打工了，这个也是思想上的变化啊。农民他就是改变了当时的只种粮食的那种（想法）。现在除了种粮食以后，他就有思想了，他知道出去打工挣钱了。种粮食，一年最多卖得两千元，他们到外面打工，一个月工资就可以得两千了，他就是这么算的，思想观念就变了。

与此相应的还有生活方式等方面的改变。和笔者十多年前在甲左村做田野调查时不同，现在的甲左村出现了砖瓦房，不再是清一色的木结构吊脚楼。这些房子一般都选择建在道路两旁而不是山上，屋内仿造城里房子的格局，有厨房、卫生间、客厅、卧室等生活功能区域的划分。盖房子的钱大部分是通过打工积攒起来的。例如，潘国尾从外地打工回家一年多来，正在用打工攒起来的钱给家里盖房子。他在甲左小学附近的路边弄了一块地，现在刚刚把地基整好。潘国尾的计划是房子盖好后，给父母住，自己接着去打工。他说：

盖房子用的钱全是我一个人的，就是去打工啊，就是不抽烟这样节约下来的。我那个老房子又不好，那个老房子在上面不管它了。我打算如果新房子做好的话，就叫我老爸老妈去新房子住。我叫我老妈去那个新房子住，然后我又接着去打工。我去打工挣钱。反正现在我年轻能去还可以挣钱。

电视机、手机等现代通信传媒设施也在甲左村日益普及。田野调查期间，不时见到小孩拿着手机播放流行歌曲。潘学均说：

现在家家基本上都有电视看了。有电视看，他们看到外面的世界是怎么样的。他的眼光不像20世纪六七十年代的老人那么眼光狭窄了。他知道我该怎么做，我能做什么，他基本上能认识到这个问题。我认为甲左，它的地理位置没办法改变，人的因素在里边的作用最大。只要大家认识改变，怎么去改变还是靠我们自己。

由于教育提供的社会上升机遇非常有限，这种“离乡不离土”方式是大多数村民可以获得的“走出去”的机会。如果说“离乡离土”式是村寨精英的社会上升路径，那么“离乡不离土”则是普通大众改善生存状态、提高生活质量的路径。因此，后者具有更加积极的社会意义。

当然，和很多其他农村一样，外出打工人数的日渐增多也给甲左村带来了一定的负面影响，例如，留守儿童的出现，老人未能得到很好的赡养，出现“读书无用论”思想等，这些构成了甲左村寨当下面临的新问题。而打工现象本身所具有的临时性的“离乡”效应也可能会影响到甲左村的长期的可持续发展，它导致了年轻一代村民对从事农业生产兴趣的淡化，也可能会影响村里农业生产的健康发展。

总而言之，从“离乡离土”到“离土不离乡”再到“离乡不离土”，不同类型的“走出去”是20世纪70年代以来甲左村社会变迁过程中不可忽视的社会现象。“走出去”现象本身作为村寨变迁的伴生物，在变迁的环境中其内容和形式也在不断发生着改变，是村寨社会变迁的一个缩影。村民的“走出去”行为给村寨带来了外部社会的信息、生活方式和思想观念，改善了村民的生活，拉近甲左与外部社会、传统与现代之间的距离，经由教育而促发的“走出去”行动，让甲左人成为推动村寨变迁的亲历者和参与者。

五、路和“走出去”

为了丰富对“走出去”现象的理解，我们再来看看另一个和“走出去”

密切相关的、在访谈中出现频率很高的话题——甲左村通往外界的公路建设问题。访谈对象中有 25 人谈到了该话题，“把路修好，才能出去”成为他们的共识。甲左人，无论是走出去的还是继续留在乡村里的，都以各种他们各自的方式在关心、思考和努力寻求解决方案的有关“路”的问题。

甲左村地处三个乡镇交界的高山地带，用潘学凯的话说，“它是属于三不管的地方，离水龙比较远，离和江也比较远，离合江也远，交通不方便”。特别是在 1995 年前，甲左基本处于不通车的状态，1995 年后，路的问题在逐步改善，但仍然无法满足甲左与外界，主要是与和江镇之间实现正常往来的需求。

（一）有关“路”的记忆

20 世纪七八十年代以及更早一批在外读书的甲左人对于“路”都有着一段特殊的记忆。潘国儒老师回顾自己当年上小学时，翻山越岭趟河的上学路成为孩子们去上学的主要障碍。因此，家长一般要等到小孩十三四岁才肯送出去寄宿读小学，年龄太小的孩子实在无法独自背着四五斤的米再走上十二三公里的山路。上学路上不仅需要体力，安全问题也堪忧。潘国儒的父母选择让他去较远的安塘小学上学，除了因为安塘有亲戚可以顺带照顾之外，就是考虑到了去安塘上学的路上不需要过河，比较安全。安塘小学的老师也常常护送回家的潘国儒到半路。遥远难行的上学路成为潘国儒上小学的重要记忆。

随着甲左小学开始招生，慢慢地，甲左村的小孩只需要在小学高年级和中学到村外的学校寄宿上学，家长们让年龄小的跟着年龄大的孩子每周一起出发再一起回来，大家成群结伴，路上便不显得孤单无助，但翻山爬坡是避免不了的。潘学钊谈起自己走路去尧吕和和江上学的情景，感慨地说："走那个路啊你不知道，如果带你走一遍那个路，你（对我们当时的情景）起码会很感动的。"甲左的山路，最怕遇到阴雨连绵的天气，泥土被雨水浸泡之后，有巨大的黏性，一脚踩下去，鞋子就陷进土里，被黏住之后，很难再拔出来，"那个土是黏土，你踩下去一脚，拔不出来。下雨一天两天无所谓，下一个星期的时间，那个泥巴就不行了"。（潘学凯访谈）

"路"目睹了甲左学生求学的艰难，也激发了他们走出甲左的信念。潘学余说：

这边路要爬那个山坡，有半公里左右，一直都很陡，直直地爬上去。你们当时可能都没有走过那条路。这条路我印象是最深的，每一次赶集的时候，跟老人来爬这个坡，特别辛苦。所以，只有想，只有读书，读书以后到外面去，才能摆脱自己的命运，就是这样想。

"路"甚至也成为他们"走出去"后不愿再回甲左的原因。潘学文说自己 1984 年从贵定师范中专毕业分配工作时，"当时（甲左）都没有通路，就希望分到一个可以通公路的学校，能够通电。希望条件环境要好一点，就是这些想法"。即便是在外打工的潘国池，也深感"路"的不便，"你想（在甲左）做什么其他事情，就是路和水这两个约束因素。现在很多人（在外打工）都不愿意回家，就是这个原因。回家反正也没有什么发展，没有什么发展。哪怕你想发展什么，利用自己的一些想法做些什么，都是受到这些因素约束的"。

（二）第一条通往村外的公路（1996 年，甲左到水龙）

第一条将甲左与外界连接起来的可以通行小型汽车的公路，是借着甲左小学希望工程的东风修往水龙的一条简易运输便道。《甲左小学简介》有这么一段描述："于 1995 年 5 月开始修路，从水龙丁寨至甲左的 8 公里，于当年 8 月一辆灰白色的汽车驶至甲左地区的文化中心——甲左小学。从此结束了几千年交通闭塞的历史。""和江镇组织甲左村筹集资金并发动青年民兵投入 6000 多个工日，开挖土石方 15000 多立方米，建成一条长达五公里的乡村公路，保证运料的车辆直达这个偏僻的山村，使基建工程能按时竣工。"则是当地报纸的报道。正确地说，这条路是村里男女老少一起出工出力的成果。

潘学坤记得当时自己正在和江上小学，"我们读小学的时候，为了深圳资助建那个学校——深圳搞心连心（对口）帮扶三都，和江镇就甲左那所学校得了资助项目，就十多万十五万的样子——当时（甲左）没有通车，你就没有办法把那个砖运上来。我都跟他们去挖路，寨子里的老老少少，都去挖路，我周末从和江小学回去都去挖。就是那一段，往水龙方向的那一段路"。潘国奎回忆起修这条路的时候，自己刚刚入党，"当党员以后，就去带头修路啊。我们六组负责从我们寨子修到水龙乡的把扬。我们带头，拿手锤去打（炮眼），不像现在有风钻机，五公里还是四公里，用手拿锤来打，打炮眼"。

中国的农村公路分为四个等级，其中农村公路中的乡道和村道基本属于四级公路或者等外道路。鉴于一些贫困山区中的乡村公路交通量少，行驶的机动车辆体积、载重量相对较小，对这些乡村公路的路面宽度、路基等技术要求比较宽松。甲左通往水龙的这条"农民自建"的路就属于一条质量不太过关的公路。1996 年该路启用后，不到几年时间，因质量差，加上维护不及时，很快就不能满足通车的要求。与此同时，甲左村由合江镇划归和江镇，与和江的往来日渐密切。但是，和江和甲左之间并没有可以通车的公路，随着甲左和外界交流的日益频繁，路也越来越成为大家的心结。

（三）第二条通往外村的公路（2006 年，甲左到和江）

从地理位置上看，甲左距离和江的打锄村只有八公里的路程，到达打锄之后，便能连接上县里的公路网络。甲左村划归和江镇之后，孩子们都到和江上中学，来甲左小学支教的老师主要来自和江中心校，村民赶场也经常去和江，这让和江与甲左之间的交通变得日益重要。

甲左与和江之间原来有一条旧山道，也就是前面潘学余提到的那条令人“感动”的山路，它是村民去和江的必经之处。这条山路起伏很大，途中需要翻越一段陡坡，如果遇到下雨天，这段路就变得非常危险。为了解决甲左的出行问题尤其是解决去和江读书的学生们的路途安全问题，早在 20 世纪 90 年代末，在和江中学工作的潘国高老师和当时在和江镇任副书记的潘国金都是甲左人，觉得应该为上学的孩子们开辟一条通往和江的新路。潘国金回忆道：

当时的甲左（去和江）是不通公路的，那个新路呢，开始是国高大伯我们两个去测量，然后叫学生去挖。也就是现在和江去甲左这个路，是我们开头去搞的。当时我还在职（任和江镇副书记），国高老师在和江中学（教书），所以经常走（老的）小路，不方便。所以我们就想另外测量（路线），测量后呢去挖。还有，甲左到和江读书的那些学生，因为他们每个礼拜都要回家，也要走那条路。所以就叫他们一起，配合我们来挖（新）路。当时也没有什么经济援助，乡政府也没有什么钱，我们就动员了一些学生，遇到森林啊，就砍掉，最后挖了一条人能够走的路。开头引出一条小路以后，就动员群众一起来修路。所以，（这条新路）开始起头是我们两个去搞的。

潘国高和潘国金等组织学生和村民自发开辟出来的新路，避开了那段陡坡，为后来修筑甲左与和江之间的公路奠定了基础。到了 2006 年，政府终于在这条坑坑洼洼的山间小径的基础上，拓建出一条可以供四轮机动车单向通行的村级公路。这一年正好是潘国高老师的大女儿潘丽结婚。在她的记忆中，甲左通车对于她的特别意义在于，结婚的车队，可以从和江镇直接开到村子里来迎亲，而不是像以前那样，外嫁的新娘子要走路或者坐摩托车出嫁了，为此她非常开心。而这条道路从形成到通车，主要贡献者之一，正是她的父亲。

当然，做出贡献的不只是他和学生们。据潘国期的回忆，当时甲左在外工作的人，基本上都为这条路扩建通车进行了捐款。当时，县政府给了一笔修路的款项，潘国期工作的交通局给了几万块钱，在外工作的这些甲左人捐了一万多元。这些钱的投入，保障了这条公路的建成。

甲左与和江之间的通车给村寨带来了很大的变化。首先，公路的修建解决了大件商品的运输问题。例如，水泥钢筋等建材的运输得到了解决，村寨内部连接各聚居点之间的几条小路陆陆续续地修成了水泥路。潘丽说："你们看以前那个照片，所有家的门口和房子边上，和那个村子里面的小路全部都是泥泞小路嘛，石头路有一些，然后基本都是泥泞小路。一下雨，这家到那家都很困难。然后，那是 2005 年还是2006年的时候，村里面也全部通水泥路了，全部都把它硬化，就比较好串门了。”同样，由于建筑材料可以运上山，有些家庭开始为自家修建砖瓦房，改变了村里原先清一色的吊脚楼建筑格局，一些年轻人购买了摩托车，一些大件的生活用品，例如电视机、防盗窗，也开始在甲左村出现。

（四）路是“走出去”的瓶颈

不过，这条新公路和原先那条通往水龙的公路一样，在质量上并不尽人意，存在着“晴天通，雨天阻”的弊端。由于路面以泥土和少量砂石为主，排水设置不配套，遇到雨天，路面积水，泥泞不堪，小汽车就无法通行。潘学均说：“去甲左的路，如果下雨根本就去不了，车进不去。但如果在（村）里边，一下雨，你就得赶快出来，如果你出来不快，你就出不来了。非常恼火。”在外打工的潘国极一直想等自己攒够了本钱之后做点小生意，苦于目前甲左村的道路现状，他说：“在我们这个小山村里做生意也不方便，第一个交通不方便。如果这路能变得更好就好了……我们村要发展的话，要从把这条路修好开始。（如果）交通比较方便一点，每个人想做什么就比较方便。像今天下雨，（路）就不好走了。你看天气好的（时候），路好的，（可是）开个车也是摇摇晃晃的。这个路下大雨还好走，下那个毛毛雨最不好走。想叫别的地方的人，开个车过来，他们都不敢开过来。因为他不熟悉这个路，像县城里他开个小车来这里，他开这个路他就怕了。”同样在外面打工的潘国尾也说，自己长期在外打工，回到甲左，没有觉得有什么地方不习惯的，“但是我习惯是习惯，我感觉那个路不方便。比如去街上也是很远……路也不好，交通不方便。（在村子里）看电视啊什么都没问题吗，都能看到，主要就是离城里面太远了，买东西呀不方便”。

从 14 岁就开始在外打工的潘小二曾经在甲左村办过养猪场，但并没有成功。分析其原因，潘小二也将问题归咎到了“路”上面。他说：“第一个条件，我们交通不方便。运输什么不好运输，那个车费太高。在（和江）城头比较方便一点。收购站在那边。运输费几十块钱一车或是一两百块一车，也无所谓。像我们从城头运饲料到我们这边，至少五六百块钱的运费。所以我觉得这个地方生活不方便，条件不方便，条件不好。”而对于这一点，潘国池同样深有体会。2002 年，潘国池从黔南农业技术学校毕业之后，并没有急着去找一份正式的工作，而是去浙江等地的畜牧公司实习，积累办养殖场的经验。2011 年，在哥哥潘国期的支持下，他回村办了自己的养猪场，养了几十头猪，但是“路”的问题影响了他的养猪业：

去年可能是冬天嘛，那段时间，就是连续下雨下了好长时间啊。就是那个时间，我的猪本来只有几包饲料了哈，就几包了，天还是那么下雨，看也看不见晴朗的那种感觉。我说就这样下去猪不都死啦。没办法啦，我到村子里各户说，你给我一点玉米嘛。我都是上家家户户去要，有些老妈老爸外面打工不在家，有些只有一点点（饲料）够自己家的猪啦。我就上门要，哎呀，那段时间我就有点头痛啦。天又下雨，人家愿意给几十斤有什么用，得养好几十头猪是不是，一天都要吃掉几十斤（饲料），一顿喂都要几十斤。但人家给十几斤啊我都要，扛回家去粉碎。就是那几天嘛，我给猪吃的都少了，本来可以喂一斤多的，后来只喂二两还是三两。……主要是路嘛，我们这边发展的话，路不好，没办法发展啦。

彻底解决路的问题是甲左村突破经济发展瓶颈的关键。

现在没有其他更多渠道挣钱，他们（村民）就只是会砍甘蔗。如果没有甘蔗砍了，他们没有办法了。在我们甲左，钱是怎么来的，基本上不说百分之百，也有 98% 都是砍甘蔗砍出来的。但是砍甘蔗这条路一旦没有，那就没有办法啦！但他们并没有意识到这个情况。如果没有修好这条路，他们基本上就只能在家待了。（潘学均访谈）

甲左发展，这第一个条件应该是把路修好，把路修好呢，然后呢，剩余的劳动力要在外面打工，寨子里剩下的田地啊，可以改种其他作物，进行产业结构调整。种一些经济作物，这样才能有发展。如果继续种大米和玉米，生活是不会好的。把路修好之后，因地制宜，甲左的海拔应该是 800 米吧，那么找一些专家啊，来看一下。根据海拔、气候、土壤，来分析，再进行产业结构调整就行了。我认为应该是这样。种粮食只是保饭吃，但是没有更多的钱，对不对。（潘学缝访谈）

潘学林也指出，要想发展甲左村，路是最重要的："把路修好，然后哩，你出去外面，哪怕是做生意啊，才方便。你想马上回来，你哪怕说不坐什么大车，哪怕是摩托车，要现在，你从和江回来，来村里要一个多小时。"

路的状况也关涉了甲左小学的发展。潘学军老师认为修路问题是一个"重大的事情"，"是影响我们学校工作的关键"，他说，"因为现在实施这个支教（制度）以后，每年都有四五个老师从（和江）下面上来。一般他们从星期一早上才打车过来，包车。如果一下雨，这个路就没办法开车。像这个学期，雨季比较（长），那个雨水多，他们只能起早走路从(和江)下面来。带两双鞋来，一对是半桶(的防水胶鞋)，一对装在包里，拿来学校穿的。(支教老师)很辛苦”。他认为，甲左小学要发展，要提高教学质量，这个路的问题得先解决，“比如解决甲左小学的师资力量问题，让好老师留下来，最主要是路的问题。争取外援来把这个路修好，修好路是挽留住老师的前提。解决这方面的问题了，别的方面就没有太大的问题。像来到这里（工作）的老师，可以说只要路修好了，他们一辈子都愿意留在这里，他们都有这个感触”。潘学凯也指出，“如果能把那条路修好。让外面的老师啊都觉得路好了，时间不长就到家，他就放心地教学。不然一个个都跑（走了)”。

甲左村历届村委会都曾想着如何把路修好，也经常和那些在县里工作的甲左人一起商量解决的办法。“写过很多次报告，也不知道是什么问原因，每次都石沉大海。没有人去理我们这个问题，多少年来都没有解决这条路。”（潘学均访谈）现任甲左村支书潘学冲说，因为有了堂哥潘学通在县人事局担任副局长的关系之后，甲左村就借着这个机会，在甲左村修路通车一事上，又和县里的有关部门建立了联系，积极寻找有关项目和经费支持。

在外工作的甲左人自觉地将修路问题作为自己的责任，为甲左争取利益。特别是县交通局办公室主任潘国期，他说甲左的路已经成为心头之痛，给他带来莫大压力：“这个路确实是心里的一个痛。我虽然不是很大的领导，回去（甲左），不是路好不好走的问题，回家后父老乡亲都在问我（修路的事情），这个滋味很难受的。这个路，当然也是我们出去的人特别在关注的事。他们是寄希望于我们这些出去的人能办这些事。”

潘国期分析说，为什么甲左的路的问题迟迟得不到解决，除了三都县属于国家级贫困县，整体的基础设施建设资金投入有限之外，甲左的地理环境导致修路费用高昂，也是原因之一。他说：

在三都也不光是甲左的路有问题，三都总共有275个村，都要修通公路。像甲左那个路差不多算是比较好的路了。从去年来开始，实施修村油路工程。现在我们正在修的有几条，就是原来通乡的路，现在要修油路。因为三都有275个村，现在要修130多个村的油路，甲左也是其中之一。我们也在规划乡村的油路，甲左在明年的规划里。现在有个问题，甲左的路三都修不修起。修一公里省里补35万，县里面一公里还要配四到五万。因为油路有标准的，宽4.5米，厚度要求是18厘米。如果你这个路，比如说甲左的路，路的情况不太好，一个是坡度不够，有些地方太陡。如果要修油路，太陡不行，需要改道，改道的资金又不够，县里资金有限。甲左这个路说实在的也是地理环境（恶劣），这个地形太差。根据国家交通投资的渠道呢，上面给你一公里多少钱，不够你县里面自筹。那么假设要修甲左的路，一公里要三万，修其他村的路，一公里要一万就修好了。其实，甲左的路工程量比较大，三万都不够。实际上，县里边今年修的都是老乡级路，县里配套金额是20万一公里。20万现在都配不到位。这些路基本上是比较好的，四五十万就可以修通的。但是，现在如果修甲左的路，县里要配上百万，县里都没有钱。很恼火。甲左的路根源就在这里。

不过，潘国期带来的好消息是，甲左去和江的路的建设工程，已经列入了县里的规划之中。就在我们离开甲左后的第二年，这条大家期待已久的柏油公路，正式修成。

和“走出去”的信念与行动一样，甲左人通过对“路”的关注来表达他们对改变村寨现状的迫切心情以及对进一步密切与外部社会的联结的期待。他们在路的问题上积极行动，也再次体现了在这个传统社区内部，自下而上的草根力量在推动村寨变迁中所扮演的积极角色，再次证明传统社区的现代性变迁并不是如其他研究所言的是外力单向作用下的结果，内部力量的行动是村寨变迁的重要驱动力。

六、“走出去”与村寨变迁

有关中国近代社会变迁的研究充分肯定了农民在其中所扮演的重要角色，指出，社会的现代变迁不是一个自发的自然过程，而是通过在一定社会关系中的各群体间的互动而实现的，其中，人数最多、潜在社会能量最大的农民阶层在1949年后，以社会流动和自觉意识左右了中国现代化的格局和走向，深刻影响着现代变迁的中国图式。[①] 在甲左村的社会流动和自觉意识也在深刻地影响着甲左村的现代性变迁。

仅从“走出去”现象去考察村寨的现代变迁，不难发现，最早一批“走出去”的村民个体在村寨里产生了示范效应，让“走出去”信念传播并影响了很多后来者，并进一步影响了村寨内部的社会资源分配和社会结构分化。“走出去”是村寨变迁的表现，也是村寨变迁的驱

① 许纪霖：《近代中国变迁中的社会群体》，《社会科学研究》，1992年第3期。

动力。参与“走出去”行动的村民，无论是知识分子群体还是广大的外出务工者，都以各自不同的方式参与建构了村寨变迁的历史进程。

（一）“走出去”的示范效应

“走出去”现象在村寨内部产生了示范作用。首先，最早一批通过读书进城工作的甲左人给后来者树立了明确的人生奋斗目标。后续的甲左学生往往视这些前辈为榜样，以他们的“走出去”路径作为自己的行动范本，从他们身上获得奋斗的动力和希望。例如，潘国相认为自己读书时深受潘国高和潘国龙这两位走出甲左的堂哥的鼓舞，他说：

我印象最深的是：潘红的父亲，当时他正在三都读高中，每到周末他就回家，都要路过我家房门前。我就问啊，那个堂哥平时不在家，他到哪里去了？他们就跟我说，他到三都去读高中了。当时我就想，我要是能到外面去读书，有机会到外面去那该多好啊！（当时）就是这么想的。

而至于潘国龙，作为甲左的第一个大学生，20 世纪 60 年代被分配在都匀的州政府工作，在当时的村寨产生了极大的轰动效应：

潘国龙他出去了，大家都看见了。他一工作，你看，到都匀去，离家很远很远的。我们很羡慕，看见他能够出去，我们都想出去。所以怎么办呢，就这么好好读书，只有这样。我看到他到外面去读书，我都很羡慕，都是这样的。（潘国相访谈）

潘国相用自己的体会解释了这种“走出来”示范效应是如何在村寨内传播开的。他说：

给我印象最深的就是，通过我们几个大的先出来，后面大家好像都竞相地想往外面跑。当时在我之前，有潘学通的三叔（潘国纯），他第一个到牛场小学、三都中学去读书。因为他成绩好，高中就到中央民院的分院去读，然后直接考民院的本科。他是第一个。在他后面，有潘国龙、潘国高，然后我先来嘛，然后就是我下面的兄弟啊，还有潘学通啊，都陆续地出来了。我高中毕业，开始参加工作，然后有机会参加全国高考。当时觉得自己水平低，文化素质差，考个中专，读几年书回来，就参加工作。后来呢，就在我的身边，有些兄弟、侄儿子啊，都陆陆续续地通过考试，考出去，参加工作的。我出来参加工作过后，年纪小的，出来读书的，都好好学，争取考一个学校去读，到外面去找到一个工作。

潘国相的侄子潘学超，初中毕业后考上了上中专，最后成为一名教师。回忆起自己的成长经历时，潘学超说：

我在小的时候就有一个想法。我当时有两个叔叔，国高老师和国相，就是他们两个。他们出去搞工作（在外面工作），当时很羡慕他们。他们能够出去，我是非常羡慕他们。你看我们甲左那个地方非常偏僻，没有现在这样好，外面比我们条件好嘛。所以非常羡慕他们，他们给我们播下刻苦学习这么一个种子。

他说自己当时“能够考进三都师范，走出农村，(靠的)就是这个(走出去)愿望了”。他指出，如果没有“走出去”的这个动力，现在就不会有这么多的甲左人在外面工作。

同样作为侄子辈的潘学余，认为这种“走出去”的示范效应在村寨内部形成了一个良性的循环，走在前面的人，通过读书考试成功就业，让后面的晚辈们看到了希望，唤醒了他们的自觉意识，让他们觉得只要努力学习将来也能够“走出去”，就像大海里的波浪一样，前者不断地在向后来者传递着“走出去”的正能量：

（我们）可以说是一种榜样，一个动力吧。（家长）看到读书出来有一份工作，然后他可能也会支持自己的子女努力读书，多读一点书，然后努力出来工作，希望自己的子女好。他们看到（我们）走出来了，有一份工作了，高兴，也是有点羡慕的。

除了看得见、说得出的榜样力量之外，“走出去”的作用还是潜移默化的，甚至在不经意间就影响了后来者的人生选择。正在都匀师范学院读大学的潘梅回忆起当年三叔潘国超给予她的影响。潘梅读小学时，潘国超已经在都匀的黔南农业技术学校读大专了。潘梅说：

我在（小学）二年级的时候，我三叔潘国超，他在家里面晃来晃去。他是一个理科生，他在那里晃来晃去地说理科，理科。那时候我才二年级，不知道什么叫理科，那时候我打心底就觉得说以后我要当个理科生。可能小时候有一种崇拜他的心理，所以打心底就是说我也要读一个理科。我在初中时候，开始学物理，开始学化学的时候，我就把基础打好。所以在高中选择文理科的时候我眼睛都不眨一下就选择理科。

潘梅作为甲左90后的新生代女大学生，她去外地上大学的经历也同样了形成了潜在的示范，对家长们送女孩读高中以及大学的态度产生了影响。甲左小学开始正式招生后的十多年，村里大部分男孩子们被送去上学，女孩子却仍然被留在家里。至1979年，甲左小学才迎来了仅有的两名女生。后来，随着义务教育的普及，越来越多的女生开始逐步获得小学以及初中的教育机会，但是家长们对于女孩读高中和大学的热情仍然不高。

潘梅说：

以前有种思想，就是，父母辛辛苦苦地把女孩子培养出来了，从小学开始读到大学都是生养她的父母掏钱给她读书，培养出人才，但她长大嫁去别人家当媳妇，就变成其他家的人了……我不为别人培养媳妇，就是这种思想。但是，甲左村的潘丽、潘红、潘梅等几位女大学生的出现，让家长们的观念所有改变。我们女孩子出来读书多了，这种（不支持女孩读高中和大学的）思想慢慢地在淡化。

对于这个话题，潘国相补充道：

通过这些走出来的人，附近的人还有其他的人受了影响，才肯学习。我小的时候，女孩子根本没有机会去读书的，老人们不送去读的。

但是近几年，有我们的国高（潘丽、潘红的父亲）、大伯（潘梅的父亲）的两个女孩都出来读书了，现在还参加工作了。就是说，现在女孩子可以读书了，去读大学了。所以，后来还有几个女孩也读出来了。

示范效应的发挥还在于“走出去”的人往往会主动地以自己的言行影响年轻人的教育观和人生观，并且有意识地参与甲左村寨公共事务的决策。

例如，2000年毕业于黔南职业技术学院的潘学恒，曾在三都县委组织部任职，现在某乡镇担任纪委书记。他说自己经常利用回甲左的机会，和年轻人聊天，希望用自己的社会经历和思想影响他们。他说：

（潘）世坤啊我们几个，我们村有几个在外面工作的，我们回家，就叫一些年轻的小孩来，跟他们摆（聊）一下现在的社会，谈一下社会的利害关系。即使你去外面打工也好，你没有基础，没有文化是不行的。现在是靠技术，你靠体力是不行的。如果你做体力劳动，最多可以做到三四十岁。如果你做技术啊，脑力（劳动）这些呢，你可以做到五六十岁。再加上你做体力劳动呢，你不可能在外面打工一辈子，你还是要来（回）家，那时候你又靠什么吃饭呢？就是跟他们说一下现在社会有很多东西你是看不到的，跟他们摆（讲）一下以后去打工的机会很多，现在你们读书的条件比我们那时候要好，至少吃饭啊，要一点零花钱比我们当时好得多。老人在家虽然是辛苦一些，但是你们还是要把精力放在学习上。

潘学恒在县城工作期间，有时候还会特意地把县城里读书的甲左小孩叫到家里来，跟他们聊一聊，谈一谈：

现在我有一些堂弟啊在这里（县城）读高中，我来（回）家有些时候都叫他们过来吃饭。跟他们说你们不要贪玩，到我们这个年龄，你们也可以去问老人，没有文化是什么感受。他们几个现在学习也还是比较努力，我慢慢地去影响他们。……跟他们摆（讲）一些（道理），想方设法去影响他们，告诉他们学习是很重要的。

对于村里的一些公共事务，这些在外工作的甲左人经常参与出谋划策。甲左的修路、办学、建校舍、土地经营以及外出打工等种种事宜，都能看到他们的积极作用。例如，关于多样化的土地经营，曾在农业局工作的潘国相说：

我们没有什么资金给他们投入，就帮他们出点主意啊，该怎么做，想办法怎么做等。现在我们的荒山比较多，因为我知道国家的政策嘛：荒山、荒地、荒坡，谁去绿化、谁去造林、谁去管、谁投资，谁是主。所以就鼓励他们，鼓励他们种树，第一批是我最小的一个兄弟，到山上种了一片。

潘国相说，包括近年来甲左村民去外省打工，也总是习惯地先征求一下在外工作的人的意见：

他们也开始想要出去（打工），先问我们几个出来的人，问我们外面怎么样。比如，有的人问："听说有人到浙江、江苏那边打工，收入还不错，我们想去，你觉得行不行？"我们说："能行，你们可以出去，可以去干点事。现在国家政策放宽了，农民可以进城去。"我们跟他们开导，可以搞短工的，在家还可以种地的，特别是冬季，可以到广西、广东去，他们种的甘蔗比较多，跟他们砍甘蔗。

"走出来"的人所提供的这类信息支持和决策咨询，消除了村民在新事物面前的不安全感和焦虑，他们利用自己在外工作的便利，及时为村民解释最新政策、提供最新信息，帮助他们走出甲左、发展甲左。

（二）"走出去"与"传帮带"

甲左作为同姓家族村，村民相互之间存在着或近或远的血缘关系，家里家外没有非常明确的界限划分，为"走出去"效应的充分发挥创造了理想的社会环境。最为突出的示范效应，莫过于同一宗支内部成员在教育一事上的相互帮助。我们不妨称这种现象为教育"传帮带"。

在甲左小学教书的潘学川，参加工作之后一直支持弟弟潘春台的学业，负责照顾他的生活，鼓励他读书。潘春台考上中专之后，他继续提供生活费和学费，直到潘春台从学校毕业找到工作。潘丽在大学毕业之后工作的第二年，便把两个弟弟带到身边上学。弟弟们陆续考上中学和大学之后，潘丽和二姐潘红又继续在学费上支持他们。而更早一批离开甲左的潘国纯、潘国高、潘国相、潘学通等人则有更多的"传帮带"行动。在甲左村，此类例子不胜枚举。

潘学超回忆自己在和江中学读初一期间因家庭经济困难辍学之后，是潘国高帮助他重新回到学校继续读书："我在读初一的时候辍学过……他就叫我跟他去和江中学读书,所以才有我的今天。我们是邻居，经常在一起。他看到我还小，回家也干不了农活，就说还是去读书吧，下力点，可能会有一个好的前途吧，他是这样讲的。我后来读书是在他的影响下。是他叫我去读书的。"当时的潘国高老师在和江中学教书，便把学超带在身边,除了回宿舍睡觉,吃饭、做作业等都在他的宿舍里。

潘玉谈起自己初中毕业考上三都民中后，父母亲准备让她辍学时，潘国相提供的帮助：

好像初中毕业了，我爸我妈说，"成绩也不怎么突出啊，如果考取那个尖子班的话就好。考不起，你去读，考不上大学的话，那也是浪费"。他们是这样想的，就是觉得耽搁人。那时候家里也比较困难。当时我在家还跟他们有点闹情绪的那种。……我那个堂爷爷（潘）国相，就来家里面说叫我去读嘛。那天晚上我从坡上（干活）回来，他说你过来一下，我跟你说几句话。然后他就问我："你想不想读书？"我回答好干脆的,我说当然想读。然后他就说,"如果你想去（读高中）的话，马上就跟我走"。那天他们单位几个人开车来下乡,正准备回县城。"但是没有学费了。"我说。"这个你不用担心，我帮你想办法。"他说。当时我还挺激动的，但是又有一种担心，如果考不起大学，感觉挺内疚的，就觉得辜负他的那种期望。我说我害怕。他说不要害怕，先把高中读完了，如果考起，那是你的事情，如果考不起的话，你觉得你想复读的话，都可以的。现在你还小，你出去打工也不知道去哪里。他就一直这样说，你还小，你去赚钱，别人都还不敢收你。他这样做我的思想工作。……然后我就很匆忙地收拾一下就跟他去了，那天晚上是 8 点还是 9 点，我们从家里面来，到（县城）这边好像 10 点多差不多 11 点了，然后到他家睡一晚上。然后第二天起来了，就去报名。他用自己的钱帮我付的学费。

不过，最典型的例子莫过于潘学通。潘学通在 1985 年从都匀农业技术学校中专毕业之后，被分配到和江中学工作。作为家里的大哥，他工作后的第一件事情，就是把弟弟潘学达和潘学坤从甲左接到和江小学上学。几年后调到县城工作，两个弟弟又跟随他去县城的三合镇上学。后来，潘学达的三个小孩也被他接出去上学。潘学通大伯家的孩子，堂弟潘学均在 1990 年没有考上中专，也是潘学通出面找大伯做思想工作，说服他让潘学均再补习一年。潘学通的“传帮带”多次被其他人提及，曾任三都县人事局副局长的他，是甲左村的骄傲，也是在甲左村有重要影响的人物。在他县城的住房里，据说最多的时候，同时住着八个来县城读书的乡下小孩。关于如何照顾和管理这些小孩，潘学通说：

每个早上我起得早，给他们做早餐。要不，你发给他们早餐钱，一人一块，那要发多少钱啊！就在家里面煮面条给他们吃。八碗面条放在那个地方，叫他们起床，吃了就赶紧去上学。好辛苦啊！晚饭他们自己来煮，如果没有菜，我要出差的时候我就跟启义（潘学均的小孩）说，你比较大了，钱留在这个地方，你放学的时候，你就去买菜。

潘学余在访谈中提到了潘学通家的这种情况，他说：

世通哥特别关心甲左村里那些学习成绩比较好的，希望甲左能够多几个走出去的人。在他们家住的小孩比较懂事的。比如吃完饭过后，自己去洗碗。洗完了就自己去写作业。平时都是大的（小孩）照看小的（小孩），安排得很有规则，一个监督一个学习，几个孩子成绩都还可以。他们在他家，我嫂子和我世通哥他们都是以说为主，他们都没有用很厉害的语言去批评他们，都是很温柔的。说说而已，那小孩就很敬佩他们。他点到之处，那些小孩就自己会做，很懂事的。

关于这种做法的动机，潘学通他自己是这么解释的：

我主要一个出发点，应该说是想让他们接受更多的教育，这不管是对家庭还是对他自己，都是好事，有好处，甚至对整个家乡都很有好处。……实际上，我不管是家里（的小孩）也好，只要是甲左这个地方能够出去的孩子，我心里面都觉得高兴的。这是一点都不会假的。我觉得（甲左）这个地方太落后了。如果没有教育，这个地方的人的思想观念是改变不了的。现在（甲左）人的思想为什么改变了很多？甲左大大小小为什么现在思想改变了很多？……举一个简单的例子，女孩子读书，以前打死他都不（这么）做，现在变成自觉的，他觉得女孩也要读书，女孩本人也觉得我要改变我自己。这就是教育的作用，没有这个教育，你还是一个农民。所以现在大家都知道了，你要改变这个地方的整体观念，你要通过一些个案，具体的一些东西去说服他们。像甲左的教育，假设没有从甲左出去的这帮人，你再怎么说服都没有用。……只要他能读成书，我们尽量提供方便。从这个地方出去太不容易了。

对于潘学通来说，教育对于促进村寨发展，改变村民的思想观念非常重要。但是这种重要性不是单单靠言语宣传就能被大家所认识。村寨里的这些“走出去”的具体实例才是说服村民重视教育的最生动的、最有说服力的理由。

总的来说，较早走出甲左的人通过示范效应和传帮带等实践行为，给甲左村带来了许多积极影响。

（三）“走出去”与阶层分化

在肯定“走出去”的甲左人积极利用他们的经历、资源、信息和社会地位对甲左村的教育事业以及其他方面带来积极影响的同时，关于“走出去”效应的另一面，同样值得关注和探讨。首先，“走出去”现象加剧了教育资源在村寨内部的不均衡配置。其次，村寨内部新的阶层分化出现。

如果把半个世纪以来陆陆续续“走出去”的甲左人以及他们的“传帮带”行为放到村寨的血缘关系背景中，可以发现这种行为比较集中地发生在血缘关系更亲密的若干族支或者家庭。例如，潘学余上学得到过堂叔潘雪纯和堂哥潘学通的帮助，也离不开身为小学教师的父亲潘国勇对他学习的大力支持。潘学余的妹妹潘国密和潘娟这两位甲左90后的女大学生，在学业上又得到了大哥潘学余的鼎力相助。前面提到的潘学超、潘玉等能够顺利完成初中以后的学业，和潘国相的帮助也分不开，如此等等。

1966年甲左小学开始招生之后，大部分甲左孩子就近在这所小学上学。然而，甲左小学的教育质量并不如人意。因此，20 世纪 90 年代以后，特别是 2000 年以后，甲左村陆续出现了有少数小孩从小就离开甲左到了教学质量较好的和江小学或者县城里的小学上学，或者中途转学出去读书。和早年到村外学校寄宿上学的情况极为不同的是，这些去村外上学的小孩并非出于村里无学可上的无奈，而他们更多是为了享有更优质的教育资源选择去村外更好的学校就读。他们能够这样做的共同原因是有家人或者亲属在外工作，能够争取到入学机会并在日常生活中照顾他们。例如，因为大哥潘学通当时在和江工作，潘学坤从小学一年级开始就在和江小学上学，潘学通调到县城工作之后，潘学坤随之转学去县城的二中完成初中学业。由于父亲潘国高的关系，潘丽及潘红姐妹在和江上了幼儿园和学前班之后，在和江小学完成了小学教育，两人后来考到了三都民中。而后，她们的弟弟潘启程和潘宏波又因为姐姐潘丽在柳镇工作的缘故，从甲左小学转学去柳镇小学上学。潘丽说：

我有两个弟弟都在甲左（小学）读嘛。在甲左读的局限性太大了。村校的老师有时候普通话吐字都不太清楚。那个时候不像现在还分一些其他的（支教）老师进去，都是本地方的那些老师（上课），（教学质量）就不太好。所以我就想把他们带出来，稍微带出来读一读，见见外面的世面，至少要学会说汉话什么的，能讲清楚一点。所以我就决定（大学毕业）回来教书后，把他们带出来读。……（结果）还好啦，你看，我那个大的弟弟，在上海读大学的那个呢，他在甲左小学，他都不能拿第一，比他学习好的还有一两个人，他就是二三名、三四名的那种。在甲左村校应该就没有几个学习好的那种。我把他带到（柳镇）

中心小学去读了一个学期，他就考上三都（县城的初中）嘛。我都没有特别指望他们能考上县城的什么初中，结果咧还考上了。而且还考了第一名，那个分数略高于中心小学的第二名，哈哈。我觉得还算可以了。也说不好他在甲左（小学）能考多少，我带他到（柳镇）那边去读书还是有点成效哈，带到中心小学还是有一点点效果的。

甲左“走出去”上学现象，和不断拉大的城乡教育差距有一定关系。尽管改革开放以来，农村义务教育获得了长足发展，但与城市相比，低入学率、低升学率、高辍学率是农村义务教育的显著特点，在潘启程、潘宏波转学之前的2002年，全国城乡小学升学率差距为17.46%，初中升入普通高中的升学率差距则扩大到46.19%。[①]2000年和江中学提供的一组数据说明了和江镇所辖农村地区中学阶段学生流失情况。按人口比例计算，2000年之前，和江镇及其所辖农村每年至少应有300名左右的学生入读和江中学初中一年级。但是，从1997—1999年的入学情况来看，1997年入学的新生只有97人，1998、1999两年情况有所好转，分别有126和150名新生入学，均不到正常水平的一半，大部分学生在小学升初中或在此之前已经流失。同时，初中农村学生的巩固率不高。1999年，和江中学应到初中学生532名，实际报名人数只有344人，流失的大部分是农村学生。即便能按时报名的学生，“有

① 朱迎春：《从教育公平原则看中国城乡教育差距》，《河北师范大学学报》，2006年第5期。

的报名来了几天就回家了，有的今天来过两天又走，有的星期三才来校到星期五下午又走了……（学生人数）一天一个样，缺少 200 个左右学生不到校，辍学率高达 43.2%”[①]。

这仅仅是教育机会起点上的城乡差距。在教育过程中，农村学校师资力量薄弱，基础设施差，校舍、教学设备仪器、图书等都难以保证等。甲左小学 1996 年因希望工程才修建了第一座现代教学楼，此前一直在木房和石头房上学。厕所问题在 2004 年才得到解决，硬化操场于 2003 年开始修整。至今仍然缺乏电脑等仪器设备。

城乡教育差距的存在，让那些已经在城镇里工作的甲左人把家里和亲戚家的孩子带到城里去读书，有经济实力的甲左家庭也愿意把孩子送到更好的学校上学。潘学通家、潘国相家、潘国期家在不同时期都住过来城里读书的甲左小孩。他们即使不直接住到城里亲戚的家里，也会在附近不远处租房子，以便大人照看。显然，和未能离开甲左小学的学生以及那些交由老人监管或者独自在家生活的留守儿童相比，那些到镇里或者县城里就读的甲左小孩享有更好的教育环境和更优质的教育资源，他们获得的继续升学机会也大大提高。而那些未能离开的学生，大部分在初中毕业后投入了打工洪流中。潘学恒说，现在他最担心的是“后面的很多（甲左）小孩啊，不愿意去读书了。现在受到市场经济的冲击，很多都是小学或是初中毕业，他们就开始去外面打工了，高中啊这些都不愿意读了”。

---

① 参见和江中学校内文件：《2000年和江中学关于教育情况的汇报》。

当“走出去”的甲左人以“传帮带”行动帮助家庭或者宗支里的孩子们获得更好的教育时，另一部分家庭的孩子们只能安于现状，村寨内部因此而出现了个体间的教育资源和教育机会分配的不平等。它既是城乡教育资源分布不均衡的产物，同时也和村民手里掌握的社会资源的差异紧密相关。它和城市里的家长择校现象不同，不是以分择校，也不纯粹是以钱择校，而是以家庭的社会关系择校。换句话说，成功走出甲左的人唤醒了一些人教育观念的更新，他们开始为下一代寻求更好的教育，通过在外工作的家庭成员或直系亲属等社会关系，获得更优质的教育资源和更多的教育机会。

从村寨外部的整体性视角分析，部分村民教育优质资源和机会的获取，有利于改变甲左村的边缘化状态，局部扭转教育弱势处境，甚至有望形成以一带多的效应，以局部为突破口改变村寨的教育落后面貌。但从村寨内部来看，“走出去”和“传帮带”扩大了个体间新的不平等的出现，让优质教育资源和升学机会获得不再取决于学生应有的教育权利，甚至也不取决于学习成绩和学业表现，而是家庭或者家族内部是否“有人在外面”。这导致那些没有家庭成员在外面工作的家庭或者宗支，在面对教育资源城乡差异和区域性分配不均衡之外，还要遭遇因家庭社会资源缺失而造成的新的分配不均衡，处于一种在边缘化中的被再次边缘化的状态。

教育机会个体间差异化的进一步后果是教育带来的社会流动的差异化以及由此而产生的以家庭或者宗支为单位的社会阶层分化。有研究指出，家长为子女谋求优质教育资源的行为本身就体现了人们在生存方式和生活观念上的变迁：以市场经济竞争为特色的理念与生存方式的形成，个体为了实现自己（或重要他人）的能力和价值，会尽最大的努力去占有自然及社会生活中的有限资源，并把这种占有视为一种优势或者成功。[①] 显然,这种竞争和生存观念也进入了甲左村的内部。“有人在外面”的家庭,利用在资源、信息和社会关系网络等方面的优势,继续通过“传帮带”行为不断将这种优势进行巩固和扩大，随着单个家庭和宗支“走出去”的人数不断增加，村寨内部的家庭和家庭之间、家支和家支之间的资源拥有量的差距在不断扩大，社会地位和村寨影响力也随之出现了分化。

对此，潘国期有着深切的体会。他说：

比如寨子和寨子之间有些冲突，斗殴了，有些弄大了还会起诉到法院。这个时候就需要人才了。你村子里有人在外面就好找了。比如这个寨子里有人在三都，我们来办这些事情，首先我们要懂这个问题，对不对，这么搞赢不赢，这个很有关系的。寨子里面也是这样。因为我们这个寨子以前生活比较困难，能出来的人的家庭比较好，生活方面就比较好，然后在寨子的各方面，也比较有优势。总的来说，我们寨子对外是一致的，但是寨子里面有分支的，这一支那一支。内部分类，互相有竞争。对外是和其他姓氏的，对内是在潘氏里面，在支里面，支里面的又有家，家里面有哥弟，这个里面都互相有竞争的。因为甲左的情况是人多地少，不光是劳动竞争，还看谁家出了那么多人读书。

① 孙彩平：《市场经济文化的矛盾与心理教育的文化功能》，《东北师范大学学报》，2005年第2期。

读不出去，那你家在这个寨子里自然是低人一等，你这一支都觉得不行的。这支出了几个人，那支出了几个人，我们这支没有人，所以这个竞争其实就是有没有人在外面的竞争，可以这么说。就是说，比如我这个支和你这个支有土地纠纷了，不管是什么事，先是内部先解决，这个内部解决就涉及这个（宗支竞争）问题。退一万步，不得已要到县里面，到法院去起诉，那也是支与支之间，家与家之间的竞争。要翻一些书，对照那些条款看你告得赢不赢，这些事都要商量。（如果）要告状了，那你这支就全部帮你，那么我这支一个人都不懂，我问哪一个，哪个都不会支持，都不懂。

潘国期详细解释了在村寨内部，不同的宗支之间实际上也是存在着竞争关系的。而这种竞争，归根结底是看双方在外面有没有人，因此，“走出去”的人比较多的宗支，必然就在各种竞争上占据优势。“这个竞争其实就是有没有人在外面的竞争”，他强调说，正是村寨内部的这种“竞争”让他有了通过努力读书“走出去”的“志气”。

当时我家里面，我的父亲辈，包括我的祖父，在年轻的时候都是在寨子里是属于比较低下层次的家庭，社会地位比较低。他们没有读过书，生活比较困难，并且我的祖父好像不务正业的，然后到了父亲这一代，别人都成家了，我父亲年纪大了，还没有结婚。人家家庭都是很好的，我们家就比较低下一层的样子。这些对我比较有影响。包括我们（经济）基础比较差，生活困难。所以就我家里面来说，为什么要读书，也就是读书想要读出去。一个原因是家里有六姊妹，家里面田地比较少，生活比较差，这个要出去，不出去在那里肯定是很辛苦。第二个就是呢，要把家里面的弟弟妹妹带出去，在寨子里面提高地位，让寨子里面的人看得起我们。我父亲也这么说。我自己也很有感触，因为父亲在寨子里面是受到一些有势利的人的看不起的，受到欺负，这个我受影响很大的。

甲左村大概有十来个家支，“哪个支出来的人多，哪个支就比较强大……可以说会有一个好像是等级的东西，看得起看不起人的那种，在村寨里面”。他明显感觉到自己的这个支出来的人比较少，所以他不仅自己要走出去，还“要把家里面的弟弟妹妹带出去，在寨子里面提高地位，让寨子里面的人看得起我们”。

因“走出去”的人比较多而获得了较高社会地位的家庭，在潘家义家表现最为突出。我们特意整理了一张“潘家义”家庭成员的结构图谱，如下所示[①]。该图显示了潘家义这一支有工作的家庭成员的概况。除去已去世者之外，该家支中的第三代共有 17 位男性，其中，有 6 位拥有大专以上的学历并在三都县的各级政府部门或学校工作，潘学通曾在县里的政府机构担任领导职务；潘国充，虽然没有“走出去”，在家务农，但已经担任了两届的村主任和村支书。显然，该家支拥有更多的社会资源，其后代也更容易获得好的教育机会，对甲左村的贡献以及对其他甲左人的帮助和支持也非常突出。

① 该图中，部分在读初中或高中的以及不在甲左出生的家庭成员已略去。

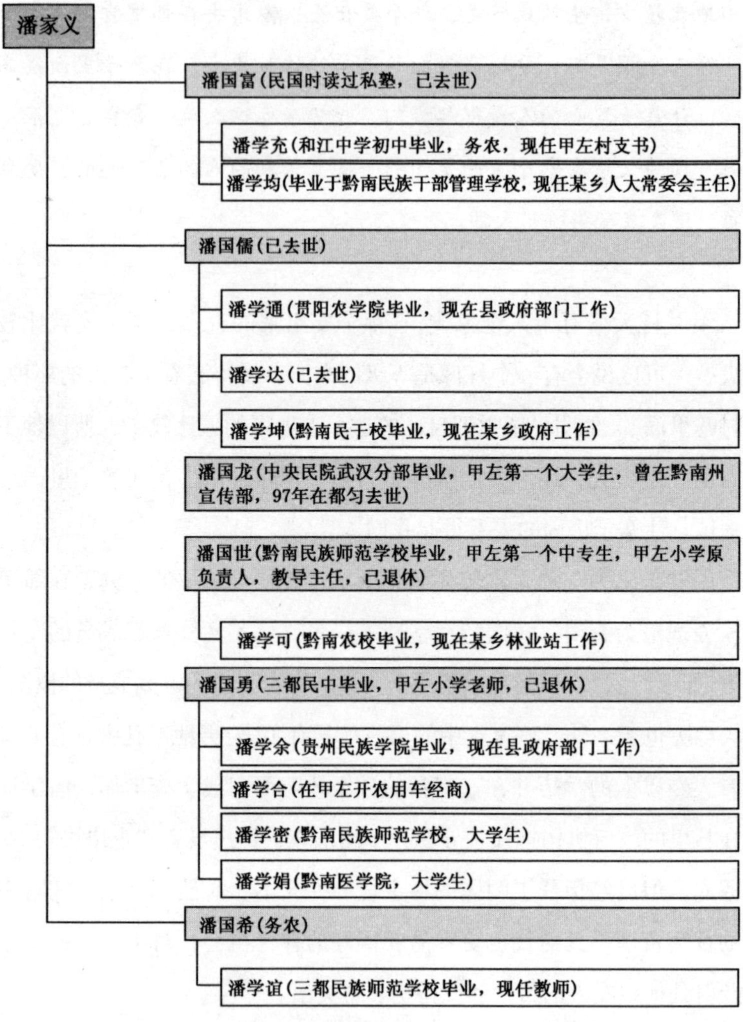

图4－1 潘家义家庭结构图

总体上，甲左村的家庭目前有这么三种情况，第一种以潘家义这样的家庭为典型，其拥有多位在外工作的家庭成员，不少是在国家体制内工作，家庭成员平均教育水平较高。这类家庭在经济上不一定是村里最富裕的，但是他们拥有更好的社会资源网络，在村里的名望和影响力都不差。第二种是占大多数的普通类型的家庭，他们较少有家庭成员在国家体制内工作，但通过近几年家庭成员的外出打工，家庭收入逐渐改善，他们在经济条件上并不输于第一类家庭，但是在社会地位上和对村寨的影响力上不如前者。这类家庭因为有了一定的经济实力，可以支付子女在县城读书的费用，所以部分家庭已经或者正在考虑把小孩送到县城里接受教育，或者把小孩带到打工的城市借读等。第三类是一些困难户家庭，他们要么缺少外出务工的劳动力，要么家庭负担重，打工收入不抵家庭开支，要么家庭遭遇过一些变故，例如家人生病、遭遇火灾等，处于贫困状态。

在甲左村，少数家庭已经搬出传统的木结构的吊脚楼，住进两三层楼高的砖瓦房。在潘国儒老师家，我们看到，他们家的两层楼砖瓦房，一个楼层有四间卧室、一间厨房和一间卫生间，中间是宽大的客厅，据说可以同时摆下七八桌的酒席。而距他家不远的一个简易棚户里住着一对夫妻和衣衫褴褛的四个孩子。受农村社会阶层分化影响最严重就是后者这样的家庭，他们的弱势地位使他们在这场以社会资源为主要特征的“竞争”面前愈加陷于边缘化的处境。

有研究者提出，农村教育分化导致了个人发展机会的严重不均等，使阶层分化固化下来，并且这种阶层分化与教育分化相互影响，形成循环累积因果效应，如此并不利于农村的健康发展和社会的和谐稳定。[①]就甲左村出现的这种循环累积情况看，借助于教育的“走出去”和“传帮带”现象其实只是引发阶层分化的表层因素，其背后是精英教育的人才选拔手段，而最本质的根源在于整个社会的城乡二元体制。首先，甲左村受多种客观因素制约导致社会流动机会稀缺，教育成为村民积累人力资本、实现社会向上流动的台阶，但是长期以来实施的精英教育模式，以及以服务于城市发展为中心的人才选拔模式，其受惠群体只占农村人口的极小部分。因此，从本质上看，农村这几十年所实施的以城市为中心的精英教育对于农村社会的发展以及促进农村社会公平方面并没有充分发挥其应有的功能。甲左村部分家庭从早期“通过教育走出去”到现在“走出去受教育”现象的出现，还说明了这种精英教育和人才选拔制度所引发的个体发展机会不均等正在代际延续。

其次，也应该看到，教育作为上层建筑，受制于社会结构。甲左村内部的社会分层，虽然是教育分层下出现的，但在更深层面上，是中国社会城乡分化的二元体制以及城市中心的发展模式影响下的必然。少部分农村精英成功融入城市，让城乡二元差距在农村社会内部的复制和延伸。教育的“传帮带”，更是现代社会体系和运作规则通过村民个体在村寨内部得到践行。外部社会结构以时空抽离的方式延伸到传统面对面社区内部，通过村民个体拥有社会资源的多寡来实现现代社会秩序的重构。那些沦为弱势地位的家庭，是这场秩序重构中的败落者。

---

① 王文龙：《农村阶层分化与教育分化的循环累积因果效应分析》，《教育发展研究》，2012年第1期。

（四）“走出去”与人力环流

类似于甲左村多种形式的“走出去”的农村人口外流现象曾引发了人们对所谓农村人才和农村人口的双重空心化现象的疑虑。通过教育手段培养和选拔的村寨精英人才，要么通过体制内就业在县城和乡镇企事业单位以及各地学校工作，要么选择前往沿海大中小城市工作，导致农村人才不断流失，农村家庭教育投资的主要受益对象似乎并不是落后的农村而是发达的城镇地区。同样，外出务工的村民大多是刚从中学毕业的青年或者壮劳力，他们以务工者的形式就业于珠三角、长三角以及北京等城市和东部地区，部分长期务工的年轻人在外地组建了自己的家庭，回村居住的时间和次数都在减少。劳务输出还衍生出农业生产重要性的淡化、老人赡养和留守儿童教育与成长监护不力等较为普遍的社会问题。

有关农村人才流失以及农村空心化等问题，也引起了学术界关注。大体上，研究者以城乡二元结构为视角，分析农村人口非农化流动在经济、社会和文化层面的负面效应，并重点关注了农村土地资源闲置和无序低效利用、农村社区和文化衰落、农业经济衰退，农村青年在城市中的弱势地位和权益受损、老人和留守儿童的权益保障缺失等。其中不少研究使用推拉理论或类似逻辑假设作为解释农村空心化的成因，该理论把工作收入、生活方式、城市文化和非农就业等看成是城市吸引农村人口流向城市的拉力，将土地缺乏、劳动力剩余、环境恶劣、生活水平低下、农业劳作艰辛等视为农村将人口推向城市的推力，一拉一推两种力量综合导致了农村劳动力的流失。[①]

此外，还有研究者以人力资本作为分析农村人才和劳动力流失的实质，引入了人才流失理论的相关解释。人才流失理论原本用于解释跨国移民的人力资本流动问题，提出广大发展中国家输出大量的高级知识分子和技术工人到了美国等发达国家，导致流出地投资在人口身上的教育培训投资没有获得相应回报，而让发达国家在这方面不劳而获，享受了发展中国家人力投资的成果，进而导致了人力流出地和流入地之间已有的经济和社会发展差距进一步拉大。相应地，人力资本流出地所遭受的人力投资损失，被称为“人才流失”（brain drain），发达国家因直接接收这些高级技术人才实现了人力资本获利被称为“人才增益”（brain gain）。“人才流失”和“人才增益”曾作为重要概念用于解读20世纪后半叶以来形成的新的更为隐蔽的全球不平等，被视为发达国家对于发展中国家的一种新形式剥削。[②]

用人力流失理论来观察今天农村处于城乡关系中的人力资本被剥夺地位似乎具有一定的解释力。例如，贫困农村家庭举全家之力培养出的精英人才，最终都以“离乡离土”的方式进入城镇，这些人力投资似乎并没有让落后的村寨成为直接受益者。而那些未能“离乡离土”的甲左人，也积极地以廉价务工者的形式服务于其他地区的各种建设，

① 黄平、E.克莱尔：《对农业的促进或冲击：中国农民外出务工的村级研究》，《社会学研究》，1998年第3期；彦随、刘玉、翟荣新：《中国农村空心化的地理学研究与整治实践》，《地理学报》，2009年第10期。

② 丁月牙：《全球化时代移民回流研究理论模式评述》，《河北大学学报》，2012年第1期。

其人力资本的最大的受益者同样也不是甲左村自身。并且，城乡二元社会体制下的“离乡不离土”，让城市享受了农村人力资本带来的增益而无须承担医疗社保、子女教育和养老等方面的社会福利支出。这种城乡之间的人才流失和人才增益效应，是让经济最贫困乡村的宝贵的人力资源重点支持了经济发达城市和地区的建设，导致城乡差距进一步拉大，东西部发展不平衡加剧，以及农村劳动力流动的“推拉”效应日益增强。农村附属于城市、农民贡献于城市的发展模式似乎已经成为一条无法破除的定律。

然而，近些年来一些新的社会现象的出现，让以上这些传统理论的解释力逐渐变弱，城乡之间的依附和二元关系说也受到了挑战。首先，基于跨地域人口流动程度的不断加深、数量的不断增加以及流动方式的多样化、个体化和复杂化这些社会现实，“人才环流”（brain circulation）取代“人才流失”理论，对流出地和流入之间存在人力资本竞争关系进行了新的理解，主张在新的社会现实基础上，人才流动路径开始体现为双向的“人才环流”而不是单向的“人才流失”。“人才环流”特指那些具有可市场化的专业技能和国际经验的高级专业技术人才的跨地域流动，他们倾向于在一个（或者多个）国家或地区做短期的居留，他们拥有当地市场所需要的技能，以实现个人的期望值为目标，当该目标实现之后，便开始计划下一个流动，回到家乡或者去第三个目的地，于是人才环流现象就此发生。[①] 如果说人才流失是人

---

① CAO X. *Debating brain drain in the context of globalisation*， Compare, 1996.

才的单向流动，而人才环流则人才多向流动的表现。[①]

这种本来用于解释全球人力资本流动的人才环流理论同样也适用于解释甲左村这个微观社会的人力资本流动。根据传统的人才流失理论，农村向城市输出的人力资本是单向的一去不复返的，意味着农村对这些人力资本投资的永久性损失。但是，甲左村的显示情况说明，那些外出打工的村民，即便是长期务工，在城市里工作三到五年或更长时间，转移到下一个城市，然后最终还是要返回农村成家、育儿或养老。户籍制度管理的限制，子女教育和本人的住房、医疗、社保、养老等问题，都促使这些“走出去”的甲左人最终还是要“走回来”。我们采访的潘国池、潘国尾等人，谈及对未来的打算，都提到了等在城里打工攒够本钱了，就准备回村里创业。所以，人才环流作为一个新的理论框架，用来理解当下甲左村的人力资源流动现象是贴切的。

虽然说，乡村人口流向城市是主体现象，但是，城乡之间的人力资源市场并非如二元体制所预设的那样相互割裂，除了国家编制内就业岗位仅限于对城市户口居民开放之外，大部分的就业市场并不以户口为制约，中低端的劳务就业市场更是倾向于招聘来自农村的劳动力。农村外出务工者可以在这个开放的劳动力市场中自由选择就业地点和从业时间，从而实现了跨城乡空间意义上的流动自主权，他们可以选择流向城市，也可以选择随时回流农村。伴随着农村人口“走出去”再“走回来”空间流动的还有他们在城市务工期间积累起来的金钱和

---

① Patterson R U S. *Diasporas and their impacts on homeland technological and socioeconomic development: How does Sub-Sahara Africa compare?* Perspectives on Global Development and Technology,2005.

新的技能、知识、观念和生活方式，当他们回到农村，意味着这些有形或无形的资本也将跟随他们回到农村并在农村社会发挥作用，从而实现了人力资本环流。另一种更为隐形的资本环流，是无须通过个体的身体流动而实现的跨越城乡空间的资本流动形式，例如在外打工者定期寄回农村的积蓄，或者借助于现代通讯科技手段建立起来的跨城乡地域界限的社会网络关系向村内传递各种信息、资讯、观念和思想，这些资本的环流无须打工者回村就可以直接服务于农村建设和村民生活方式的改善。这就是发生在甲左村的跨城乡的人力资本环流模式。

人力环流对当下甲左村的影响不容忽略。根据驻村干部潘国明的介绍，该村在2000年后家庭收入状况的改善主要得益于在外务工者的劳务获得，村内出现的几处现代楼房，也都是外出务工的成果。此外，家长们教育观念的改变、生活方式的改善以及村寨和外部世界联系的日益紧密，也和以各种方式走出甲左进行跨城乡流动的那些人有极大关系。村寨的家族观念、血缘关系、文化身份认同都是有效吸引人力环流的拉力。

如果说，目前大量的农村研究成果强调了农村在城乡二元体制中的利益受损和边缘化位置，人力环流的出现则展示了问题的另一面，也就是在二元社会结构制约下，村民个体的能动性行动可以让农村获得人力增益，进而改变了农村在二元体制中一直以来的受损地位。村民以个体行动者的积极主动性，致力于让一直处于弱势地位的农村可以从这场城乡不公平竞争中获利。这种获利，不仅包括经济资本的返流，也包括新知识和新技能、新思想、新观念、新视野以及新生活方式进入农村，从而推动农村的现代性变迁。

七、“走出去”和“跨城乡空间”的产生

目前，对农村问题的各种研究基本上离不开城乡二元对立和城乡一体化的分析框架。前者因城乡二元体制所导致的社会现实而被广泛采用，等后者则倾向于将城市模式作为农村发展的未来。那么，甲左村的“走出去”现象又能给我们理解村寨变迁和未来发展以什么样的启示呢？如果说，人力环流理论从人力资源的视角提出空间流动的双向效应的存在，我们现在将视野进一步拓展到甲左人的日常生活中的空间实践。

在甲左村，“离乡离土”的精英人士虽然彻底离开了甲左村这一地理空间，也不像外出打工的甲左人那样以人力环流的形式最终回归村寨，但他们在日常生活中实现了另一种形式的“回归”，这种“回归”与甲左村特有的水族文化和家族村落的社会背景是分不开的。在甲左，单姓家族村的血缘和地缘关系虽然受到了现代社会抽象体系植入和社会整合的冲击，但作为潘氏人的家族认同和水族人的族群认同并没有被彻底淡化或抛弃，成为维系甲左村内外家族成员之间的重要的精神纽带。这一点，从在外工作的甲左人对水族传统节日“端节”的重视可略见一斑。访谈中，当我们问及在外工作的甲左人回村的频率和时间时，答案颇为多样，但回甲左过端则是一致的做法。他们不仅要携妻儿回甲左过端，还盛情邀请同事、朋友和外村的水族人一同回村，将过端看成是一项重大的节庆和社交活动。端节，作为水族重要的传统节日，一般由祭祖、赛马、游端、对歌等活动组成。其中，祭祖活动除了敬奉祖先的仪式功能之外，也具有对家庭和家族成员从血缘关系上加以确认的文化族群的整合功能，借此强化相互之间的归属关系

和身份认同。在家庭内部的祭祖仪式完成之后，村寨要组织游端祭祖，即每家每户派出代表挨家挨户地进行祭祖，借此对血缘亲疏关系进行进一步辨认和强化。这种家族社会内部确立的共同体秩序，直接关系到水族人日常生活中的礼数往来的范围和处理方式。村落内部家族成员之间的权利和义务，无须假以强制性的文字规定，而是通过各种仪式加以确认和自觉执行。[①]个体和个体之间、个体和村落之间的这种血缘和地缘同构的纽带，成为水族家族村落维系共同体关系的内核，也是村落成员进行社会互动的特有模式，它对村寨社会起着整合、调节和维持的作用，承载着民族文化的延续与发展，也为村民在现代社会日趋激烈的竞争中提供了精神归属。[②]

通过节日仪式得到强化的血缘关系和社会秩序在村民日常生活中被不断重复，紧紧地将"走出去"的甲左人和村寨联系在一起。在日常生活中，在外工作的甲左人定期回村参加各种重要的社交活动和节日庆典，即便他们平时无法频繁回村，也会在金钱上资助村内的家庭成员、为村民的生活决策提供信息支持和政策咨询、参与村寨重大事件的讨论和决策等，包括前面所提及的教育"传帮带"行为都是甲左人村内村外保持紧密联系的一种体现。因此，由各种形式"走出去"甲左人所建立和维护的，包括外出务工农民资本环流在内的，涉及更

① 张兴雄：《水族端节祭祖仪式与"忌油圈"——以贵州省三都水族自治县三洞乡板告村板鸟寨为个案》，《西南民族大学学报》，2008年第1期。

② 李庆真、谢丽霞：《社会变迁中失落的村落文化》，《新西部》，2009年第14期。

广生活领域，包含更多形式和内容的，跨越了城乡地理界限、突破城乡二元对立的“跨城乡关系网络”正出现在“离乡离土”的甲左人的日常生活中。该关系网络让个体的身体和资本在跨城乡空间流动的同时，也让基于血缘和地缘关系的权利和义务得以脱域和空间抽离，实现了跨越城乡的空间延伸，将村内村外的甲左人连结在一起，以各自的行动实现了对甲左村的反哺。维持甲左村和“走出去”甲左人生活所在地之间的跨城乡网络关系成为他们日常生活的一部分。

早在20世纪末，一些人类学家注意到跨越国界生活的移民在日常生活中设法突破了故乡和移居地之间遥远的地理物质间隔，构筑了一种被研究者称为“跨国社会空间”（transnational social space）和“跨国社会网络”（transnational social networks）的生活方式。具体说，他们和故乡之间利用网络通信技术进行高密度的信息交换，保持频繁的日常电话联络，开展跨国贸易合作，利用高科技运输技术定期回乡探亲访友，等等。一种有规律的、持续性的跨国的社会互动关系得到了正常地维系，并没有因为彼此间隔着遥远的地理空间而被削弱，处于空间流动中的个体和故乡之间的心理和文化距离也没有因为地理间隔的存在而扩大，相反，频繁而密切的社会互动关系超越了地理束缚，营造出一个可以让此岸与彼岸共享的新的社会空间和社会网络。费斯特（Thomas Faist）将该跨国空间网络的特点阐述为“延跨多国边界的各种纽带、网络和组织中的位置以及组织的网络等三者的综合体”[①]，位于

① Thomas Faist, *The volume and dynamics of international migration and transnational social spaces*, p.40, Oxford, UK： Oxford University Press, 2000.

不同地理区域的人们通过社会的和象征性的纽带联系在一起并能够进行多种形式的资本交换时，该空间得以产生。个体作为该关系结构中的结点，通过各种方式和他人建立关系并实现资源的传输和转换。因此，网络所拥有的个体的数量和质量——每个结点所拥有的资源和信息状况——决定了空间的组织能量。个体（或者组织机构）在这个网络中所处的位置、所连接的有效结点以及资源交换的频率和数量，决定了可资利用的社会资本的获得状况。如果这种关系中同时又附加有信任、承诺、义务、责任和组织模式等元素，则一个“跨国共同体”（transnational community）形成，它是跨国社会空间更为稳定的表现方式。

让我们回到甲左村。可以看到，“走出去”的甲左人，虽然在学校教育和工作生活中经历了传统和现代的博弈，空间上实现了从乡村到城市的转换，但他们并没有选择与故乡关系的断裂，也没有毅然抛弃或否认自己的甲左人身份和族群认同，而是在“走出去”之后，和村寨建立并保持跨城乡空间的各种联系。无论是在地理空间还是在社会空间上实现了城乡空间流动的甲左人，在自觉或不自觉地建构一个属于他们专有的“跨城乡空间”——他们跨越了城乡地理间隔，有规律地、频繁地、持续性地和甲左村保持着密切的社会互动，各种形式的资本在该空间的社会网络关系中频繁地传递。此空间，“是社会关系的总和，它未脱离客观物质而存在，又和主体意识紧紧相连，产生自人类的社会实践”[①]。例如，在家庭方面，他们时常打电话回家，定期回村寨看望

---

① 丁月牙：《个体空间：基于移民生活史的空间解读》，《民族研究》，2014年第41期。

老人，在经济上支持生活在甲左的家人，帮扶这些家人或者其子女接受更好的教育，对家庭内部某些事务的安排处理提供信息、发表意见、参与决策等;在甲左村的公共事务方面，他们积极参与这些事物的讨论，出谋划策、参与和推动甲左小学相关建设事宜，在修建甲左公路的事项上牵线搭桥、集资出力等，有时候还扮演和县政府打交道的甲左村代理人的角色，等等。至于前面所提到的回甲左参加端节等节日庆典更是日常生活的必不可少的重要事件。通过“跨城乡空间”的社会网络关系的建立，他们除了实现金钱、信息、社会资讯、教育等方面的资源传递和交换，基于血缘关系和地缘关系所形成的责任、义务也在这种跨城乡的社会关系中得到了延续和传递。密切的社会空间距离取代了物质空间距离，超越了地理意义上的城乡分割，也突破了制度和政策意义上的城乡二元割裂。

村寨内部以拥有“走出去”成员的多寡来判断家庭社会地位和影响力的阶层分化现象，实际上也反映了跨城乡社会关系网络的存在及其对甲左家庭的重要性。文化、经济和政治资本在跨城乡空间中得到不断积累、转换、交换和使用，可以从不同层面来满足甲左村民生活的物质和精神需求。而来自父母的教诲，“你读书（出去）了我们家才好”，“家无读书子，官从何处来”等，表面上是鼓励子女读书，实际上也是对他们来日走出甲左勿忘回馈家庭的一种嘱托。跨城乡空间的建构，将分布在各地的甲左人紧紧地与村寨联系在一起。

下表对甲左人就建构跨城乡空间的实践行为从政治、经济和文化层面进行归类，以便进一步厘清这一形成于甲左人日常生活的概念。

表 4–2 “走出去”甲左人的“跨城乡空间”实践

实践领域 “走出去”的不同群体	政治	经济	社会文化
“离乡离土”	·传播、解读政策法规 ·代表上级政府直接参与部分村落政务 ·影响村落选举 ·推荐甲左人进入政府部门就业 ·帮助甲左村争取政府项目 ·就村寨公共事务提供意见和建议	·对亲人的经济援助 ·对村寨的农业经营提出建议 ·支持年轻人创业 ·提供外出打工的信息和渠道 ·捐款支持村寨公路建设 ·帮助甲左小学获得希望工程捐助	·教育“传帮带” ·定期回村探亲访友 ·参加村里的“端节”等传统节日庆典 ·参加村里的婚丧嫁娶活动 ·送孩子回村子学习水族文化 ·在特定场合穿水族衣服 ·带外界人士和朋友访问村寨

续表

实践领域 / "走出去"的不同群体	政治	经济	社会文化
"离乡不离土"	·了解、学习并传播相关政策法规知识 ·对村寨公共事务发表看法	·汇款或携带积蓄回村 ·回村创业 ·农忙期间回村务农 ·外出务工的技能积累 ·分享打工信息和渠道 ·出工出力参与村寨公路建设	·在外与家人保持联络 ·定期回村 ·与一起外出打工的甲左人保持联络 ·传播现代思想观念 ·引入新的生活方式 ·带回现代电子产品
"离土不离乡"	·传播、解读政策法规知识 ·参与村寨公共事务的讨论 ·辅助村委会执行部分政策	·作为"半边户"的劳动投入 ·对家庭的经济支持 ·出工出力参与村寨公路建设	·担任甲左小学教师，传播知识 ·推动甲左小学的建设与发展 ·建立良好的村校关系 ·普及和贯彻教育理念 ·调解村寨内部的社会矛盾和冲突 ·传播现代思想观念 ·引入新的生活方式

从上表可以看出，甲左人的“跨城乡空间”实践的表现形式多样，内容丰富，而且不同种类的实践之间也互有交叉和重叠。一般而言，“离乡离土”的甲左人在政治、经济和社会文化生活领域的跨城乡实践均保持着一定程度的持续性和规律性参与，而“离乡不离土”的甲左人则侧重于经济和社会文化生活领域的跨城乡实践，而且其实践发生的强度和频率与其在城乡之间流动的次数和持续时间长度有极大关系。“离土不离乡”的甲左人由于特定的身份和本身就在甲左村内工作和生活故而在社会文化领域的跨城乡实践有突出表现。此外，不同生活状态和需求的个体，对于参与跨城乡空间实践的频率和程度也会有所区别。例如，长期在外打工的甲左人，有些每年回家两次，而有些则要四到五年才回甲左。同样，在三都县政府机关或者学校工作的甲左人，有些积极参与甲左村的各项事务，而有些则仅限于对甲左家人或者近亲的关照。总之，跨城乡空间实践是一个高度个性化的行为，也不是所有“走出去”的甲左人都有这种参与跨城乡空间实践的积极性。但是，对于大部分接受本研究采访的甲左人而言，跨城乡空间及其关系网络的存在是一个不可否认的事实。它表明了他们正在跨越着城乡地理和文化空间的生活方式，以及他们对这种生活状态的认可和重视。

以上有关“跨城乡空间”概念的提出有助于理解甲左村的“走出去”现象以及“走出去”的甲左人与村寨之间的各种互动关系及其行动的意义，有助于我们了解村寨从传统向现代变迁过程中个体行动者的角色。“跨城乡空间”的提出，作为一个新的尝试，力争摈弃主流的城乡二元视角对农村地位和作用的假设，而从空间重构的逻辑出发，让我们看到以行动超越二元割裂的草根力量的努力以及这种努力对农村未来发展的潜在影响。我们将在下一章对“跨城乡空间”的理论和实践意义作进一步深入的探讨。

结束语

“走出去”，意为走出甲左，离开村寨。其本身是一个本土化的概念，同时又是外来观念输入下的结果，甲左人与外部世界的文化接触和文化冲突的互动过程中形成的。访谈文本分析发现，甲左村恶劣的自然条件和贫困的生活状况虽然是促使甲左人形成“走出去”想法的前提，但该概念演变为部分甲左人的人生计划的最直接的催化剂在于学校教育期间所经历的文化接触和冲突。学校的异文化经历让大部分甲左人产生了因差异而反思自我和身份的自觉过程。部分甲左人从此形成了走出甲左、改变命运的奋斗目标，最终通过读书升学到毕业分配这条社会流动的官方路径，实现了“走出去”。教育为甲左人的“走出去”提供了知识、技能、价值观，也为少数甲左精英的“走出去”提供了必要的渠道。

从空间关系的视角，甲左村的“走出去”可以归类为“离土离乡”、“离土不离乡”和“离乡不离土”三种。前者不妨称之为“精英式”走出甲左，而后者可称为“大众式”走出甲左。前者涉及面较小，后者涉及面很广，差不多覆盖了甲左村 90% 以上的中年和青少年人口。

对于甲左人而言，“走出去”不仅是抽象意义上的离开甲左的信念，也是一种现实意义上融入外部世界的期待。因此，在甲左通往外界的公路的修建问题成为“走出去”的另一种诠释。“路”代表着甲左融入外部世界的符号，而“走出去”是融入外面世界的意义。

“走出去”给村寨带来了复杂的社会影响。“走出去”的先行者们在村里产生了示范效应，不过，“一帮带一帮”的“走出去”努力，也让这一传统的家族村寨悄然出现因优质教育资源分配和其他社会资本获得差异而产生新的阶层分化现象。“走出去”人的多寡成为决定村寨内部家庭社会地位和影响力的重要指标。

“走出去”的甲左人在日常生活中致力与村寨保持各种互动关系，积极参与村寨内部的生活，进行着人力等各种资本的跨城乡环流以及信息和资源的跨城乡交换，责任和义务也通过跨越城乡空间关系网络得到了履行和延伸，在此基础上，一个跨越地理界限的“跨城乡空间”得以建构并成为甲左人在这个现代化社会的重要生活方式。甲左人以跨越城乡空间的社会行动，让村寨传统的面对面社区在空间抽离的现代化变迁过程中，获得了一个新的存在方式。“跨城乡空间”概念的提出，突破了城乡二元视角对农村地位和作用的假设，让我们看到村民个体以各自的能动性行动，致力超越城乡空间的二元割裂以及传统和现代之间的对立，以草根力量的空间重构的努力，对村寨的变迁以及未来的发展产生了影响。

第五章 跨城乡空间——村寨变迁研究的新视角

本书前面章节主要以个体行动者视角考察了近半个世纪以来甲左村现代学校的发展、村民个体的身份认同建构个案以及村民们“走出去“现象”探讨教育、行动者与村寨变迁之间的相互作用机制。本章作为最后一章，则试图从这种微观视角中抽离出来，将三者之间的互动关系放到一个宏观的社会背景和理论层面上进行讨论，使空间理论框架对村寨变迁的发生机制进行再次梳理和提炼。本章首先分析了新中国成立以来农村空间在不同历史阶段经历的三次空间重构，以此时空背景，对现代学校和个体行动者对村寨空间重构的作用和影响进行归纳，最后集中讨论“跨城乡空间”的提出对村寨变迁研究的理论和现实意义，以及由此形成的审视城乡关系和农村未来发展的新视角。

一、农村变迁的时空脉络

社会变迁是国家、社会以及各阶层多方面力量互动作用下的结果，即便在一个微观社区，从传统向现代的变迁也无法脱离国家控制和社会整合的大的时空框架而独立完成，因此，了解甲左村的变迁，还有必要从中国宏观的政治、经济和社会发展方面进行整体性把握。当我们考察某些受到现代化或其他文化变迁冲击的传统文化时，有必要在细致入微观察这些文化所遇到的一些问题之后，再把这些问题放回到整体中加以考察。[①]

（一）新中国成立初期政府自上而下的空间建构

自上而下的国家力量除了借用现代学校广大乡村内部扎根并致力教育社会化取代传统面对面社区的再生产方式之外，国家政权也在通过加强社会控制的其他方式不断实现对广大乡村的整合。

从中国社会的发展历史看，封建社会时期的皇权对地方的控制是松散的，“皇权不下县”意味着农村，尤其是偏远的少数民族村寨，大体上按照自己的发展形态维持着原生态的生活。在西南少数民族地区，不同王朝以土司或流官制度进行时松时紧的管辖，并没有实现对广大乡村的正式控制。及至近代，随着民族—国家的兴起，国家行政力量开始逐步渗入乡村层级，不断加强地方控制。特别是 1949 年以后，新中国开始有意识地对地方社会进行一系列的空间重组，将地方社会纳入国家体系，单个村落开始直接面对国家权力的制约和监管，成为国家体系里的有机“细胞”。[②]

刘拥华注意到了 1949 年之后中央政府为了实现对中国社会的控制

---

① 荣观：《关于文化和文化变迁的研究——人类学方法论研究之四关于文化和文化变迁的研究》，《广西民族学院学报》，1999年第1期。

② 张济州：《文化视野下的村落、学校与国家——一个地方社区基础教育变迁的历史人类学考察》，第218页，北京，教育科学出版社，2010年。

和治理而开展的一系列空间建构行为，其中，1949 年至 20 世纪 70 年代对农村的空间重构方式是：一方面，宣扬政权合法性和权威性的意识形态通过各种策略逐步渗透到乡村社会的各个角落，另一方面，严格的城乡二元分割体制将乡村和城市割裂，自然形态的农村空间成为一个非常态的空间，农村被固定在传统农业经营方式阶段，其现代化和城市化的进程被人为阻断。[①] 特别是新中国成立初期，为了保障赶超工业化战略所施行的高度集中的计划体制，加上全国人口基数巨大且增长迅速以及城市就业岗位和商品粮与食品供应不足导致城市对人口吸纳能力有限等原因，国家通过《中华人民共和国户口登记条例》（1958 年）、《关于加强户口管理工作的意见》（1962 年）、《关于处理户口迁移的规定（草案）》（1964 年）等一系列文件法规，对农村人口流入城市实行严格控制，将农村阻挡在城市之外。[②] 除了这些政策之外，国家还通过政治运动手段来严格控制农民进城。例如，"大跃进"期间由于劳动管理权下放而让一部分农村居民获得了进城就业的机会，但随即 1960 年因为粮食危机出现被重新遣返农村；1968 年，响应上山下乡号召，1000 多万城市青年被下放到农村，实质是为了精简城市就业人口，城乡割裂格局并未因为城市青年的到来而有所撼动。

通过城乡有别、区域分割和控制流动等空间策略逐步形成的城乡二元体制，以城市的全民所有制和农村的集体所有制作为政治制度基

---

① 刘拥华：《阅读秩序：空间语境下的乡土社会及其变迁》，《人文杂志》，2008 年第4期。

② 肖冬连：《中国二元社会结构形成的历史考察》，《中共党史研究》，2005年第1期。

础，在一系列民生问题上对城市居民和农村居民采用双重标准，实行城乡分治。[①]随后又衍生出二元就业制度、二元福利保障制度、二元教育制度、二元公共事业投入制度在内的一系列社会制度体系，构筑起农村和城市居民之间的身份壁垒，涉及多个领域的城乡不平等开始形成。[②]不流动、不发展的农村独立于城市之外，以相对稳定封闭的形态获得保留。因此,新中国成立后30年的农村虽然在政治上纳入到民族—国家的现代体制，经济上纳入到集体经济体制，但社会空间上却和外部社会隔岸相望。该历史阶段，国家对农村的空间重构带有明显的自上而下的政治建构痕迹。

该阶段的农村内部空间结构的特点是以自然村为基本单元，以家庭为生产和生活单位的自给自足经济，以血缘和地缘合一为主要社会关系，与外界接触较少，内部成员同质化，相互间的文化和社会差异很小，大体上处于静止的不流动状态，和城镇相对而生，城镇是中心，农村是边缘。[③]费孝通先生笔下的20世纪40年代中国农村安土重迁，生于斯、长于斯、死于斯，人口流动很少，土地很少变动，时空一体化，“不分秦汉，年年如是”的状态[④]，在新中国成立后30年的中国农村仍然有

① 刘拥华：《阅读秩序：空间语境下的乡土社会及其变迁》，《人文杂志》，2008年第4期。

② 褚宏启：《城镇化进程中的户籍制度改革与教育机会均等——如何深入异地中考和异地高考改革》，《清华大学教育研究》，2015年第6期。

③ 丁志铭：《农村社区空间变迁研究》，《南京师大学报(社会科学版)》，1996年第4期。

④ 费孝通：《乡土中国 生育制度》，第50—51页，北京，北京大学出版社，1998年。

不同程度的存在。日益被卷入民族—国家体系的村落，在逐步接受现代社会的政治、经济和社会影响的同时又被要求保持着与现代性社会发展规律相违背的静止和封闭，这种扭曲的空间结构经过三十年的压抑之后最终从 20 世纪 80 年代开始得以逐步修正。

（二）改革开放带来自内而外的空间重构

改革开放之后，随着农村家庭联产承包责任制的推行，家庭成为农业生产的基本单位，农村经济水平和生活水平大幅提高并出现了大量富余劳动力的释放，农村人口开始自发向城市流动，原有的生活方式与社会关系发生改变，农村空间出现第二次大规模重组，由政府牢牢控制的城乡关系在市场经济面前开始松动和转变。

该阶段农村空间的特点体现为封闭性和不流动性被逐渐打破，同质化的社会结构开始出现异质化和多元化；空间职能也发生了相应变化，一些农村分化为小城镇、集镇或中心村，出现了乡镇企业，部分农业人口在非农领域就业，城乡二元对立现象虽然依旧存在，但是城乡关系的融合也开始萌芽；传统的自然空间结构格局被调整，出现了工业用地和住房建筑用地，部分农村住房的建筑格局逐步摆脱了在空间位置上与传统社会关系以及社会地位的关联，以靠近交通要道为取向。[①] 农村空间的开放性在增强。而且与新中国成立初期不同的是，改革开放后的农村空间重构不再仅仅围绕着政治意义而产生，而更多呈

---

① 刘拥华：《阅读秩序：空间语境下的乡土社会及其变迁》，《人文杂志》，2008年第4期。

现经济意义的表征。不过，以上罗列的这些新特征仅仅是农村空间重构的表层现象，改革开放给农村空间重构带来的最根本的变化是人地关系的变化，一系列空间变迁都围绕着人地关系的变化而产生。

新中国成立初期人民公社集体经济体制的农村空间建构中，农民被牢牢地束缚在土地上，不能离开土地但又不拥有对土地使用和经营的决定权以及对土地劳动产出的分配权，人地关系中的人是被动的，受束缚的，无法成为自由且自主的人。改革开放允许农村包产到户和包干到户，建立家庭联产承包责任制，"实质上是一场产权和人身自由的深刻革命"[①]，它取代了集体生产和集体分配的制度，让农民从人地关系中的被动转变为主动，获得对土地的生产经营方式和土地收益分配方式的决定权。一旦农民在这种人地关系中获得主动权，也就意味着他们拥有了从事土地之外非农产业的可能、选择非农生活方式的可能以及离开农村流向城市的可能，一场规模宏大的农村空间变革得以展开。村民成为有自主能力的行动者，以便在特定时空中以自身的行动参与并推进社会的变迁。[②]

以农村公共空间在改革开放前后发生的变化为例。有研究发现，农民作为一个不再被捆绑的社会因子重新进入乡村基层社会互构让乡村获得了实质性改变：在改革开放前农村社会内部公共空间主要是由外部行政性力量的介入而生成的行政嵌入型公共空间，乡村社会共

---

① 武力：《1949—2006年城乡关系演变的历史分析》，《中国经济史研究》，2007年第1期。

② 安东尼·吉登斯著，李康、李猛译：《社会的构成》，北京，生活·读书·新知三联书店，1998年。

同体被置于国家权威和规划之下进行建构和运转，但这种社会空间性质并不具备草根性。改革开放初期国家逐渐淡出村庄社会生活，由村庄社会内部力量生成的内生型公共空间，从村庄生活的后台重新走到前台，其地位与作用在村庄社会生活中不断凸现。这可以通过部分农村的一些宗祠、家庙等得到了重建或修复，曾经被压制和打击的民间信仰获得复兴，祭祖拜神等仪式活动有所抬头，以及一些农民精英出现并在村民公共生活中扮演着权威和领头羊的角色等社会现象得到验证。①

由此可见，和前一次主要通过政治力量进行“自上而下”的空间重构相比，此次的农村空间建构更多具有“自内而外”的特色，它发端于人地关系的改变，以农村经济模式变迁为前提，以村民的自发参与为手段，从内部的社会关系、社会秩序和物化空间格局的调整开始，其影响也是以农村为中心点依次向外扩展，先波及周边的城镇，又随着农村剩余劳动力流动逐渐向更远处的城市蔓延。乡镇企业出现、农村小城镇化的步伐逐步加快、人口向城市流动的规模不断扩大等，都是此次农村空间变迁的重要表征，村民力量扮演着主要角色，体现了农村自内而外的发展需求。

在村民自内而外发展需求的驱动下，城乡关系从原来的绝对割裂开始走向局部城乡合作，户籍制度因农村剩余人口的大量出现以及自发向城市转移的需求和行动而有所松动。例如，1997 年《小城镇户籍

① 曹海林：《村落公共空间与村庄秩序基础的生成——兼论改革前后乡村社会秩序的演变轨迹》，《人文杂志》，2004年第6期。

管理制度改革试点方案》和《关于完善农村户籍管理制度意见》以及《关于推进小城镇户籍管理制度改革的意见》都倾向于允许农村人口城镇化。但是这种合作关系是局部的，财产、户籍、就业、社会保障等方面的城乡制度性差异没有获得根本性改变，这种合作关系也是单向的，农村人口以廉价劳动力支援城市建设，农村土地作为廉价土地资源对城市发展和经济开发的支持，以及农村资金以乡镇企业、小城镇发展等形式被大量吸纳到城镇等，都说明了农村支持城市的发展模式实际上是城乡二元结构的另一种变体。[①]

（三）新时期自下而上的跨城乡空间建构

第三次空间重构的发生与进入21世纪后城乡关系、工农关系的重大调整有关。2005年10月《中共中央关于制定国民经济和社会发展第十一个五年规划的建议》发布，提出全面建设小康社会的难点在农村和西部地区，要实行工业反哺农业、城市支持农村，促进城乡区域协调发展，推进社会主义新农村建设的任务。同年12月，第十届全国人大常委会做出废止农业税条例的决定，存在了2600多年的农业税退出历史舞台。[②]这意味着长期以来以农村支持城市的单向经济发展模式得到了反省，虽然大部分维护城乡二元分割的旧制度改革进展依旧十分缓慢，但市场经济的力量努力朝着城乡互动的方向快速前行。这喻

① 武力：《1949—2006年城乡关系演变的历史分析》，《中国经济史研究》，2007年第1期。

② 武力：《1949—2006年城乡关系演变的历史分析》，《中国经济史研究》，2007年第1期。

示着近十年来的农村正在进行着新一轮的方兴未艾的空间重构。

此次新的空间重构孕育于第二阶段的空间重构，是在第二阶段重构基础之上的进一步扩展和加深，两次重构之间在时间上并没有明晰的、统一的承接点和分界线，大致出现于近十年来的西部农村以及更早时期的东部发达地区农村，空间重构的层次更深、涉及范围更广，但也伴生着更加尖锐的社会问题，这些都是第二次空间重构所没有的新特点，其社会意义以及对农村乃至整个中国社会未来发展的影响远比前面两次来得更加深远的，因此有必要将它从第二次空间重构中区分开来，进行全面的分析和审视。

首先，第三次空间重构得益于近些年信息通信技术和交通运输的迅猛发展以及市场经济的不断完善，村民的生活空间范围急剧扩大，乡村和城市之间的地理间隔因科技的力量而“缩小”、社会空间不断交融，文化差异因影视和网络媒体的传播而日趋一体化。人们对时间和空间的体验感发生了巨大变化，时空在压缩，也在延展。[①] 城乡一体化、新农村建设的提法开始出现，城乡二元体制不断受到批判和反思。

其次，随着农村的现代化转型，传统经济结构出现了变化，部分东部沿海农村实现了从农业经济到工业经济的彻底转型，进入到城镇的行列。那些未能实现彻底空间转换的中西部农村，其空间形态上也发生了或多或少的变化，例如，土地的功能结构和使用区域的重新划分，民居建筑风格的变化，人口外流的空心化及相关的常住人口的老龄化

---

① 安东尼·吉登斯著，李康、李猛译：《社会的构成》，北京，生活·读书·新知三联书店，1998年。

和留守儿童现象，以及家庭不再集经济功能和生活为一体等，都是农村空间发生重大变化的表征。从宏观的社会空间观察，中国总体的农村空间布局结构、社会经济结构和农业人口结构都在发生相应的变化。

有研究者将这一重构过程中出现的空心村、城中村、村庄消失以及普遍性的农村人口向外转移、生活方式强制改变、社会资源分配不公、“熟人社会”关系淡化、村民自主性降低、人口外流等现象称为农村社会的衰落，包括农村精神空间和物质空间的失落。[①] 但笔者并不完全赞同这种观点，原因是人口流动、生活方式改变、熟人社会向陌生人社会转变等，都是农村从地缘与血缘关系合一、社会空间与地理空间合一的传统面对面共同体向现代社会的新的超地方共同体[②]转变中必然要经历的过程，但农村原先被迫停留于不流动、不进步的封闭和隔离状态的长期压抑让这些问题在最近短短的二三十年内集中爆发。然而，空间重构中出现了各种社会问题并不一定就是意味着农村的衰败，更多的是国家和政府的制度和政策缺位以及城乡二元体制改革滞后所造成的后果。相反，仅就自新中国成立以来的发展历史来看，在进入第二阶段的空间重组之前，农村无论物质还是在文化发展方面，相对于城市来说都是极端贫困和滞后的，当时的农村从未有过繁荣，衰落之说自然也就无从谈起。

再次，农村和城市之间的人口流动更加频繁，其流动的规模、跨度

---

① 潘晓娟、刘国维：《文化社群建构视阈下农村空间失落化修复策略》，《新常态：传承与变革——2015中国城市规划年会论文集》，2015年第9期。

② 王铭铭：《教育空间的现代性与民间观念——闽台三村初等教育的历史轨迹》，《社会学研究》，1999年第6期。

和深度前所未有。随着人口流动也带来了技术和知识、信息和资源的跨越城乡流动和交换。在这种交换关系中，农村并不总是处于边缘化和利益受损的位置，特别是村民个体的独立行动有机会让农村成为交换关系的中心。城市和农村的二元对立，也有望通过这种个体间的跨越空间的交换行为而进一步突破。因此，城乡之间通过政治力量固化的割裂关系格局有望从第三阶段的空间重构中开始转变。与以往不同的是，在新的农村空间重构中，起主导作用是自下而上的草根力量和市场力量的协作，并借助了知识和科技力量的推动，而且这场重构行为正在进行之中，其最终格局也尚未可知。

空间是每一个历史整体的一种具体表述，在这样的历史整体中，一个社会能得到具体的说明。[①]新中国成立以来发生在农村的空间建构历程，生动反映了农村社会变迁的整体趋势。在这个大的历史趋势中，特别值得注意的是，改革开放后的农村空间重构，主要归功于农村人口的自发的社会流动和空间建构行动，以及市场经济和科技发展带来的积极影响。草根阶层的力量和市场力量的不断壮大，让农村不再成为任由政治建构和国家力量宰制的被动空间。

二、现代学校的空间建构意义

甲左村的变迁正是在新中国成立以来农村三次空间重构这一宏观

① 刘拥华：《阅读秩序：空间语境下的乡土社会及其变迁》，《人文杂志》，2008年第4期。

背景的历史脉络中展开的，尽管该村在地理位置上“山高皇帝远”，但外部世界强大的政治、经济和社会力量还是以不同形式将这个水族村寨紧紧拉入到了民族—国家和现代社会体系的整合队列中。我们在第二章专门论述的甲左小学，正好是村寨和国家、村寨和外部社会的连接点，从它出现在村寨的那一刻开始，便与村寨之间建立了即分且合的、现代与传统博弈的空间互构关系。

（一）学校的“逆文化飞地”现象

作为外来事物，甲左小学在这个偏远而闭塞的少数民族村寨的出现，其本身就是一种现代性和异文化的嵌入，它是村寨生成现代性和普遍性的表征空间的重要组成，是空间变迁的重要载体。

从甲左小学发展史看，20 世纪 60 年代政府派潘世锦老师来学校开班招生，紧接着挪用一块农地盖起第一所教学楼等行为，结束了甲左村以旧式社学和私塾为主要形式的教育的分散性、随意性和流动性，把民间自发的没有特定规范和制度的办学行为纳入到了举办现代学校的国家队之中。此后近半世纪的发展历程中，甲左小学的办学制度越来越规范，教学内容和课本教材逐渐依照国家统一标准执行，教学运行和管理也更加符合国家制度要求，教师队伍从原来以民办教师为主转向以师范院校毕业的公办教师为主，特别是随着校园建设的完善，2004 年修建学校围墙并安装上大铁门之后，甲左小学作为一个拥有特定时空运行规则和社会秩序的现代空间在村寨的地理和社会环境中显得更加突兀。在这个既勾联于村寨社区共同体的生活，又脱域于本土化社会的“半独立”空间，通过围墙、大铁门、教学楼、国旗、现代厕所、篮球场、宣传栏、教室、课桌椅以及印制在墙上的硕大的宣传标语乃至学校门口小卖部等空间表征，将自己和村寨的环境相区别开来，并无时不在预示着自己的“国家身份”的特殊性和权威性。空间的表征，和空间实践发生的场所相分离，用象征符号系统将进入学校的教师和学生们的身体精确地安置在现代性空间之中，为学校介入地方社区的社会再生产奠定基础。[①]

如果要深入分析学校作为嵌入具有浓烈传统性和地方性色彩的民族村寨的空间意义，我们不妨借用“文化飞地”（cultural enclaves）概念，用逆向思维再次对该嵌入现象进行分析。“文化飞地”作为一个空间概念，一般定义为在行政上归属于某个政治主体，身份上认同于另一个古老的或遥远的文化主体。[②]它通常用来形容少数民族群体迁移到主流民族生活的社区之后，在地域上偏居一隅，形成的自己的文化地理空间。不妨将嵌入村寨的学校也视为一种特殊的“逆文化飞地”——携带主流社会的文化和现代性的学校进入到少数民族居住区域内部并形成自己的独立空间，该空间在地理位置上位于本土社区，但在举办权、行政隶属和管理权上归于上级政府，在文化上认同于外部世界的更为遥远的主流文化，依照国家统一的规则和制度运行，形成了脱域于乡土空间的现代空间并成为现代性向民族村落扩张和蔓延的代理人。

借用列夫菲尔对空间的产生的三个维度，空间的实践、空间的表征和表征的空间来理解学校这一现代空间，可以发现，在围墙和铁门的看护之下，作为“逆文化飞地”的现代学校，是现代学校教育制度、

① 石艳：《现代性与学校空间的生产》，《教育研究》，2010年第2期。

② 张德明：《文化飞地的空间表征》，《杭州师范大学学报》，2012年第6期。

政策和方案的决策者、制定者和实施者进行设计、建造和规划等空间表征基础上所形成的表征的空间，它拥有截然不同于村寨的知识、秩序和权力关系，以一套自身的行为规范、价值取向、社会秩序、关系结构、显性和隐形文化、语言以及时间和空间的意义规则和资源向该空间中的个体实践行为进行约束，例如执行一定的时间表，建立纪律和惩戒制度，实施师生行为规范和关系准则等，通过师生们的空间实践，让学校作为相对独立的空间得以存在并维持着对外部的而非本土的文化认同。学校空间内部所进行着的和当地村民完全不同的，甚至是远离当地生活和生存需求的空间实践，使现代性得以在传统村落内部进行生产和再生产。

不过，正如所有的“文化飞地”都不可能与外部空间绝对隔离一样，村落中的学校，不断通过个体，主要是本地教师和学生在学校空间和村寨空间之间的流动和角色转换，将这种表征空间内所传播的文化符号、规则以及观念和价值取向，逐渐渗透到乡土社会中，促进乡土社会向现代社会的转变。在这个过程中，就像少数民族族裔嵌入主流社会的“文化飞地”，总会伴随着一系列文化冲突现象一样，嵌入少数民族村寨的“逆文化飞地”难免也产生一些磨合和矛盾。不过，从甲左村的情况看，文化冲突和抵制的现象并不严重。究其原因，首先，“逆文化飞地”并不是弱势群体在主流社会地盘上求生存，而是主流文化进入边缘化的族群空间并配合外部世界的整体发展趋势来改变非主流群体的行为，其本身就有着先天的文化立场上的心理优势和政治立场上的合法权威，背后往往有国家力量的强大的物质和政策支持。特别是甲左小学，在新中国成立之后有一段较长的历史发展进程和国家意识形态宣传作为铺垫，迎合了村民自身寻求发展和改善生活的心理期待，因此遭遇到的抵制相对较小，相反在办学困难时期还不断得到了村民集体的积极主动支持。

最后，当学校所携带的现代文化进入村寨时，村寨也在积极影响并参与了学校的举办。无论是甲左小学建设过程中村民集体力量的付出，还是土生土长的本地老师在相当长时间内一直承担着学校教学的主体工作，都决定了村校间的文化冲突不可能像少数民族族裔的"文化飞地"所面临的冲突那么剧烈。例如，我们所访谈的甲左人回忆起当年的校园生活，较少提到在甲左小学读书期间的文化不适应问题，相反，当他们离开甲左到外地学校求学时，无论是小学还是初中，都经历了不同程度的认同危机和身份觉醒。这也从另一个侧面说明了甲左小学的教育空间，除了自上而下的现代性空间表征占主体地位之外，也给乡土社会的传统性留出狭小的空间，特别是在本地老师的作用下，学生们得以在熟悉的语言环境中，经历了本土到现代的过渡。近年来，随着村寨变迁，传统文化的色彩在学校中日渐淡出，学校空间的现代性逐步丰满和完备，但低年级的双语教学还在本地教师中得到保持。这说明了作为"逆文化飞地"的学校，尽管代表着异文化的嵌入，但实际上和当地的村寨，还是存在着相互哺育的交融关系，而不是通常飞地研究中所强调的生存压力、认同危机、非此即彼等二元对立框架下的诠释。这种"逆文化飞地"现象，对于该主题研究具有一定的理论启发意义。

总之，学校在传统和现代的交替中不断进行自身的建构和完善，作为现代化过程中的特定场景，村寨社会将其文化投射到学校空间，学校也借用国家的力量将现代性投射到村寨社会中，使自身成为村寨出现现代空间的重要表征。

（二）学校的社会作用

不过，现代学校在民族村寨的空间意义不仅止于空间表征作用，更在于教育通过自己的空间实践直接参与了乡土社会的再生产，通过对村民下一代的培养和社会化，以教育活动特有的文化延续和社会复制功能，让受教育者个体成为村寨空间现代化转型的重要参与者和推动者，促使村寨内部的空间秩序缓慢转型。[①]

和大部分少数民族村寨一样，在现代学校出现之前，甲左村对下一代的教育形式无非两种，一是私塾和社学的教育，该方式虽然在甲左小学出现之前也曾存在过，但不过是家境稍好家庭或者族人的个别行为，并不普及，其社会作用不明显。作为传统社区，更为普遍的社会化方式是日常生活中的面对面的言传身教，由老一辈对下一代进行水民族文化传承以及相关行为礼仪的传授。在民族宗教局从事水书研究的潘学钊回忆起当年学习水书的最初启蒙，就来源于小时候在懂水书的爷爷身边的耳闻目染：

我爷爷也就学了几个月（水书），过后他抄写了一些，这么厚的书啊，都是水书，像这么厚。我以前也喜欢，我爷爷就传授这方面的知识。在小学的时候，他就开始教我了。他也不是正式教我，他老人家当时六十多岁。他弄一个火笼，他就在那里背他的书啊，水书或者是其他一些书。我们小孩子放牛或是打猪菜回家，开始可能是觉得一种好奇吧，

---

① 石艳：《现代性与学校空间的生产》，《教育研究》，2010年第2期。

就围着看他，听他背那些（书），觉得比较入耳。觉得入耳了呢，我就悄悄地学了。我当时觉得好奇，当时我太小了嘛，也不跟他说。等到我读到五年级的时候，有时候听他在读，他有些搞忘了，我就提醒他。他就说，哎，你哪时候学到这些东西了，那就正式教你吧。那么从五年级的时候，他就开始正式教我了。我读初中的时候就没怎么学，只有放假回家啊，才学点。过后呢，他老人家就不在了。1993 年 1994 年他不在了以后，这个东西在农村经常要用的，择日子啊，婚丧嫁娶啊，要择日子。基本上是要用到水书歌，它没有文字，那个歌有几种方面的内容。以前是大家没有文化的，是靠观察，干活累了，晚上就跑到外面去观察星星啊，月亮啊。以前有些老人家庭（经济状况）比较好的，他不用干活，专门学习掌握这些东西，他就拿画当文字，全部是图画制，天干地支这些字，也基本上是画的。

《黔南布依族、苗族自治州志·民族志》记载，水族“男孩 10 岁左右开始学放牛，割草，砍柴，稍大就由大人传授田间农业技术，女孩十一二岁就由长辈传授纺织、印染、刺绣等技术。家长还对子女进行一些本民族的传统道德方面的教育，如‘……女性不许从客人面前走过，只能提起衣服下摆，轻轻从客人身后走过，公婆和媳妇之间不许直呼名字’”[①]。这种面对面社区的社会化方式一般具有以下特征：劳动和日常生活中的言传身教是常用手段，社会化的目的是学习生产和

① 黔南布依族、苗族自治州史志编纂委员会编：《黔南布依族、苗族自治州志·民族志》，第205页，贵阳，贵州民族出版社，1993年。

生活技能，复制辈辈相传的生活方式和社会关系，学习是生存的需要。费孝通在论及文字下乡现象时也曾指出，在传统的乡土社会，“语言是足够传递世代间的经验了。当一个人碰到生活上的问题时，他必然能在一个比他年长的人那里问得到解决这问题的有效办法，因为大家在同一个环境里，走同一条道路，他先走，你后走；后走的所踏的是先走的人的脚印，口口相传，不会有遗漏。哪里用得着文字？时间里没有阻隔，拉得十分紧，全部文化可以在亲子之间传授”[①]。这段话中的“时间里没有阻隔，拉得十分紧”可谓是对乡土社会时间和空间一体的形象说明，时间不离开特定的空间，有自成一套的计时模式，社会关系和社会秩序在悠长的岁月里被复制和重复生产，很少改变，对于生活于这一地域上的群体，仿佛时间和空间都是停滞不变的。

那么，现代学校在传统社区的出现具有什么样的社会意义呢？结构功能主义认为学校教育使儿童内化构成社会整体的道德价值以及社会和谐运行的教育理想。结构论者将社会结构分为社会制度、政治制度和表意耦合制度（教育属于其一）等亚结构组成，将教育和亚结构之间的作用关系分解为教育的经济功能、文化功能和政治功能。其中，经济功能的发挥主要通过对劳动力和人才的培养；文化功能的发挥来自对文化的传承、创新以及对外来文化的传播；政治功能主要体现为对国家主流社会意识形态的传播[②]。此类以结构功能主义理论为指导，将教育视为社会整体系统的一个部分进行社会变迁之关系研究的成果

---

① 费孝通：《乡土中国 生育制度》，第22页，北京，北京大学出版社，1998年。

② 卫道治、沐煌峰：《教育与社会变迁》，《武汉大学学报》，1988年第4期。

非常之多，遵循“社会变迁的方面⇌教育变迁的方面”或者“社会变迁的类型⇌教育变迁的类型”模式进行逐一对应的解释[①]。

但是，在面对微观社会的教育作用机制研究中，如果循此思路分析甲左小学对于村寨的社会作用，并相应就其政治影响、经济影响和社会文化影响进行分别阐述的话，则难免陷入对教育和社会理想关系的想象性建构中，落入将社会及其子系统想象成一个个具有自我调节能力的呈现为相对稳定状态的统一体的这一本体论误区。在此基础上所形成的假设往往是：作为社会子系统的教育系统和社会其他子系统之间是相互独立的，有明确界限；教育具有影响社会其他系统的功能，其他社会系统也有影响教育的功能，相互之间为适应彼此的变迁作出相应调整以避免社会整体出现失调。如此便显示出一种“无人化”的教育作用图景，认为社会内部存在既定结构用于支配社会的稳定和变迁[②]，从经济、政治和社会（文化）分别进行讨论，分别加以孤立的研究，似乎确信社会现实真的会在这三个不同的舞台分开来上演。[③]

“无人化”的社会和“无人化”的教育，使研究者不去洞察现实生活中的真实状态，而集中精力于抽象概念之间的关系思辨。似乎将这些关系阐释得越复杂难懂，创造出的概念越晦涩拗口，则越发显示理论的精妙高深。但是，这些抽象概念及其思辨关系无法等同于社会现实。

---

① 吴康宁：《社会变迁对教育变迁的影响：一种社会学介析》，《华东师范大学学报》，1997年第2期。

② 安东尼·吉登斯著，李康、李猛译：《社会的构成》，第59页，北京，生活·读书·新知三联书店，1998年。

③ 彼得·什托姆普卡著，林聚任等译：《社会变迁的社会学》，北京，北京大学出版社，2007年。

甲左村的微观社会现实告诉我们，学校和村寨之间的关系，远比这种抽象概念的简单区划来得复杂而多变，它更多地是通过学校教育在培养人的空间实践中得以实现。受教育者，或者说行动者，是教育实现社会生产参与的媒介，是现代社会建构的主体，教育所参与建构的社会，也是以人为主体性的社会。

早在19世纪末，狄尔泰对于教育就提出了这样的见解：教育是一种社会作用。[①] 他认为教育的目的旨在促使下一代适应社会的需要。社会需要成为社会化、社会角色、文化适应等概念的思想基础。这些概念传达了教育的社会作用是把年轻一代培养成符合社会需要的、有能力担当社会角色的人，以便让社会知识得以继承，社会规范得以延续。教育之所以具有这种社会作用，原因在于人的可塑造性。博尔诺夫将这种可塑造性称为可教育性。在他的《教育人类学》一书中提到，人的可教育性的根源是人类身体素质方面的局限性，无法在纯自然的环境下很好地生存，只能创造出适合自己生存的文化环境。同时，人类也利用自己的身体方面的长处，例如认知能力，让自己的这种文化生存更加完美。不过，他也指出，不能因教育的需要性而片面理解人的可教育性。人在受教育过程中并非完全处于被教育状态，还具有一定的创造性和选择性，否则，社会、习俗、文化等就会一成不变，没有发展。[②]

① O.F.博尔诺夫著，李其龙等译：《教育人类学》，第114页，上海，华东师范大学出版社，1999年。

② O.F.博尔诺夫著，李其龙等译：《教育人类学》，第36—37、113—118页，上海，华东师范大学出版社，1999年。

特别是，深入到村寨传统社区内部的现代学校，主要通过在学校确立具有鲜明组织和训诫规则的空间，“来促使社会化中的主体分离于传统社会的‘地方性知识’体系之外，实现与现代社会‘抽象体系’实行整体结合，通过现代教育模式向乡村推广标准化的国家知识体系，取代‘言传身教’式的教养，排挤传统文化，实现乡村从面对面共同体向超地方共同体的转变”。[①] 传统社会的特点是社会生活和国家体系之间保持着一定的距离，这种传统社会得以再生产和延续，是依靠面对面的教育方式，通过面对面的文化继承和传授实现了社会的延存。[②] 因此，一旦民族—国家建立，其首要任务是改造这种面对面的共同体，将游离在外的传统社区拉入到国家体系，形成全民性的统一的普遍文化知识体系。用学校教育取代社会的面对面教育和文化传授，用国家知识体系代替地方知识体系，打断传统社区的再生产模式，建立超地方的国家型的社会再生产体系，这就是教育改变村寨的最根本方式。

首先，学校教育把个体，尤其是年青一代，从原来的生活场所中解放出来，集中到学校这么一个封闭型的充斥着现代性知识、文化和价值观的空间中，通过学校时间而不是本土时间的安排，依靠“专家系统”向他们传递脱域的知识，通过意识形态宣传确立这种知识的合法性和神圣地位——知识就是力量、知识改变命运。于是，“时间被悬

---

① 王铭铭：《教育空间的现代性与民间观念——闽台三村初等教育的历史轨迹》，《社会学研究》，1999年第6期。

② 王铭铭：《文化变迁与现代性的思考》，《民俗研究》，1998年第1期。

置了起来，空间也进一步和场所脱离，学生学习的是无情景化的抽象符号，这与当下发生的实践并没有产生多少共鸣。学校被分离出由地方性知识支撑的社会之外，抽象知识、评分、考试形成了鲜明的学制规则和学究等级，也成就了一批批被社会空间精准化的公民”。[①] 如此，通过被脱域的受教育者在国家体系的社会化中逐渐实现了对村寨的传统面对面社会再生产的替代。

其次，除了传授超地方知识之外，学校教育另一种更为隐性的、但同时也是更为彻底介入地方社会再生产的方式体现在将受教育者培养成具有现代性自我意识并付诸实践的行动者。现代性的生成与个体的主体性确立密不可分。在现代性的自我观中，社会个体的属性不再为其所属的共同体所决定，历史和传统在自我构成中的重要性被弱化甚至排除，自我被视为一个能够进行自发选择的自由的、独立的自我，拥有对自身的生存状况及生命意义进行深层追问的反思意识。[②] 个体的主体性和自我意识走向自觉，是现代性的本质维度，也是现代社会的载体和基础。作为孕育现代性的工具，现代学校在价值取向上是以个体为本位，以理性主义、个体主体性发展、个体自由为核心取向的。[③] 现代学校不遗余力地致力于现代化的人的生产，努力让受教育者脱离乡土社会的传统束缚，生成与现代社会角色相适合的价值观、反思能力和批判态度，将个体塑造成一个具有现代性自我的能动的行动者。

---

① 石艳：《现代性与学校空间的生产》，《教育研究》，2010年第2期。

② 吴玉军：《现代社会与自我认同焦虑》，《天津社会科学》，2005年第6期。

③ 吴全华：《教育现代性的反思性论纲》，《现代教育论丛》，2003年第2期。

当现代性通过教育空间的延展渗透到村民的生活，便与村民个体的自我建构形成了直接的交织。在传统的面对面社区中，村民只需要按照直观的经验、常识、习俗和惯例生存，但是学校教育让村寨里的年轻一代超越了这种自然而然的日常生活空间，和科学、技术和理性的抽象体系发生关联，最终让现代性的个体和现代性的社会均得以产生。[①] 例如，在接受学校教育的过程中，更多的人对自我价值、生活方式以及未来的人生规划进行了反思："那个知识可以改变命运，当时（读中学时）我坚信这个信念。……我想到有文化出去了，这样可以改变我们贫穷的命运啦。"（潘学联）"知识对一个人来说非常重要。这可以说是改变一个人的有力的武器。知识就是力量。很多人不知道，他虽然家里面很穷，他通过读书，通过自己的勤奋的努力，把知识装自己的头脑了就可以改变自己的人生。"（潘学军）"教育绝对是重要，对一个地区也是这样。我说，如果离开教育。你一个人，你文化没有，知识没有，你就不会有更好的思路、思想。不会有。人家说思路决定出路，你一个人决定做什么事，没有好的思维，做事情不会有什么大的动作。这个教育是最根本的。"（潘学通）

通过学校教育的经历，这些理性而独立的个体，作为具有能动性的行动者，在对自身生存状况及生命意义进行深层反思的过程中，愿意尝试在甲左村苛刻的物质条件下采取理性决策和主动行动来实现生

① 衣俊卿：《现代性的维度及其当代命运》，《中国社会科学》，2004年第4期。

活现状和个体命运的转变。[①] 他们对教育价值以及对自我价值的期待突破了老一辈甲左人“有文化不吃亏”的局限，上升为教育与个体独立自主的未来发展的自觉关联，产生了通过教育改变人生、改变命运的想法。

具有现代性自我的个体，其自主性不仅表现在拥有自我意识和反思能力，同时还表现在拥有意志、动机和欲望去采取行动来实现这种自我，并能对这些实现自我的行动进行进一步反思，以便根据自我价值的实现来调适合理的行动动机。[②] 这也就是韦伯所说的现代意义的人不仅是拥有个性独立和思想自由，而且还拥有以动机理性来利用这种自由独立去行动和实践的能力[③]。20 世纪 80 年代兴起的新实践论[④],强调了面对结构（学校）的力量,行动者（受教育者）未必就是毫无作为、毫无抵制能力的。吉登斯的结构化理论也指出具有能动性的个体通过持续性行动和结构化的实践对社会的发展和变迁产生影响。[⑤] 学校复制了社会结构，但同时也赋予学生改造结构的能力和意识，以便他们按

---

① 安东尼·吉登斯：《现代性与自我认同》，第3—5页，北京，生活·读书·新知三联书店，1998年。

② 詹姆斯·D.马歇尔、米歇尔·福柯：《个人自主与教育》，第96页，北京，北京师范大学出版社，2007年。

③ 王小章：《现代性自我如何可能：齐美尔与潘伯的比较》，《社会学研究》，2004年第5期。

④ 谢丽·奥特纳著，何国强译：《20世纪下半叶的欧美人类学理论》，《青海民族研究》，2010年第4期。

⑤ 安东尼·吉登斯著，李康、李猛译：《社会的构成》，第43页，北京，生活·读书·新知三联书店，1998年。

照自己的利益以及利害关系，做出有限的却是真实的选择[①]。

最后，学校教育对于村寨现代性孕育的重要作用，还在于在特定的社会制度背景之下，它通过筛选和分配功能为这些“现代人”的社会流动提供了竞争机会和流动资本。在改革开放之前，甲左村民几乎没有什么可以离开村寨、进入到城市生活圈子的渠道，村寨经济发展水平的持续滞后加上地理位置的天然制约，导致村寨与外界的隔绝状态迟迟未能打破，城乡之间、汉文化和水文化之间、山地和平坝之间的各种从地理到文化心理差异的存在，以及户籍制度和城乡二元社会的种种束缚都让脱离乡土成为一件遥不可及的事情。而学校教育却成为当时在计划经济体制下国家允许的离开农村进入城市的正式渠道。像潘学通、潘国相等较早一批离开村寨的行动者，正是借助了中考和高考作为社会流动渠道，完成从农民身份向城市居民的转变。现代性自我的重构是他们行动生成的不可或缺的内在动力，而学校教育所提供的转变身份的正式渠道，则是他们行动的理性动机。改革开放之后，农村人口向城市流动的政策限制逐渐放宽，流动的路径也日益多元化。但户籍政策并不允许农民自由地在城市里正式定居，这种状况至今仍然没有发生根本性的改变。这意味着，在今天的甲左村，学校教育仍然是农民实现身份转变的途径之一。

现代学校教育以这些独有的手段，将千差万别的乡土社会整合到统一的文化和社会模式中，打破了传统的社会再生产链条，缩短了村

① 玛丽·杜里-柏拉、阿涅斯·昂里奥-冯·让丹著，汪凌译：《学校社会学》，第72—74页，上海，华东师范大学出版社，2001年。

寨和国家之间的空间距离，为甲左人提供了社会流动的资本和生活方式改变的机会，也最终促进了现代性在村寨内部的培育。

三、行动者的跨城乡空间建构

从培养现代个体的实际效果上看，学校教育通过知识、价值感和技能的传播，赋予了甲左年轻人在现代社会生存和生活的能力、技巧、知识和态度，给他们带来了跨越城乡流动的潜在机会，比父辈更多样化的职业选择以及独立自主的人生规划的可能性。一部分从大中专学校毕业的甲左人脱离了村寨进入到城市生活的行列中，一部分人成功地从农民身份转为国家干部，还有更多的青壮年则因普遍性知识的获取得以比较自由地在城市和农村间频繁流动。他们以具有能动性的现代个体的空间实践参与了村寨空间的重构。教育之于社会变迁互动机制的实际运行，在于这些受教育者的能动性选择和行动。

（一）行动者和教育的二重性

能动性是个体在社会过程中采取行动的能力，有“能够采取行动”之意[①]，由反思性、意图性、改进性和创新性等特征构成[②]，强调了行动

---

① 康拉德·菲利普·科塔克著，周云水译：《文化人类学：欣赏文化差异》，第40页，北京，中国人民大学出版社，2012年。

② 彼得·什托姆普卡著，林聚任等译：《社会变迁的社会学》，第192页，北京，北京大学出版社，2007年。

者在意识层面的主动性。吉登斯将能动性定义为行动者“能知能动”，即能理解自己的所为之事，又能行自己欲行之事[①]，并把“能知”进一步解释为个体在意识层面上拥有认识、感知结构以及理解自己行动的知识和能力，“能知”可以分为三种：实践意识、话语意识和无意识认知。其中，实践意识指个体在社会生活的具体情境中，无须言说就知道该如何行动，表现在实际生活中就是人们不需要太多思考就知道如何去做的能力；话语意识指行动者能够对自己的行动说出意图和理由，可以用语言来解释他的行动；无意识认知指被意识抑制或者扭曲的以致未被察觉的那部分认知，尽管不易被察觉，但也可以构成了行动动机的来源，往往是出自行动者本体性安全的需求。“能知”为行动者的“能动”做好准备。

吉登斯认为社会理论的任务之一是理解人的能动作用和社会制度的关系，并对人的社会活动和能动性行动者的性质作出理论概括。[②] 在他的“结构化”理论中通过结构二重性（the duality of structure）来理解个体的能动性，即能动性的个体通过惯例来指导实践意识，自动对自己的实践过程实行反思性监控(reflexively monitoring)，达到和其他共同在场的人之间的共识和互动；在这个过程中，个体同时也会根据自己的需求，创造性地使用该时空系统下的规则和资源，对社会结构进行再生产，使社会结构不再是原来社会结构的简单复制，而是有所变

---

① 安东尼·吉登斯著，李康、李猛译：《社会的构成》，第42页，北京，生活·读书·新知三联书店，1998年。

② 安东尼·吉登斯著，李康、李猛译：《社会的构成》，第36页，北京，生活·读书·新知三联书店，1998年。

化；这种能动个体的持续性行动和结构化的实践使社会变迁成为可能。[①] 阿彻（Archer）也认为，社会变迁是个体能动性和社会结构相互作用的结果，能动性被结构塑造，又重塑结构，并在这个过程中塑造自身，二者之间的这种互动辩证关系根植于历史时间维度中。[②] 文化人类学者则从文化的公共性和个体性角度，认为人们无论是以个体形式还是以群体形式，都可以将他们对文化的理解转换成公共的表现形式来影响文化，能动性就是个体在文化认同或者文化转型中所采取的行动。[③] 以上观点对能动性的共同的认识论基础是社会变迁的终极动力来自人类个体或集体的能动力量，宏观变量影响个体的动机和选择，但个体的选择也在改变宏观变量，且作用巨大，不容忽略。

能动性产生自拥有心灵自由的独立的个体，得益于个体后天的不断学习，尤其是学校教育中培养和强化的独立思考能力、选择并获取知识的能力以及在学校的社会化过程中受惯例成型的各种知其所为的自觉或不自觉意识。

甲左村那些走"走出去"的个体就是这样一些富有能动性意义的行动者，他们在学校教育的学习和异文化冲突过程中，对自我的身份和认同进行了反思，对传统和现代的生活方式以及价值观差异进行了

---

① 安东尼·吉登斯著，李康、李猛译：《社会的构成》，第43页，北京，生活·读书·新知三联书店，1998年。

② 彼得·什托姆普卡著，林聚任等译：《社会变迁的社会学》，第192页，北京，北京大学出版社，2007年。

③ 康拉德·菲利普·科塔克著，周云水译：《文化人类学：欣赏文化差异》，第40页，北京，中国人民大学出版社，2012年。

比较，确立了通过读书“走出去”的需求和计划；离开学校之后，他们又以积极的态度走出了一条和父辈们截然不同的人生道路，其中有些人成为村寨的第一个中专生、第一个大学生、第一个教师和第一个政府官员等，他们有的就职于政府部门，有的成为中小学校的教师，有的远离家乡，在东部沿海城市就业。学校教育空间的社会化将他们与自己熟悉的面对面社会共同体分离，实现了与更为遥远而抽象的外部空间的联结，为他们离开村寨进入城市的跨城乡流动打下基础，他们也通过教育掌握了进入城市所必需的知识、语言和跨文化交往能力以及相应的其他技能。教育让他们成为有能力也有意识脱离传统社区束缚的独立自由的、具有现代性特征的“能知能动”的行动者。

然而，这些行动者虽然接受了学校教育“以城市为中心”的价值取向和人生道路设计，但是并没有完全刻板地对这种价值认同和道路预设进行复制和照搬，而是基于对自身的文化背景、所处生活环境和人生遭遇做出了他们认为是最好的或者是最合适于自己的选择。他们没有受困于村寨的闭塞，也没有因为经受了现代性的洗礼而完全抛弃自己的乡土性，他们在从传统迈向现代的转换中努力实现着传统和现代的互动和融合，实现着村寨和外部世界的连接与共生。在日常生活中，他们根据一定的社会结构情景，按照自己的利益判断，做出了有限的但真实的、有利于自我发展的选择[①]，这些选择反过来又作用于曾左右他们的结构情景。

---

① 玛丽·杜里-柏拉、阿涅斯·昂里奥-冯·让丹著，汪凌译：《学校社会学》，第72—74页，上海，华东师范大学出版社，2001年。

潘学联是这方面的典型，小学和中学教育经历让他形成了强烈的“知识可以改变命运”信念，并付诸努力学习的行动。他在身为民办教师的日子里虽然充满了痛苦和艰辛，但改变身份仍然是他孜孜以求的人生目标，直到他通过各种考试转正为公办教师并担任了小学校长。他的人生轨迹呈现了拥有现代性自我的行动者是怎样在村寨的传统乡土社会空间内努力实现了自己的现代性身份的建构，他没有盲目遵从于日常生活中社会情景的支配，而是主动地、创造性地运用结构情景，变通地利用具体情景下的社会规则实现了自身的目标，以行动建构了自己的人生轨迹，也以行动影响着甲左村的人和事。

这些甲左村的受教育者的人生轨迹彰显了学校空间内权力和自由的双重属性。[①] 在培养人的过程中，教育承载着国家意志，也担负着独立和自由精神的培育，教育制约了人的社会化，但也赋予了人的能动性。一方面，学校将学生和教师固定在学校的空间之中，通过空间的封闭性、排他性和等级性不断地宰制着教育参与者们的生活，以至于这些人离开了教育空间之后，其空间的权力仍然能够以一种看不见的方式，内化于身体，牵制着行动，影响着个人的生命轨迹；另一方面，教育赋予了能动性的个体思想、知识、能力以及更大程度的自由，这种思想和自由让人们可以对制度预设之内的设计和安排进行反思、反抗、改造甚至颠覆。教育规范了个体的行为，又培育了个体反抗这种规范的行为能力，这正是教育的“二重性”。

甲左小学中偶有出现的“不规范”事件便是这种教育“二重性”

① 石艳：《现代性与学校空间的生产》，《教育研究》，2010年第2期。

下个体能动性极好的例子。例如，20世纪八九十年代，甲左小学的本地教师常常因为家庭农业生产的需要做出多种违反学校正常教学秩序的举动，他们要么自作主张上半天课，要么提前或者推迟上课时间，遇上民族节日便宣布学校放假等。

这些不规范的教学行为的背后，是兼具农民和教师身份的民办教师对既定的民办教师制度设计中不合理安排的抗议和改造，也是对学校既有权力的抵制，让教育制度顺应本土社会的生活情境以及民办教师的特殊身份进行适当变通。这些小事件，展现了被教育施以空间约束的人们，反过来也通过他们的能动性行动对教育空间进行了本土化的改造。不过，无论我们如何强调能动性，行动者在教育空间内部所获得的自由权力还是相对有限的，这可能与学校空间内部有严格组织秩序和训诫规则以及制度力量的强大束缚有关。真正为行动者们的能动性提供了广阔施展空间的是学校之外的这个丰富多彩的社会。

（二）跨城乡流动的行动者

教育“二重性”体现了权力和自由的博弈，也体现了精英和普惠的双刃效应：一方面，教育精英选拔机制以服务国家建设为目的，只给一小部分受教育者提供了进入城市服务国家的机会，另一方面，教育的普惠性又赋予了大部分受教育者空间转换和建构的意识、知识、素质和技能，一批又一批受教育者先后离开农村走进城市，在持续而频繁的空间流动中，寻找发展的机遇。

甲左村最先一批“走出去”的甲左人绝大多数都是通过学校教育获得社会向上流动的精英人才。这些甲左人给村寨带来了极大的社会影响。其形成的“走出去”效应、教育“传帮带”、对家庭或家族成员的经济资助、村子内外信息和资源的交流和传递、直接或间接参与村寨公共事务的处理和决策，甚至导致的村寨内部社会关系秩序的重构。另一股不容忽视的草根力量来自受教育普惠性影响的众多拥有初中和高中教育程度的青壮年村民。他们加入了打工者的队伍，和“走出去”的精英力量一样，也积极地在城市和乡村之间建立起有形和无形的资本环流和社会关系网络，在日常生活中积极地与自己的家庭和村寨保持联系。他们的行动，对村寨的日常生活秩序、家庭的经济模式、人们的思想观念和消费方式，乃至传统的婚恋方式都产生了影响，城市文化借助于打工者们更为广泛地传播到村寨生活的每一个角落。各种不同方式的“走出去”个体，最终汇成了一股自下而上、自内而外的民间力量，以跨越城乡地理间隔的行动和社会关系网络的建立拉近了甲左和外部世界的距离，促发了村寨的空间重构。

村民个体跨越城乡流动是在近十年来引发农村第三次空间重构新态势的主要力量，市场、知识和技术力量的推动作用是这次空间重构的特征之一。由于现代信息通信技术的高速发展，跨城乡流动者们可以跨域遥远的城乡地理空间距离随时随地和村寨内部进行着资源和信息交换，例如汇款、打电话、基于通信网络的实时交流等，家庭和家族的责任与义务也随着这种网络关系跨越了遥远的物理距离得以维持和执行。他们离开了村寨，但似乎又从未离开过，他们拥有着既在此地、又在彼地的生活方式。交通运输技术的发达让他们非常便利地返回村寨参加端节等重要民族传统节日、亲族的红白喜事以及农忙时期的农业生产，在这个过程中重温自己的文化身份和民族认同，重拾自己的家族和乡土记忆。他们还可能在甲左人、水族人的身份认同基础上，叠加了更多现代社会赋予的新的身份认同，例如，政府官员、教师、学者、乡镇干部、工厂工人、公司职员等，这些身份认同彼此共生，在跨城乡的生活中寻找平衡、获得归宿感和精神家园。

这些跨越巨大地理间隔进行空间流动的个体，也因此而建构了一种微观生活状态，他们在空间转换的过程中，因为需要频繁而持续地与变化的外部世界进行互动、协商和适应，个体的主体意识在这种关系中被不断明晰，成为空间实践、社会关系和自我认识交织的具体化，与外界的空间结构共时存在，和现代性的空间脱域相适应，呈现流动、悬浮和网络化连接等特点。每一个独立的行动个体，在跨越城乡的生活状态中，在城乡差异、民族文化差异、东西部社会差异的磨合或适应过程中，积极建立在场（生活工作所在地）和离场（甲左村）的社会网络关系，一方面维持着对旧的文化和身份的认同，一方面也增加了对新的文化和身份的接纳，通过这种方式不断调整或者重构自我，这种调整和重构又不断指导了新的行动，获得了新的自我认知。如此，跨城乡的实践行为与事件、在社会关系中的自我身份和角色以及对自我的相关定义和期待共同确认了个体主体性社会存在的意义，它既不是虚幻的空想，也不是被动的赋予，不会因为个体所处地理位置的改变而消失，而是随着个体的跨地域流动而不断处于动态建构过程中，在特定的时空框架下，作为特定地点（Place）占据者和使用者在社会关系中被生产出来。[1] 在流动的过程中，他们保持了自我的恒在，不断

① 约翰·厄里：《社会关系、空间与时间》，德雷克·格里高里、约翰·厄里编，谢礼圣、吕增奎译：《社会关系与空间结构》，第22页，北京，北京师范大学出版社，2011年。

获得新的认同，又不需要对原有认同的抛弃或者彻底否定。这正是“走出去”的甲左人积极建立并维护跨越地理阻隔的空间关系对于个体的意义。在某种意义上，甲左村与外部世界的空间联结是一个个能动性行动者跨城乡空间联结的生活方式而实现的集合。

四、从“跨城乡空间”到“跨城乡共同体”

单向线性二元论的社会变迁理论倾向于认为传统社会向现代的变迁是一个单向线性的过程，呈现为“过去—现在”、“乡村—城市”、“落后—先进”的进化逻辑模式，在认识论上对“他者”与“自我”进行历时性分割，将前现代社会视为“他者”以作为现代社会的“自我”的过去来进行观察，以期获得对“自我”的变迁和发展规律的认识。[①]这种“他者”与“自我”关系的历时性建构曾引起一些学者的反思和批判，但今天的社会变迁研究仍然能够看到这种二分法的巨大影响。而在甲左村的学校、村民个体与社会变迁的互动关系研究中，我们发现，村寨并没有如单向线性二元论所指的始终处于被改造和被替代的一元。相反，社会转型下的村民，积极利用各种机会，变被动为主动，通过行动，努力寻求适合于他们的村寨现代转型路径。

① 王铭铭：《二十五年来中国的人类学研究：成就与问题》，《江西社会科学》，2005年第12期。

（一）告别二元视角和一体化理论

在农村问题研究中，最为常见的逻辑分析框架是城乡二元结构论，出现了大量以“城乡二元结构视角下的……”为题的论文和著作，这些研究符合了美国经济学家阿瑟·刘易斯（W.A.Lewis）的二元经济结构理论所提出的农业依附工业、农村依附城市的分析逻辑，前者在经济和社会发展中起主导作用，后者则依附于前者。[①] 二元结构分析框架的形成和学术界长期以来习惯以二元对立视角来观察和分析现实世界的传统不无关系，例如客观和主观、传统和现代、中心和边缘、微观和宏观、主体和客体，等等。在二元逻辑之下，城市和乡村自然而然成为对立的两端。

持城乡二元结构理论的研究者们有一个共同的假设，认为二元结构是传统向现代转型的发展中国家在工业化进程中的必然现象，这种假设附带着进一步的假设，即城市化是农村的未来，工业化是农业的未来，现代化是传统的未来，二元结构的出现是因为后者还未完全发展进化为前者，暂时处于二者并存阶段。在这些假设前提下，研究当代中国农村问题的很多结论和对策往往是以城带乡、以工促农的思路，传统的乡村和农业以及农民被置于先天劣势和边缘化位置。然而，随着社会的发展，特别是随着城市化和工业化的推进，越来越多的城市病和环境污染的弊端开始出现，越来越频繁的跨地域人口流动和信息资源交换模糊了城市和乡村的边界，越来越快速的时代变迁让传统和

---

① 王国敏：《城乡统筹：从二元结构向一元结构的转换》，《西南民族大学学报》，2004年第9期。

现代交替融合，这些新的社会现实促进人们反思二元对立的解释是否真的符合我们所生活的这个世界的现实，二元经济和社会结构的存在是否就必然等同于研究和分析的二元逻辑。换句话说，我们是依据社会的现实情况和问题性质来决定采用何种分析逻辑和分析路径进行研究，还是让既有的政策、制度和惯性思维来替我们选择对现实问题的分析逻辑和解释框架。

在20世纪后半期的西方社会，二元分析视角遭到包括吉登斯、布迪厄在内的很多学者的批判。在当下中国，随着城乡社会的进步、经济和文化的发展，一些新的社会现象的出现也促使学者们对中国的城乡二元结构的理论和现状两方面进行反思。例如，张鸿雁指出把社会简单地划分为“两个极端”的“理想类型”作为一种理论研究方法，这虽然有助于对事物的整体性把握与讨论，并制造一个学术对话的平台，但是，“社会事实”与两分法的“理想类型”分类相差甚远，特别是现代中国所表现出来的经济混杂性和多元性以及地区差异性，简单地用“二元经济结构”是无法概括的，是不能完全解释中国社会发展的现实。[①]

中国社会处于不断发展变化之中，城乡问题复杂多变，2000年前后，在二元结构论之外出现了城乡一体化的声音。城乡一体化主张并倡议城乡二元结构向城乡一体化转化，主要有两种观点：一种观点强调了一体化发生于生产力水平相当发达的时代，是人类社会发展的最

---

① 张鸿雁：《论当代中国城乡多梯度社会文化类型与社会结构变迁——依据“社会事实”对“二元结构”的重新认知》，《社会学研究》，2007年第11期。

高境界，届时城乡共享现代文明，但二者之间的界限并未消弭，和而不同。另一只观点则立足于当下部分区域出现城乡交融发展的社会现实，认为城乡一体化是城市和乡村在一个特定的地理区域范围内相互依存共生，成为一个整体，实现该区域内的城乡经济、社会和文化融合。持该观点的研究者们还从政策执行和制度设计的层面对城乡之间实现地位平等，消除权利、待遇、义务和发展机遇差异，实现生产要素的自由流动提出了大量对策和建议，主张通过城乡互补互促，以城带乡、城乡互促，实现共同进步，共同繁荣。城乡一体化还派生出经济一体化、体制一体化、农民市民化、人口一体化等多种一体化的变体。[①]总的来看，城乡一体化更像是对城乡格局未来出路的一种设想和政策建议。持第一种观点的研究，大部分是对农村未来走向的一种乌托邦式的想象；持后一种观点的研究，大部分是立足于最近二十年来城乡关系出现的新特点，虽然对一些区域的典型做法进行了总结和归纳，对二元政策的现状和问题进行了批判，提出了对策建议，但在分析框架方面并没有突破城乡二元对立视角的思维逻辑，而是希望以乡村一元向城市一元的不断靠近以代替二元对立，依然把城市化作为乡村发展的未来模式。因此，一体化的提法对于分析当前农村问题上并没有实现认识论上的突破。

郑杭生基于中国的社会现实提出了社会互构论，认为处于社会转型期的当代中国社会的社会关系是在人的实践中产生的关系系统，这

---

① 王碧峰：《城乡一体化问题讨论综述》，《经济理论与经济管理》，2004年第1期。

种新型关系不是传统所理解的“二元对立”，也不是简单的因果对应，更不是主观建构的结果，而是以并存互构、协商对话、平等互惠、强弱双赢为主要特征的经验事实。基于这种思考，“社会互构论”提出互构的过程不是简单的线性链条，不是必然的因果性结局，其间出现的各种互构状态是流变的，其互构结果具有可变性和可修复性。[①] 社会互构的过程强调参与者的协商合作，谋取共同利益，构建可以共享的前景。社会互构论不主张将社会结构关系诠释停留在抽象概念和理论建构层面，力求实现非经验的事实层面进行共融，本着“真正的社会学当然而且只能是实践的社会学”[②] 这样的理念，认为与其在非经验层面寻求解决二元对立的方案，不如回到实践的社会事实层面，正视社会各种结构系统之间的真实关系。

20世纪末以来还出现了“城乡互动发展”理论对中国社会城乡关系的解释。西方学者对第三世界的研究中注意到了城乡之间存在着相互作用，存在着人、商品、技术、货币、情报和思想的双向流动，存在着物质、经济、人口移动、技术、服务、政治、行政和组织等多种联系，将城乡互动发展定义为资本、劳动力、物质、信息等社会经济要素在城乡空间的双向流动与优化配置，进而形成一种空间关联的地

---

① 杨敏、郑杭生：《社会互构论：全貌概要和精义探微》，《社会科学研究》，2010年第4期。

② 杨敏、郑杭生：《社会互构论：全貌概要和精义探微》，《社会科学研究》，2010年第4期。

域关系，这种交流、互动与关联构成了城乡这一有机系统。[①] 互动发展论以空间网络互动关系视角取代了二元结构视角，对于理解今天中国的农村现实有很大的启发意义。

从城乡二元对立到社会互构以及城乡互动发展的理论转型，为本研究在思考甲左村的空间重构问题提供了理论启发。尤其是他们强调了社会研究需要面对社会现实层面、面对社会成员个体在现实中的实践，以社会事实作为认知前提进行研究的思维和方法创新，非常符合本研究力求遵循和实现的原则。

（二）跨城乡空间的理论意义

正如前文所述，在研究城乡关系问题上，首先需要阐明的立场是，城乡差异和城乡二元对立是有本质区别的两个概念，差异强调了不同，但不一定就会导致二元，也不必然意味着矛盾对立和冲突，特别是经过改革开放 30 多年来的社会变革，城乡关系也发生了不少重大变化，现代性使人与社会的原有关系正在瓦解，社会科学研究需要对新的关系的形成进行重新审视。[②] 只有明确了这一立场，才能在农村现实问题的研究方面获得新视野。

在审视甲左村的空间重构现象时，不难发现，这些直接或间接参与了城乡之间频繁流动和空间转换的甲左人通过自己在日常生活中的

---

① 段娟、文余源、鲁奇：《近十五年国内外城乡互动发展研究评述》，《地理科学进展》，2006年第4期。

② 郑杭生、杨敏：《社会学理论体系的构建与拓展——简析个人与社会的关系问题在社会学理论研究中的意义》，《社会学研究》，2004年第2期。

社会实践，突破了城乡之间在地理上的天然分离和在制度政策上的人为阻碍，出于本体社会发展需求的实践动机，以社会关系空间的抽离和跨时空城乡网络连接的构建方式，形成了一个以城乡社会关系网络和跨城乡社会实践为特征的新的社会空间——“跨城乡空间”，它是众多个体跨城乡空间实践对甲左村的集体建构的综合结果。此空间“是社会关系的总和，它未脱离客观物质而存在，又和主体意识紧紧相连，产生自人类的社会实践”[①]。

该“跨城乡空间”得以建构，得益于“走出去”的甲左人虽然在学校教育和工作生活中经历了传统和现代的博弈，但没有选择与故乡关系的断裂，也没抛弃或否认自己的民族身份和族群认同，而是在“走出去”之后，积极维护了和村寨的物质和精神联系、血缘关系、亲族关系、乡土身份和族群认同等，成为这种跨城乡社会关系形成的基础。而村寨内部以拥有“走出去”成员的多寡来重新判断家庭社会地位和影响力的现象，实际上也反映了这种“跨城乡空间”对甲左村空间重构的现实表现。在该空间中，个体和流入地的城市以及流出地的农村之间形成了类似于“互构共变”以及“城乡互动发展”理论中所描述的关系——个人与城市、乡村之间进行交互性的型塑和建构，通过个体的能动性行动在空间的心理、社会和物质层面进行了分化与整合、矛盾与协调、冲突与和谐的关系不断调适过程，城乡社会关系在这种互构过程中形成相应的、协同的、共时的同时也是动态流变的新关联。也

① 丁月牙：《个体空间：基于移民生活史的空间解读》，《民族研究》，2014年第41期。

就是说，城乡通过空间实践和悬浮的空间网络链接实现了符合空间跨越者自我发展需求的共生。

借助跨城乡空间的形成和该空间中网络关系的建立和维持，参与跨城乡流动的个体行动者，无论是以物质身体参与流动，还是以所携带的社会资源参与流动，让城乡之间的地理距离和文化隔阂不再成为城乡互动的障碍。他们跨越了城乡地理间隔，有规律地、频繁地、持续性地和村寨保持着密切的社会联系，各种形式的资本在该空间的社会网络关系中频繁传递，其血缘关系和地缘关系所形成的责任、义务也在这种跨城乡的社会关系中得到了传递，传统和乡土性借助现代性的空间抽离在新的社会空间网路关系的建构中得到了延续，也寻得了新的存在模式。从这个意义上看，作为能动性的村民个体行动者，正竭力形成自下而上的草根力量，重构一种有别于二元对立的新型城乡关系。

“跨城乡空间”现象并非仅限于甲左村的独特发现。在城市规划研究领域，城乡的空间共生与重构很早就引起了研究者们的注意。在面对工业化和城市化带来的各种城市病的时候，城市发展规划者们希望从农村身上找到解决问题的出路。早在 20 世纪 60 年代，城乡空间均衡发展观提出将农村和城市看成一个整体，合理规划农村和中小城市之间的通勤距离，通过区域的城乡空间重组来充实中小城市和增强农村活力。[①] 也有学者将生态学理念用于解决城市问题和环境问题，主张将城乡关系统一于“自然”，通过城乡共生来为人类提供自然和谐的居

① 赵珂、冯月：《城乡空间结合理论研究的走向》，《经济地理》，2009年第4期。

住空间，例如黄光宇提出打造城乡空间共生的生态城市，生态城市在地域空间结构上不是“城市市”而是一定地域空间内的城乡融合的“区域市”，城市没有和农业完全分离，而是规模小的、靠近大自然的田园城市或者说农村城市。[①] 此外，曾菊新在城乡网络空间关系的研究中指出，在 20 世纪 70 年代以前，中国城乡之间的各种空间交流主要是国家控制下的商品交流，内容单调而有限。进入 20 世纪 80 年代，城乡联系和交流已经转向了多元化和全方位的空间交流，农村经济发展中的空间关系发生了重要变化，随着城乡之间网络设施的完备、产业的密切联系以及要素流通的通畅，将出现一个城—镇—乡网络系统共生空间，并因此提出建立农村空间经济学，从空间尺度上研究农村经济关系和发展规律，把农村空间发展演变中的新现象上升到理论高度进行探讨。[②]

因此，城乡之间的空间关系状态是伴随着城市与农村变迁过程而不断发生变化的[③]，上述研究以城市规划、农村经济等不同学科领域为出发点阐述了城乡空间关系以及农村空间重构的解读。和二元结构论的论调不同，这些理论将农村置于一个和城市相对平等、不分主次、各有优势并可以展开对话和交流的地位。特别是有关网络系统共生空

① 黄光宇：《城乡生态化：走向生态文明的发展之路》，《重庆建筑大学学报》，2000年第1期。

② 曾菊新、冯娟、蔡靖方：《论西部地区的城镇网络化发展》，《地域研究与开发》，2003年第1期；曾菊新：《中国农村发展呼镇：农树空间经济学》，《开发研究》，1994年第4期。

③ 杨桓：《空间融合：城乡一体化的新视角》，《社会主义研究》，2014年第1期。

间的提法，充分注意到了城乡之间的社会经济和资源的空间联系对于城市发展的重要意义。不过，这些学科主要是对物质空间和地理空间的关注，而甲左村的调研情况提出了以社会关系的束集为表现的综合了社会文化空间、自然空间和心理空间为一体的人类学社会学意义上的跨城乡空间现象，及其在甲左村的存在以及它对村寨社会变迁和未来发展的意义。

有必要在这里补充阐述一下跨城乡空间中的"空间"和社会科学传统认识中的空间概念的区别。[①] 在空间思想发展史上，不同学科拥有感知和描述空间的各种视角，对空间的结构、空间的作用和意义的分析和评价也不甚一致。空间概念一直被置于物质与抽象、自然与精神、具象与想象的讨论之中。自然科学将其视为一种客观的物质存在，哲学提出空间是相对的，存在于人类的想象，而社会学和人类学者则从人对空间的改造和影响来谈论空间的社会属性。因此，空间被分割为物质空间、心理空间（或称心灵空间）以及社会空间。[②]

传统的社会学和人类学研究曾在很长一段时期处于一种"去空间"化的状态。[③] 在历史决定论占主导的年代,空间被隐于时间和背景之中，并未作为独立存在的主体而被赋予研究意义。

及至20世纪中叶，信息通讯和交通技术的发展和应用给人们带

① 以下三个自然段中的部分内容可见于作者公开发表的论文：丁月牙：《个体空间：基于移民生活史的空间解读》，《民族研究》，2014年第41期。

② 王晓磊：《空间与实践——西方空间观念的历史演变、局限与出路探析》，《华中科技大学学报》，2010年第3期。

③ 爱德华·苏贾著，王文斌译：《后现代地理学——重申批判社会理论中的空间》，北京，商务印书馆，2004年。

来了截然不同的空间体验，例如1950年的海德格尔曾就飞机、广播和电视的出现给社会带来的影响提出了时间和空间距离的缩减和去距离化[①]，哈维在此基础上进一步就现代传播技术实现的信息即时性流动而提出了时间和空间距离缩减的“时空压缩”(time-space compression)[②]和吉登斯提出的“时空伸延”(time-space distancication)的并存[③]。可以说，时间和空间出现的新特性是引发时空转向的首要因素。学界开始对传统的普遍主义和客观主义空间观进行反思，指出空间并非一个永恒不变的静态的物质存在，也不是一个完全透明的无形的幻想。以列斐伏尔、福柯等人为代表的学者们主张，空间形成于社会，是社会关系的产物，其形式乃是社会过程的结果。[④]这种过程包括社会实践在时空轴线上的互动。列斐伏尔进一步提出将空间的三个面向——物理的、精神的和社会的统一到社会实践的范畴中。他认为，通过人类的社会行动——“空间实践”（spatial practice）来观察空间，空间的物质属性、主观意义和社会作用实际上是一个整体，相互影响，不可分割。[⑤]空间的概念转向将空间从物理的客观实在和主体的感性经验——物质空间和精神空间的二元对立关系中抽离出来，成为联结主体和客体，弥合精神与

---

① J.厄里：《关于时间和空间的社会学》，布莱恩·特纳主编：《Blackwell社会理论指南》，第522页，上海，上海人民出版社，2003年。

② 大卫·哈维著，阎嘉译：《后现代的状况》，北京，商务印书馆，2003年。

③ 约翰·厄里著，李康译：《关于时间与空间的社会学》，布赖恩·特纳主编：《Blackwell社会理论指南》，上海，上海人民出版社，2003年。

④ 郑震：《空间：一个社会学的概念》，《社会学研究》，2010年第5期。

⑤ Henri Lefebvre, *The production of space*. (D. Nicholson-Smith, Trans.). Oxford, UK: Basil Blackwell,1991.

物质，作为人与人、人与社会之间的互动关系的一种体现。[1]换句话说，空间建立在物质的基础上，同时又具有社会和心理尺度。[2]哈维（David Harvey）进一步将空间诠释为基于自然空间基础之上的，通过人类活动而生产的具有社会属性的空间。[3]因此，现代的空间概念，不仅包含了空间作为自然空间的物质属性，同时也包含了空间在文化心理层面上的精神属性以及作为生活行动空间的社会属性。空间是社会关系的总和，它未脱离客观物质而存在，又和主体意识紧紧相连，产生自人类的社会实践。该现代空间概念奠定了我们理解甲左村社会变迁中的空间角色的基础。

列斐伏尔在《空间的生产》一书中提出了“社会—历史—空间”的三元辩证法，认为对社会和历史的分析需要打破以往的僵化模式，从空间视角来作彻底考察。[4]三元辩证法的核心是空间的实践、空间的表征和表征的空间这三个概念。其中，空间实践指的是人类各种物质实践活动和行为本身及其后果，空间实践生产了空间性；空间的表征（representations of space），指概念化的、被设计和构建出来被作为真实空间存在的空间，从本体论上看，它对应于一种生产关系或社会形态

---

① 罗伯特·戴维·萨克著，黄春芳译：《社会思想中的空间观——一种地理学的视角》，第28—29页，北京，北京师范大学出版社，2010年。

② 吴宁：《列斐伏尔的城市空间社会学理论及其中国意义》，《社会》，2008年第28卷。

③ 章仁彪、李春敏：《大卫·哈维的新马克思主义空间理论探析》，《福建论坛》，2010年第1期。

④ 张子凯：《列斐伏尔〈空间的生产〉评述》，《江苏大学学报》，2007年第5期。

中占主导地位的空间，传达着知识权力，是具有一定意图的统治工具；“表征的空间”（space of representation）则表达了复杂的，与社会生活隐秘的一面相联系的符号体系，代表着亲身体验和经历的、实际的、包含现代日常生活常态中的积极因素的空间，是一种反抗统治秩序的空间，包含着人们生活于其中并经历和体验空间的本真性，它是对“空间的表征”的超越和“空间实践”的回归。[①]

从空间的实践到表征的空间，列斐伏尔提供的空间辩证法为理解社会的变迁史提供了和以往不同的解读模型，一种“回溯式的进步”。社会和历史并不是线性的进步，也不是同质性的否定之否定，而是“回溯性的重建”自己的过去和历史。从目前的现实出发，通过时间和空间的框架来透视历史上的那些生产关系和社会结构。

费孝通在《乡土中国 生育制度》一书中曾从人和空间的关系上来解释传统乡土社会的特征，指出在乡土社会，人是粘着在土地上的，世世代代定居于一处是常态，人和空间的关系是不流动的，群体（村）和群体（村）的空间排列关系上是孤立和隔膜的，并用“地方性”来形容这种乡土社会村民活动范围的地域限制、区域之间的隔离以及社会生活圈子的彼此孤立。[②]在乡土社会，地缘和血缘是不可分离的，地理位置上的远近也意味着血缘关系的亲疏，血缘和地缘合二为一，但随着传统社会向契约社会的发展，地缘和血缘发生了分离，地缘成为

---

① Henri Lefebvre, *The production of space*. (D. Nicholson-Smith, Trans.). Oxford, UK: Basil Blackwell,1991.

② 费孝通：《乡土中国 生育制度》，第8—9、70—75页，北京，北京大学出版社，1998年。

契约社会的基础，人和人之间是一个基于地缘的空间关系的结合，这是乡土社会所不可能有的现代社会特性。当然，费老未能预测到几十年之后，随着科技的发展，乡土社会进而脱离了地缘关系的束缚，实现了超越地域的空间关系的重新组合，带来现代社会变迁的又一次飞跃。

吉登斯在时空框架下探讨社会结构如何通过能动性的个体在特定空间内的行动而产生社会结构的生产与再生产，以及现代性在人类的日常生活中如何通过空间的抽离和空间的延展而得到实现等论断，进一步展示了空间分析框架下对现代性的社会变迁一种全新认识。吉登斯认为从传统社会向现代社会的转变，从时空转换的角度来理解，可以归结为“时间的虚化”和“空间的虚化”。进入现代社会，具体的时间尺度开始被标准时间和日历等全世界统一的抽象化时间所替代。不同地点的人共享着同样的计时制度。时间从地理空间脱离。空间不再束缚在特定的地理空间或者地点（place），社会生活的空间维度即可被在场的各种要素所建构，也能为缺场的各种要素所建构，跨越遥远地理空间之上构建虚化空间成为可能。正是这种时空的虚化和分离，让现代社会发展的各种变迁成为可能，使得时空成为现代性之极端动力机制。[①]

那么，跨城乡流动作为实现村寨空间转向的重要实践，其突破了城乡之间在地理上的分隔以及在制度政策上的障碍，通过乡土社会关

① 安东尼·吉登斯：《现代性的后果》，第15—19页，南京，译林出版社，2011年。

系的空间抽离机制和城乡关系的空间延展机制，形成了一个以跨城乡的社会关系和社会实践为特征的新的空间。它综合社会文化空间、自然空间和心理空间为一体，致力超越城乡空间的二元割裂以及传统和现代之二元对立，体现了对村寨空间重构的努力。这种空间意义上的社会变迁，既不是一种对过去和传统的否定和取代，也不是立足于过去之上的一种简单的线性发展，而是草根阶层在日常生活中亲历的对改变生活方式和社会关系的充满希望的追求以及在该追求推动下的各种生动而丰富的空间实践。处于空间分析框架下的个人不再是依照角色规范行事的客体，而是处于结构性位置上的虽被限制了行动取向、但具有能动性的主体。由此，行动者在具体位置上的获取资源、使用资源和分配资源的方式得到新的角度的观察。甲左村这些受采访的个体所回忆的个人和村寨的生活历史表明了他们通过自己的实践挣脱甲左村的物质空间束缚，对空间表征所构建的秩序、规则和资源的积极获取、灵活使用以及适当变更与反抗，建构了一个即扎根于甲左村的地域空间，又脱域于该地域空间，并在更广泛意义上实现了与外在社会的跨空间联系的具有新的空间意义和空间属性的甲左村。

甲左村“跨城乡空间”形成的动力机制和甲左村的日益开放，经济和社会发展水平逐渐提高，与外界交通和信息交流的联系日益紧密，以及政府的行政力量近几十年来逐渐改善了对这个地处偏僻的高山民族村寨的治理有关。但跨城乡空间形成的最关键的动力机制来自在一定的条件下获得了进入城市、以自己的身体以及所携带的各种社会资源进行空间流动、展开城乡互动实践的甲左人。跨越于外部社会和村寨之间的个体，以空间结构的分子形态以及众多个体空间之关系的总和，形成了跨城乡空间，影响着村寨的社会关系的生产与再生产。

（三）从“面对面共同体”到“跨城乡共同体”

那么，村民们以多种形式参与建构的跨城乡空间对甲左村的未来发展具有什么样的意义呢？列斐伏尔认为空间是被社会性地生产出来的，它蕴含着社会关系的重组和社会秩序的建构过程，空间本身即是一种“产物”，是由不同范围的社会进程与人类干预形成的，又是一种“力量”，它反过来又影响、指引和限定了人类的行为和方式的各种可能性。[①] 这种互构的力量，意味着人们在生活实践中参与空间的社会生产，塑造了不断变迁的空间性的同时又被空间性所塑造。[②]

如福柯所言，空间既非了无一物的由认知去填充的空白，亦非物质形式的容器，而是实实在在的、活生生的、社会建构而成的空间之纬，空间既是抽象的亦是实在的，空间的建构嵌入关系之中，与关系交织在一起，也就不可避免地与知识和权力具有紧密联系。[③] 在甲左村，跨城乡空间中的关系和权力结构是非常明显的。村寨精英，特别是政府官员手中拥有相对丰富的社会资本，在空间的网络关系结构中处于核心位置，其他人根据该核心辐射出来的网络关系中的位置获得教育、物质和信息资源的多寡。于是，村寨围绕这些精英出现了几个核心宗支或家庭，打破了原有社会关系结构。这些宗支或家庭在村寨内部往

---

① 杨桓：《空间融合：城乡一体化的新视角》，《社会主义研究》，2014年第1期。

② 爱德华·索亚：《社会生活的空间性：迈向转型性的理论重构》，格利高里、厄里编，谢礼圣、吕增奎等译：《社会关系与空间结构》，第90页，北京，北京师范大学出版社，2011年。

③ 何雪松：《社会理论的空间转向》，《社会》，2006年第2期。

往拥有一定的政治影响力，有更多的家族成员在外工作，有较大机会获得比较优质的教育资源。这是从村寨空间内部所观察到的权力结构形态。

此外，从村寨与外部空间的关系，作为跨城乡空间整体形式存在的甲左村则改变了长久以来的城乡二元关系。米歇尔·德·塞托在《日常生活实践》一书中，从微观视角剖析了在处于移动状态的行动者——步行者的空间实践意义：城市空间规划者和设计者和规则制定者们规定了空间的“语法文本”，但空间中的步行者们在实践过程中不一定完全按照“语法”去组织他们的路径和行为，而是做出一定的变通和修改，他们通过不断尝试，在被规定的可能性和限制性中，不断发现新的可能性和新的限制性。原来的空间秩序因此而偏离了原来的静止秩序，发生了空间的变形。他提出，步行作为行动者的空间实践，产生于地点，但它又是一个无地点性的过程，步行者通过移动使地点提供的身份被抽象化。[①]

塞托将这种行动者以跨越不同地点的移动方式为空间实践来反抗既定空间秩序并通过自己的空间使用方式创造了一个新的规则的空间的运作方式称为“战术”，以区别空间制定者们用于制造和控制空间并强加规则于空间的运作模式“战略”。战术是属于弱势的空间流动者，战略是属于将知识和象征体系强加于空间的强势力量。战略为固定的空间地点设计了规则，而战术则通过对这些强制秩序的创新性使用产

① 米歇尔·德·塞托著，方琳琳、黄春柳译：《日常生活实践》，南京，南京大学出版社，2015年。

生了意想不到的效果。战略将一个区域空间作为一个专属地点加以限制，将它与其他区域空间相分离，使得既得利益资本化，实现了地点对时间的控制，并获得了定义某一类特殊知识在该地点中合理化的能力。战术则不同，它未能获得地点的制定和专属控制权，只能将他者的地点作为自己的活动场所，但是“无地点”赋予了它灵活性，通过计谋把握机遇，采取行动。因此，战术是一门“弱者的艺术”，“被分散在统治秩序的领域中，对那些由建立在专属地点既得权力基础之上的合理性所赋予自身并强加给他人的规则而言，它是陌生的”[①]。根据塞托的观点，行动者的空间移动就是一种战术，它利用自己的移动在一定的时间点把握机遇切入到具体的地点，通过迅速地移动改变空间的组织，利用时间所带来的机遇来战胜地点。塞托认为，在一个被控制的社会，活跃着不计其数的且不可见的布朗运动中的战术，它们构成了社会生活的一部分，更具反抗性，更加灵活而且更加适应连续不断的变化。

关于空间流动者的战术和战略、空间（space）和地点（place）的分析非常适用于解释甲左人的流动对建构甲左村与外界的城乡关系的社会意义。作为地点的甲左村，是一个有明显界限区隔的空间，在社会地位、权力和规则方面有专属的规定和约束，“一个地点就是一种秩序（不管是怎样的秩序），根据这一秩序，各个组成部分被安排到共存的关系之中。……每个部分都处在某个被自己定义了的‘专属’而又

① 米歇尔·德·塞托著，方琳琳、黄春柳译：《日常生活实践》，第98—99页，南京，南京大学出版社，2015年。

明显的地方。所以一个地点就是一个关于位置的瞬间地形。它暗含着某种关于稳定性的提示”[1]。甲左村在城乡关系中所处的专属位置，就是这样一个被安排的、稳定的地点，作为一个同质性的社会而存在，在地图上被确认的一个点，受专属性的法则所控制。作为一个地点而存在的甲左村，它具有的很多与其他农村相似的专属特征是不需要人类学家单独加以考察就能被获知的。然而，随着跨城乡空间流动者的战术不断地、广泛地使用，有望让甲左村实现从地点到空间的转变，形成一种跨城乡的空间社会模式，让城乡关系实现有利于行动者的战术转变，无须再隶属于被专属性的城乡二元结构体制法则的控制。

吉登斯对于地点如何在现代性的条件下被消解和时空延伸有很好的一段叙述，他指出：“前现代条件下地点的首要意义在很大程度上被脱域机制与时—空伸延给消解漏掉了。地点变得令人捉摸不定，因为使地点得以建构起来的结构本身再也不是在地域意义上组织起来的了。换言之，地域性已不可避免地与全球性彼此关联起来。人们对某些地点的密切依恋与认同仍然存在着，但是这些地点本身已被脱域出来了：他们不仅是基于地域性的实践与卷入的表述，而且也受到了日益增多的来自远距离的影响。”[2]随着传统社会向现代社会的转变，传统面对面社区的空间性质发生了变化，空间从具体的地理物质环境中抽离，又

① 米歇尔·德·塞托著，方琳琳、黄春柳译：《日常生活实践》，第199—200页，南京，南京大学出版社，2015年。

② 安东尼·吉登斯著，田禾译：《现代性的后果》，第95页，南京，译林出版社，2011年。

以新的形式获得了跨越地理距离的空间延展。[①]“走出去”的甲左人正是积极借助了这种空间的现代性转变，通过自己的空间流动战术，让村寨这一传统的面对面社区共同体转变为脱域的、实现了向城市社会空间延展的适应现代性变迁的“跨城乡共同体”，它是跨城乡空间更为稳定的表现方式。作为地点的村寨传统社会并没有随着现代化而瓦解，相反，以一个更加稳定的与现代社会生活方式相适应的形态而获得再生。

所谓的“跨城乡共同体”，指的就是分布在各地的甲左人因血缘和地缘关系被嵌入到这张跨越城乡空间的关系网络之中，并根据在该网络中的位置而获得和交换相应的社会资源，履行特定的责任和义务，建立一定的信任关系，维护着共同的传统文化和族群认同。传统的面对面共同体是以族老为中心形成的差序格局，跨城乡共同体的形成，让拥有较多社会资源、在村内外具有较高社会影响力的人物成为该共同体社会结构的核心，相应地，他们对甲左村以及家人也自觉承担起更多的社会责任和义务。因此，跨城乡共同体并非是对传统社区结构的复制，它们之间的区别在于这是一个跨城乡行动者们建构起来的一个适应于现代社会互动方式和生活方式的新的社会关系，是传统和现代、城市和乡村基于个体空间流动的实践行为而实现的关系融合。反过来，跨城乡共同体的存在又成为那些跨空间流动的甲左人提供了可随时携带的重要的社会资本，他们可以通过该社会网络关系获得和分

---

① 安东尼·吉登斯著，田禾译：《现代性的后果》，第16页，南京，译林出版社，2011年。

享信息资源，他们在跨文化和跨城乡的流动中，面对急剧变迁的现代社会，也可以随时找到乡土和族群的情感依托和身份归属。

“面对面共同体”向“跨城乡共同体”的转变让甲左村突破了在城乡关系被规定的作为偏远闭塞农村专属地点的单一性、专属性和稳定性等特征，成为具有方向性和时间变化属性的空间，也就是所谓的“人类学意义上的空间”[①]。这种空间和地点的区别，类似吉登斯所说的缺场和在场的关系，在地点的社会关系是面对面，而在空间则被人与人之间、人与社会之间的抽象关系所取代；抑或如曼纽尔·卡斯特尔提出的“流动空间”（space of flows）和“地方空间”（space of places）关系，前者将后者从文化、历史和地理的专属意义中解脱出来，被重组进功能网络里，产生相对于地方和本土而存在的空间，它不是社会的反映，而是社会的表达，不是社会的复制品，而是社会本身。[②]

列斐伏尔也特别指出，资本主义的空间是以抽象空间性质为特色，这种空间强调的是各种空间性差异的消失，以实现世界的空间一致性为目标，反映了国家层面对社会生活各个方面的控制和秩序的建立，然而未来的社会发展走向是建立起一种“差异性的空间”，该空间充满着开放性和可能性，由空间内的行动者个体作为利益相关群体介入空间的建构，去体验，去创造，重建一种“自下而上”的空间。这种空间理念不仅代表着列斐伏尔作为坚定的马克思主义者的政治理想，

① 米歇尔·德·塞托著，方琳琳、黄春柳译：《日常生活实践》，第200页，南京，南京大学出版社，2015年。

② 陆扬：《空间和地方的后现代维度》，《学术研究》，2009年第3期。

也是他基于对日常生活中人类活动的观察和批判性反思所得出的结论，强调了人类发展的真正动力来自充满着异化又满载着希望的日常生活，日常生活的改变最终必然成为空间的改变，未曾产生空间变迁的生活方式和社会的变迁是虚空的。[①]

甲左村实现这种从地点到空间的转向，让变迁中的农村的未来发展道路不再完全取决于政策和制度的设计，村寨何去何从，有赖于村民行动者如何通过跨越城乡的政治、社会文化和经济的空间实践，发挥积极作用。作为既有城乡关系中的弱势群体，他们有机会通过“流动”战术向既定的城乡二元策略安排进行了反抗，他们跨越了二元体制中对农村这一地点的界限区隔和专属性规则的限制，在适当时间通过适当机遇作为他者进入到另一个地点——城市，并积极使用日常生活中的空间实践来改变由强势群体的制度和规则所建立的城乡关系战略，扭转了原有的空间支配方式，对可获得的资源和权利进行再分配。强者运用策略以分类、划分、区隔方式规范空间，弱者以游移不定的空间流动战术对抗区域化，拒绝与批判了以强权为后盾所进行的空间支配，让空间蕴含了自由和可能性，为处于弱势地位的他们带来关系重构的机会。[②]他们通过个人在都市中的流动 改写了城乡关系的二元模式，为自身以及村寨的发展争取利益，彰显了行动者在空间生产中的力量。他们形成一种跨越城乡二元束缚的生活方式和思想观念，不是片面地强调对城市的向往和对农村的嫌弃，不是盲目地推进农村全

---

① 张子凯：《列斐伏尔〈空间的生产〉评述》，《江苏大学学报》，2007年第5期。

② 何雪松：《社会理论的空间转向》，《社会》，2006年第2期。

盘城市化，而是保护和肯定了自身属于农村的存在价值和意义。

不妨假设，这是一股自下而上的力量，正在努力摆脱二元体制的束缚，对被人为分割的城市和乡村之间进行空间重构，这种空间重构并不遵守放缓一方的发展来成就另一方的繁荣这一政策规律，而希望取而代之的是以一种资源的双向流动的开放空间状态，通过更加平等的城乡合作共荣的关系，致力建设更加美好的农村。

作为地点的农村是弱势的，被专属的制度支配和安排，而作为空间的农村则是能动的，有望通过空间的流动性、时间性和空间实践实现对空间和空间之间的权力重构，有望对国家力量介入的城乡空间相对隔离这一异化状态进行扭转，努力恢复城市空间和乡村空间本应具有的有机联系。作为空间的农村，和城市之间的边界变得混沌，农村和城市的概念趋于模糊，通过空间中的行动者流动，城市空间可以无边际地向农村空间延伸，农村空间也同样可以无边际地地向城市空间延伸，空间的主体不再是物质的、地域的或者是制度的，而是像布朗运动那样充斥着空间的人的行动。由此，失去了结构支撑的二元才有可能让渡给共生。因此，行动者跨城乡的空间建构行为成为洞察并预测甲左村寨社会变迁的重要纬度。

结束语

新中国成立以来社会发展方面的整体状况是理解微观社会变迁的宏观时空框架。1949 年后，广大农村地区普遍经历了三个阶段的空间重构：在新中国成立初期以国家政治力量为主导的，以强化城乡二元割裂格局为特色的“自上而下”的第一次空间重构，改革开放之后，发端于人地关系改变，以农村经济模式变迁为前提，以村民的自发参与为手段的“自内而外”的第二次空间重构；以及在 2000 年之后，在第二阶段空间重构基础之上发生的以“自下而上”的村民草根力量和市场力量进行协作，并借助知识和科技力量推动的第三次空间重构。

在这样的时空背景之下，甲左村的学校作为外来事物在这个偏远而闭塞的少数民族村寨的出现，成为各种力量博弈的连接点，成为主流现代社会嵌入到非主流的地方传统社区内部的“逆文化飞地”。该逆文化飞地内部，相对独立的现代空间得以存在并维持着对外部的而非本土的文化认同，进行着远离当地社区生活和生存需求的空间实践，使现代性得以在传统村落内部进行生产和再生产。村落中的学校不断通过村民个体，主要是本地教师和学生，将所传播的文化符号、规则以及观念和价值取向，逐渐渗透到乡土社会中，促进乡土社会向现代社会的转变。

深入到传统社区内部的现代学校，不遗余力地致力现代化的人的生产，努力让受教育者脱离乡土社会的传统束缚，生成与现代社会角色相适合的价值观、反思能力和批判态度，通过被脱域的受教育者的社会化逐渐实现了对传统面对面社会再生产的替代，缩短了村寨和国家之间的空间距离。

但教育自身又具有权力和自由的二重性，教育规范了个体的行为，又培育了个体反抗这种规范的行为能力。离开了学校空间之后的受教育者，无论是作为生活于村寨的“知识分子”个体，还是流动于城乡之间的精英和大众，组成了一股自下而上、自内而外的民间力量，共同推动了甲左村的空间重构。

在此基础上，人与社会的原有关系正在瓦解，基于行动者跨城乡社会实践以及网络关系而实现的“跨城乡空间”得以形成，传统和乡土性借助现代性的空间抽离和空间重构，得到了延续并寻得新的存在模式。传统的面对面社区共同体，借由日常生活中各种跨城乡空间的社会实践行为，建构出了一个适应现代性变迁的“跨城乡共同体”。具有独立和自由意识的社会个体，通过自己在社会中的实践行动来影响社会的结构并生成新的社会关系，他们利用自己的反思和行动，生产了一个或许并不是制度设计者“意图之中”的新的社会。

跨城乡空间和跨城乡共同体概念的提出，为研究者们理解城乡关系以及农村的未来发展提供了新的视角。农村，特别是传统性浓厚的民族村寨，不一定如单向线性二元论所指的始终处于被改造和被替代的那一元，相反，处于社会转型大环境下的村民，积极利用各种机会，变被动为主动，通过各自的能动性行动，努力实现传统和现代的融合与共生，以此寻求村寨现代转型路径。

附 录

附录一：1994年以来甲左小学历年在校生人数

	总数	男生	女生	备注
1994—1995	195	150	45	第一学期女生30人， 第二学期女生45人
1995—1996	275	131	144	
1996—1997	261	129	132	
1997—1998	306	147	159	
1998—1999	292	暂无	暂无	
1999—2000	271	144	127	
2000—2001学年第一学期	247	142	105	
2001—2002学年第一学期	225	128	97	
2002—2003学年第一学期	222	131	91	
2003—2004学年第一学期	223	131	92	
2004—2005学年第一学期	193	107	86	
2005—2006学年第一学期	203	108	95	
2006—2007学年第一学期	214	105	109	
2007—2008学年第一学期	219	101	118	
2008—2009学年第一学期	243	116	127	
2009—2010学年第一学期	251	113	138	
2010—2011学年第一学期	279	130	149	
2011—2012学年第一学期	272	118	154	

注：以上数据来源于三都县教育局提供的《甲左小学历年情况统计》《幼儿园学生教工》《小学各校人数》《小学生教工数》《2001—2011 年开学报表全县各校数据》《小学表 31-32-41》《小学学生及教工》《2011 年 10 开学报表》等。

附录二：1994年以来甲左小学历年分年级在校学生情况

	一年级	二年级	三年级	四年级	五年级	六年级	总数
1994—1995							195
1995—1996							275
1996—1997	47	65	50	38	36	25	261
1997—1998	56	59	64	47	44	36	306
1998—1999	60	57	46	47	40	42	292
1999—2000	41	59	55	40	42	34	271
2000—2001学年第一学期	44	41	48	46	34	34	247
2001—2002学年第一学期	37	39	38	40	39	32	225
2002—2003学年第一学期	36	42	37	36	34	37	222
2003—2004	50	33	34	37	34	35	223
2004—2005学年第一学期	30	37	30	31	37	28	193
2005—2006学年第一学期	36	35	38	28	31	35	203
2006—2007学年第一学期	36	37	37	42	28	34	214
2007—2008学年第一学期	34	36	41	38	41	29	219
2008—2009学年第一学期	42	39	40	43	38	41	243
2009—2010学年第一学期	42	45	39	40	44	41	251
2010—2011学年第一学期	49	48	50	42	44	46	279
2011—2012学年第一学期	51	47	45	47	42	40	272

注：数据来源于三都县教育局提供的《甲左小学历年情况统计》《小学各校人数》《小学生教工数》《小学表 31-32-41》《小学学生及教工》《分年级、分年龄学生数》《小学在校生 31 表》《2011 年 10 开学报表》等。

附录三：2000年后甲左小学历年教师情况（不含支教教师）

年度	专任老师数	学历情况	职称情况		
	总数	男	女		
2001—2002年度第一学期	5	5	0	暂无	暂无
2002—2003年度第一学期	6	6	0	暂无	暂无
2004—2005年度第一学期	5	5	0	暂无	暂无
2006—2007年度第一学期	8	4	4	本科1，专科1，高中6	小学高级2，小学一级3，小学二级2，未评职称1
2007—2008年度第一学期	11	4	7	专科6，高中5	小学高级3，小学一级3，小学二级1，未评职称4
2008—2009年度第一学期	10	4	6		
2009—2010年度第一学期	9	5	4	专科5，高中4	小学高级4，小学一级3，小学二级2
2010—2011年度第一学期	9	6	3	专科5，高中4	小学高级3，小学一级4，小学二级2
2011—2012年度第一学期	7	6	1	专科5，高中2	小学高级3，小学一级3，未评职称1

注：以上数据来源于三都县教育局提供的《小学生教工数》《小学学生及教工》《小学表》《小学教职工》《小学教师职称年龄学历学科》《按学校小学教职工》《专任教师职称、年龄》等。

附录四：现任教师教学任务统计表

姓名	教授科目	科目数量	周课时量
潘学联	语文（三）、品社（三）、语言（学）	3	20
潘学芳	数学（一）、美术（学、一）、品社（一）、民常（一）、实践（一）	6	19
潘学军	语文（四）、实践（四）、美术（四）、民常（四）	4	16
潘学杰	数学（五）、体育（一、五）、科学（五）、实践（五）、民常（五）	6	17
潘学川	数学（四）、拼音（学）、品社（四）、体育（四）、班会（四）、劳技（四）、民常（二）、	7	20
王为国	语文（二）、科学（四）、音乐（二）、班会（二）、体育（二）、美术（二）、劳技（二）	7	22
李向	语文（一）、班会（一）、音乐（一）、劳技（一）、英语（三~六）	8	23
史从新	数学（二、三）、品生（二）、音乐（三）、班会（三）、民常（三）、劳技（三）	7	25
王凤丽	数学（学、六）、科学（六）、体育（三、六）、实践（六）、美术（六）	7	22
陈芬	美术（三）、音乐（四、六）、民常（六）、语文（六）、品社（六）、班会（六）、写字（六）、劳技（六）	9	23
郭云	健康（学）、语文（五）、美术（五）、音乐（五）、班会（五）、品社（五）、劳技（五）	7	23
平均	6	21	

注：以上数据由甲左小学提供，表中括号内文字表示年级，“学”为学前班；表中“品社”为《品德与社会课》简称，“民常”为《民族常识课》简称，“劳技”为《劳动与技术课》简称，“实践”为《综合实践活动课》简称。

参考文献

一、中文著作（按作者汉语拼音音序排列）

[1] 曹锦清：《黄河边的中国：一个学者对乡村社会的观察与思考》，上海，上海文艺出版社，2000年。

[2] 陈佩华、赵文词、安戈：《当代中国农村历沧桑——毛邓体制下的陈村》，香港，牛津大学出版社，1996年。

[3] 丁钢：《声音与经验：教育叙事探究》，北京，教育科学出版社，2009年。

[4] 费孝通：《江村经济：中国农民的生活》，北京，商务印书馆，2003年。

[5] 费孝通：《乡土中国生育制度》，北京，北京大学出版社，2003年。

[6] 国家教委计划建设司编：《中国教育事业统计年鉴1996》，北京，人民教育出版社，1997年。

[7] 国务院人口普查办公室、国家统计局人口统计司编：《中国1990年人口普查10%抽样资料》，北京，中国统计出版社，1991年。

[8] 哈经雄、滕星：《民族教育学通论》，北京，教育科学出版社，2001年。

[9] 贺雪峰：《新乡土中国：转型期乡村社会调查笔记》，桂林，广西师范大学出版社，2003年。

[10] 黄树民：《林村的故事：1949年后的中国农村变革》，北京，生活·读

书·新知三联书店，2002年。
[11] 李国钧、王炳照等：《中国教育制度通史》，济南，山东教育出版社，2000年。
[12] 李培林：《村落的终结》，北京，商务印书馆，2004年。
[13] 李书磊：《村落中的“国家”——文化变迁中的乡村学校》，杭州，浙江人民出版社，1999年。
[14] 林惠祥：《文化人类学》，北京，商务印书馆，2002年。
[15] 林耀华：《金翼：中国家族制度的社会学研究》，北京，生活·读书·新知三联书店，1999年。
[16] 刘朝晖：《超越乡土社会：一个侨乡村落的历史文化与社会结构》，北京，民族出版社，2005年。
[17] 刘云杉：《学校生活社会学》，南京，南京师范大学出版社，2000年。
[18] 罗慧燕：《教育与社会发展：中国贵州省的一个个案研究》，北京，民族出版社，2009年。
[19] 马广海：《文化人类学》，济南，山东大学出版社，2003年。
[20] 毛丹：《一个村落共同体的变迁：关于尖山下村的单位化的观察与阐释》，上海，学林出版社，2000年。
[21] 潘朝霖、王宗林：《中国水族文化研究》，贵阳，贵州人民出版社，2004年。
[22] 潘一志编著：《水族社会历史资料稿》，三都县水族自治县民族文史研究组编印，1981年。
[23] 潘宗林：《释读旁落的文明——水族文字研究》，北京，民族出版社，2012年。
[24] 齐学红：《走在回家的路上——学校生活中的个人知识》，北京，北

京师范大学出版社，2005年。

[25] 黔南布依族、苗族自治州史志编纂委员会编：《黔南布依族、苗族自治州志·民族志》，贵阳，贵州人民出版社，1993年。

[26] 任湘生、钟赛梅主编：《贵州统计年鉴2014》，北京，中国统计出版社，2014年。

[27] 《三都水族自治县概况》编写组：《三都水族自治县概况》，北京，民族出版社，2007年。

[28] 石国义编著：《水族村落家族文化》，贵阳，贵州民族出版社，2007年。

[29] 石中英：《知识转型与教育改革》，北京，教育科学出版社，2000年。

[30] 孙培青主编：《中国教育史》，上海，华东师范大学出版社，1992年。

[31] 滕星：《20世纪中国少数民族与教育：理论、政策与实践》，北京，民族出版社，2001年。

[32] 滕星、王铁志主编：《民族教育理论与政策研究》，北京，民族出版社，2009年。

[33] 滕星：《书斋与田野：滕星教育人类学访谈录（第3辑）》，北京，民族出版社，2010年。

[34] 滕星：《文化变迁与双语教育——凉山彝族社区教育人类学的田野工作与文本撰述》，北京，教育科学出版社，2001年。

[35] 王铭铭：《村落视野中的文化与权力：闽台三村五论》，北京，生活·读书·新知三联书店，1997年。

[36] 王铭铭：《溪村家族——社区史、仪式与地方政治》，贵阳，贵州人民出版社，2004年。

[37] 翁乃群：《村落视野下的农村教育——以西南四村为例》，北京，社会科学文献出版社，2009年。

[38] 吴康宁：《教育社会学》，北京，人民教育出版社，1998年。

[39] 谢维和：《教育活动的社会学分析——一种教育社会学的研究》，北京，教育科学出版社，2000年。

[40] 于建嵘：《岳村政治——转型期中国乡村政治结构的变迁》，北京，商务印书馆，2002年。

[41] 张济州：《文化视野下的村落、学校与国家——一个地方社区基础教育变迁的历史人类学考察》，北京，教育科学出版社，2010年。

[42] 中共三都水族自治县委员会、三都水族自治县人民政府编：《团结奋进四十年》（内部资料），1996年。

[43] 《中国教育事业统计年鉴（1993）》，北京，人民教育出版社，1994年。

[44] 周崇启、潘族安、石国义编著：《水族教育史》，贵阳，贵州教育出版社，2009年。

二、汉译著作

[1] [波]彼得·什托姆普卡著，林聚任等译：《社会变迁的社会学》，北京，北京大学出版社，2007年。

[2] [波]弗洛里安·兹纳涅茨基著，郏斌祥译：《知识人的社会角色》，南京，译林出版社，2000年。

[3] [德]O·F.博尔诺夫，李其龙等译：《教育人类学》，上海，华东师范大学出版社，1999年。

[4] [德]斐迪南·滕尼斯著，林荣远译：《共同体与社会》，北京，商务印书馆，2002年。

[5] [德]盖奥尔格·西美尔著，林荣远译：《社会学：关于社会化化形式的

研究》，北京，华夏出版社，2002年。

[6] [德]马克斯・韦伯著，顾忠华译：《社会学的基本概念》，桂林，广西师范大学出版社，2005年。

[7] [法]阿兰・图海纳著，舒诗伟等译：《行动者的归来》，北京，商务印书馆，2008年。

[8] [法]玛丽・杜里-柏拉、阿涅斯・冯・让丹著，汪凌译：《学校社会学》，上海，华东师范大学出版社，2001年。

[9] [法]米歇尔・德・塞托著，方琳琳、黄春柳译：《日常生活实践》，南京，南京大学出版社，2015年。

[10] [法]皮埃尔・布迪厄著，蒋梓骅译，《实践感》，南京，译林出版社，2012年。

[11] [美] C.恩伯、M.恩伯著，杜彬彬译：《文化的变异——现代文化人类学通论》，沈阳，辽宁人民出版社，1988年。

[12] [美]威廉・ A.哈维兰著，王铭铭等译：《当代人类学》，上海，上海人民出版社，1987年。

[13] [美]G.H.埃尔德著，田禾、马春华译：《大萧条的孩子们》，南京，译林出版社，2002年.

[14] [美]埃弗里特・M.罗吉斯、拉伯尔・J.伯德格著，王晓毅、王地宁译：《乡村社会变迁》，杭州，浙江人民出版社，1988年。

[15] [美]爱德华・苏贾著，王文斌译：《后现代地理学——重申批判社会理论中的空间》，北京，商务印书馆，2004年。

[16] [美]彼得・赫斯特洛姆著，陈云松等译：《解析社会：分析社会学原理》，南京，南京大学出版社，2010年。

[17] [美]大卫・费特曼著，龚建华译：《民族志：步步深入》，重庆，重庆

大学出版社，2007年。

[18] [美]大卫·哈维著，阎嘉译：《后现代的状况》，北京，商务印书馆，2003年。

[19] [美]戴维·波普诺著，李强等译：《社会学》，北京，中国人民大学出版社，1999年。

[20] [美]杜赞奇著，王福明译：《文化、权力与国家:1900—1942年的华北农村》，南京，江苏人民出版社，2003年。

[21] [美]哈里·F.沃尔科特著，马近远译：《田野工作的艺术》，重庆，重庆大学出版社，2011年。

[22] [美]杰罗姆·布鲁纳著，宋文里、黄小鹏译：《布鲁纳教育文化观》，北京，首都师范大学出版社，2011年。

[23] [美]康拉德·菲利普·科塔克著，周云水译：《文化人类学：欣赏文化差异》，北京，中国人民大学出版社，2012年。

[24] [美]克莱德·M.伍兹著，何端福译：《文化变迁》，石家庄，河北人民出版社，1989年。

[25] [美]莱斯利·A.怀特著，曹锦清等译：《文化的科学》，济南，山东人民出版社，1988年。

[26] [美]罗伯特·戴维·萨克著，黄春芳译：《社会思想中的空间观———种地理学的视角》，北京，北京师范大学出版社，2010年。

[27] [美]迈克尔·W.阿尔普，王占奎译：《教育能够改变社会吗？》，上海，华东师范大学出版社，2013年。

[28] [美]明恩溥著，午晴、唐军译：《中国乡村生活》，北京，时事出版社，1998年。

[29] [美]欧文·戈夫曼著，徐江敏、丁晖译：《日常接触》，北京，华夏出

版社，1990年。

[30] [美]乔纳森·特纳著，周艳娟译：《社会学理论的结构（下）》，北京，华夏出版社，2001年。

[31] [美]史蒂文·瓦戈，《社会变迁》，王晓黎译，北京，北京大学出版社，2007年。

[32] [美]威廉·A.哈维兰著，瞿铁鹏、张钰译：《文化人类学》，上海，上海社会科学院出版社，2006年。

[33] [美]伊格尔斯著，何兆武译：《二十世纪的历史学——从科学的客观性到后现代的挑战》，沈阳，辽宁教育出版社，2003年。

[34] [日]横山宁夫著，毛良轰等译：《社会学概论》，上海，上海译文出版社，1983年。

[35] [英]安东尼·吉登斯著，李康、李猛译：《社会的构成》，北京，生活·读书· 新知三联书店，1998年。

[36] [英]安东尼·吉登斯著，李康译：《社会学》，北京，北京大学出版社，2009年。

[37] [英]安东尼·吉登斯著，田禾译：《现代性的后果》，南京，译林出版社，2011年。

[38] [英]安东尼·吉登斯著，赵旭东等译：《现代性与自我认同》，北京，生活·读书·新知三联书店，1998年。

[39] [英]芭芭拉·亚当著，金梦兰译：《时间与社会理论》，北京，北京师范大学出版社，2009年。

[40] [英]保尔·汤普逊著，覃方明等译：《过去的声音：口述史》，沈阳，辽宁教育出版社，2000年。

[41] [英]布莱恩·特纳编：《Blackwell社会理论指南》，上海，上海人民

出版社，2003年。

[42] [英]戴维·布莱克莱吉、巴里·亨特等著，王波等译：《当代教育社会学流派——对教育的社会学解释》，北京，春秋出版社，1989年。

[43] [英]德雷克·格里高里、约翰·厄里编，谢礼圣、吕增奎译：《社会关系与空间结构》，北京，北京师范大学出版社，2011年。

[44] [英]帕特里克·贝尔特著，瞿铁鹏译：《二十世纪的社会理论》，上海，上海译文出版社，2005年。

[45] [英]詹姆斯·D.马歇尔、米歇尔·福柯著，李珊珊译：《个人自主与教育》，北京，北京师范大学出版社，2007年。

三、英文著作（按英文字母顺序排列）

[1] A. L. Cole & J. G. Knowles, *Lives in context*: *The art of life history research*, New York: AltaMira Press,2001.

[2] Henri Lefebvre,*The production of space. (D. Nicholson-Smith, Trans.)*,Oxford，UK: Basil Blackwell,1991.

[3] Ivor F. Goodson,*Studying teacher’s lives*,London: Routledge,1992.

[4] John W. Creswell,*Qualitative inquiry and research design: Choosing among five traditions*, Thousand Oaks, CA: Sage,1998.

[5] Michael Peter Smith, Matt Bakker, *Citizenship across Borders:The Political Transnationalism of El Migrante,Cornell* University Press, 2007.

[6] Nina Glick Schiller, Linda Basch and Cristina Szanton Blanc,*Nations unbound: Transnational projects, postcolonial predicaments and*

deterritorialized nation-states, Langhorne: Gordon and Breach,1994.

[7] Steven Vertovec,*Transnationalism*,London and New York: Routledge/ Taylor & Francis Group, 2009.

[8] Thomas Faist, *The volume and dynamics of international migration and transnational social spaces*, Oxford, UK: Oxford University Press, 2000.

[9] Yueya Ding,*Negotiating Individual Space: An Inquiry into the Experiences of Chinese Return Migrants from Canada,Germany*:VDM Publishing House Ltd,2010.

后 记

因从事教育人类学专业研究的缘故，我时常赴中国西部少数民族地区进行田野调查，往返于北京和田野点，在现代繁华的大都市和偏远民族村寨之间“穿越”。这种“穿越”之旅不仅意味着在地理上跨越大半个中国，同时也是文化和生活方式的急剧反差，以及身份角色、工作内容、交流方式等方面的极大调整和适应。但是，每每穿山越岭，与村民同吃同住，聆听他们的故事，分享他们的生活点滴，我对他们的人生常有似曾相识的感觉。阅读他们实际上也是在阅读自己。

联想到我留学加拿大期间，基于华人跨国移民研究而形成的 *Negotiating Individual Space: An Inquiry into the Experiences of Chinese Return Migrants from Canada*一书。书中对移民跨国生活的发现，和我在甲左村的研究所得，实际上也有不少共通之处。科技发展引领人类社会的巨大变迁，人们对地理空间和社会空间的体验和利用方式和以前已大为不同，世界的任何一个角落，包括像甲左村这样的少数民族村寨，都无法置身其外。

在撰写本书期间，重返乡村生活、乡村文化复兴等话题或有耳闻。在科技发展带来社会急剧变迁的今天，广大乡村的未来发展路径更加值得关注。在改造与被改造的博弈中，来自农村的行动者们正在努力寻找自己以及自己身后的村寨的出路。他们在日常生活中所表现出来的能动性和创造性，远远超出外界之刻板印象和惯性思维。贫穷不代表落后，偏远不等于边缘，时空变迁给所有社会形态的未来孕育了无限的可能，我们需要重新反思新时期人的行为以及社会运作方式的变化。正如对甲左村的调查研究发现，拥有自由意志的行动者一直在积极主动地改善生活、改变命运，他们不断地离开，他们又不断地回归，他们行色匆匆，努力建构自己的世界，努力寻求更好的明天。其实，这何尝又不是生活于当下社会的大多数人的生活轨迹呢?

感谢国家社科基金资助此项研究工作。感谢在田野调查期间以及后期文献资料整理过程中给予我无偿支持和帮助的甲左村的村民们，特别是甲左小学的潘学联老师等人以及当地的研究助手。很遗憾出于保护个人隐私的考虑，我在这里无法给出他们的真实姓名。感谢三都民族中学原校长王志雄先生以及县教育局等单位在我多次赴三都县调研期间给予的大力支持。感谢熊和妮和陆俊勇参与了本研究的田野调查工作。

作为我的第一本中文专著，在此还要特别感谢中央民族大学滕星教授引我进入教育人类学研究领域，并在学术上对我产生巨大影响。感谢中央民族大学哈经雄教授的学术熏陶和教诲，感谢加拿大卡尔加里大学郭世宝教授卓越的学术指导，并不断鼓励和敦促我完成此书。

感谢广西师范大学出版社工作团队对出版此书的大力支持。感谢所有帮助过我的人。

因学识所限，书中有不少尚需商榷与提升的地方，欢迎读者的批评指正。

谨以此书表达对那些生活在少数民族村寨里的人们的敬意!

丁月牙

2016年6月于北京